이미 언제나 잡종이었던 우리:
이주, 난민, 혼종

■ 필자소개(집필순)

김진선(金秦仙) 제주대학교 탐라문화연구원 학술연구교수
김준표(金埈枃) 제주대학교 탐라문화연구원 학술연구교수
임형모(任瀅模) 한성대학교 상상력교양대학 조교수
박재영(朴宰永) 대구대학교 성산교양대학 자유전공학부 조교수
김동석(金東奭) 국립외교원 부교수
서영표(徐榮杓) 제주대학교 사회학과 교수
김치완(金治完) 제주대학교 철학과 교수

이미 언제나 잡종이었던 우리: 이주, 난민, 혼종

초판 1쇄 발행 2022년 06월 10일
초판 2쇄 발행 2023년 12월 15일

집필자 김진선 김준표 임형모 박재영 김동석 서영표 김치완
발행인 쿰다인문학사업단
발행처 제주대학교 탐라문화연구원
        등록 1984년 7월 9일 제주시 제9호
        63243 제주특별자치도 제주시 제주대학로 102(아라일동 제주대학교)
        전화 064)754-2310   홈페이지 www.tamla.jejunu.ac.kr

펴낸이 신학태
펴낸곳 도서출판 온샘
등 록 제2018-000042호
주 소 서울시 용산구 한강대로62다길 30, 트라이곤 204호
전 화 (02) 6338-1608   팩스 (02) 6455-1601
이메일 book1608@naver.com

ISBN 979-11-92062-11-2 93330
값 20,000원

탐라문화학술총서 28
쿰다난민연구총서 03

이미 언제나 잡종이었던 우리: 이주, 난민, 혼종

제주대학교 탐라문화연구원
'쿰다'로 푸는 제주 섬의 역사와 난민 사업단

도서출판 온샘

차 례

서문: '제주 섬'의 역사로 다가가기 위한 이론의 우회 ·················· 7

다원화된 개인들의 이질적 공존 ▣ 김진선 ························· 17
  Ⅰ. 머리말 ··· 17
  Ⅱ. 타자 인정과 공동체적 인식 ····························· 20
  Ⅲ. 다원화 사회의 차이 인식 ······························· 24
  Ⅳ. 이질적 관계-공존의 공간 인식 ························· 28
  Ⅴ. 맺음말 ··· 32

동질성의 신화와 이질성의 현실에서 함께 산다는 것은 ▣ 김준표 ········· 37
  Ⅰ. 머리말: 경계와 이동 ··································· 37
  Ⅱ. 동질과 이질, 전통문화의 이질성과 다문화 현상 ········ 42
  Ⅲ. 이질성의 만남과 함께 산다는 것 ····················· 48
  Ⅳ. 한국사회 종교전통들과 이질성의 만남 그리고 초월의 문제 ······· 53
  Ⅴ. 맺음말: 함께 산다는 것, 이질 구성들의 수행성 ········ 62

장소와 공간을 따라 읽는 고려인의 삶과 문학 ▣ 임형모 ··············· 65
  Ⅰ. 머리말: '관심의 장'의 전이와 고향 공간 ·············· 65
  Ⅱ. 집단이주와 낯선 장소와의 대면 ····················· 69
  Ⅲ. 카자흐스탄의 고향 공간 ······························· 74
  Ⅳ. 우즈베키스탄의 고향 공간 ····························· 83
  Ⅴ. 맺음말: 돌아오지 않을 권리 ························· 87

독일 다문화 사회의 터키인 이주와 커뮤니티의 형성 ▣ 박재영 ·········· 91
  Ⅰ. 머리말 ··· 91
  Ⅱ. 터키인의 독일 이주 ··································· 94
  Ⅲ. 독일 사회에서 터키인 공동체 ······················· 103
  Ⅳ. 맺음말 ··· 109

아프리카의 정치적 위기와 강제이주민 ■ 김동석 ················ 111

 Ⅰ. 머리말 ·· 111
 Ⅱ. 강제이주민 개념 정의 ··· 112
 Ⅲ. 아프리카 강제이주민 현황 ······································· 112
 Ⅳ. 아프리카 정치적 위기 ··· 116
 Ⅴ. 맺음말: 한국에의 함의 ·· 125

'우리'를 돌아보게 하는 타자의 이름, '난민' ■ 서영표 ············ 127

 Ⅰ. 머리말: 난민, 이주와 이동에 부여된 '낯선' 이름 ············ 127
 Ⅱ. 난민을 만드는 세상, 난민을 적으로 규정하는 세계 ········· 130
 Ⅲ. 우리 모두가 난민이다! ·· 133
 Ⅳ. 난민 '문제'와 마주한 한국 ·· 135
 Ⅴ. 유적 존재, 인권, 그리고 난민 ···································· 142
 Ⅵ. 맺음말: 근대성 넘어 새로운 합리성 ···························· 145

혐오를 중심으로 본 유가 도덕 감정론 ■ 김치완 ················· 149

 Ⅰ. 머리말: 혐오의 일상화와 도덕 감정론 ························· 149
 Ⅱ. 난민혐오로 보는 혐오의 양상 ···································· 151
 Ⅲ. 인지주의 감정론과 맹자 심설 ···································· 157
 Ⅳ. 사칠논쟁과 감정의 공적 전환 ···································· 163
 Ⅴ. 맺음말: 혐오에 대한 유가적 해결 방안 ························ 168

주   석 ··· 172

초출일람 ·· 198

참고문헌 ·· 199

찾아보기 ·· 212

필자소개 ·· 218

서문

'제주 섬'의 역사로 다가가기 위한 이론의 우회

　　제주대학교 탐라문화연구원 인문사회연구소 지원사업의 연구주제는 〈쿰다로 푸는 제주 섬의 역사와 난민〉이다. '쿰다'는 '품다'의 뜻을 가진 제주어다. 문맥상 난민 문제의 원인을 '품지 못하는' 문화에서 찾고 있다는 것을 짐작할 수 있다. 품지 못하는 것은 '다름'을, 최근에 학술적으로 유행하는 말을 사용하면, 차이를 인정하지 못하는 것이다. 여기서 차이(difference)는 곧 '나'와 다른 것을 뜻한다. 그런데 각자는 개성(personality)으로 불리는 독특함으로 존재하지만, 언제나 장소, 언어, 문화를 공유하는 '우리'의 정체성(identity) 안에서 살아간다. 그래서 어쩌면 '우리'는 이미 차이의 인정일지도 모를 일이다. 각자의 독특함이 '우리' 안에 공존하기 때문이다. 물론 항상 그런 것은 아니다. 전통 사회 공동체의 권력 중심에서는 '강요된' 집합적 정체성이 우세했다. 그런 공동체 안에서 개성은 거의 허용되지 않았다. 이런 강요는 권력의 효과가 약해지는 주변부에서는 상대적으로 느슨해진다. '제주 섬'이 문제를 '푸는' 장소로 제시되는 것은 이런 이유 때문이다. '제주 섬' 또한 전통적 공동체의 성격을 띠고 있지만 정치적 공동체의 주변부이기에 '우리' 안에 차이의 역사적 흔적이 남아 있다. '제주 섬'의 경계의 시선에서 '뒤집어 보기'를 제안하고 있는 것이다. 이제 '쿰다'는 '제주 섬'이라는 장소성을 가짐으로써 공허한 담론을 넘어 구체성을 추구하는 발판을 갖게 된다.

이런 역사적 탐색과 그것으로부터 얻어진 이론적 구성물을 현재에서 재가공하는 것은 쉬운 일이 아니다. 그래서 이론적 우회가 필요하다. '제주 섬'의 역사와 대면하고 거기에서 무엇인가를 끌어내기 위한 도구가 있어야 한다. 이 책에 실려 있는 글들은 그런 '도구'를 찾으려는 시도의 모음이다. 때로는 철학으로, 때로는 종교사회학으로, 때로는 제주 아닌 곳의 구체적 사례로 우리의 현실을 돌아볼 수 있는 이론적 도구를 구성하려고 했다. 소위 포스트모더니즘 이후의 사회이론은 지배적인 패러다임을 비판하고 작은 이야기들의 중요성을 강조했다. 특수성(particularity)으로 보편성(universality)을 비판했다. 이제 그 작은 이야기들은 특수성을 넘어, 아직도 지배적인 것으로 군림하고 있는 보편성을 대체하는 대안적 내러티브를 제시해야 한다. 이것이 경계의 시선에서 '뒤집어 보기'다.

'우리'의 정체성은 고정되어 있지 않다. '우리'를 구성하는 개성 자체가 안정적이지 못하다. 인간은 지적능력을 가져다준 진화의 대가로 불완전한 상태로 세상에 나오며, 사회의 구성원이 되는 과정은 동물적 본능을 억압하는 과정일 수밖에 없다. '나'를 나로 동일시하는 자아(self)는 역설적이게도 '나'의 일부일 뿐이다. 내가 모르는 '나'가 훨씬 더 크다. 사람들은 누구나 신경증과 정신증에 시달릴 운명이다. 정도의 차이가 있을 뿐이다. 모두가 심리적으로 불안전한 존재인 것이다. 다른 한편 인간은 신체적으로 매우 취약하다. 진화의 역사에서 신체적 취약성은 협동으로 극복될 수 있었다. 각자의 차이는 언어를 매개로 한 공동체(community)로 통합된다. 그런데 이러한 공동체의 출현은 그 자체로 모순을 안고 있다. 그 어떤 공동체도 개별적 차이를 뛰어넘을 수 없지만, 공동체의 존재는 개별적 차이를 인정하지 않는 집합적 정체성 구성에 달려 있다. 19세기 후반에서 20세기 초까지 살았던 프랑스의 사회학자 에밀 뒤르켐(Emile Durkheim)이 기계적 연대라고 불렸던, 집단의 표상(representation) 아래 개성은 0에 가까워지는 그런 공동체가 인간 역사 대부분 동안 지배적인 형태였다. '우리'가 수많은 '나'의 차이의 인정으로부터 구성된다는 것은 근대 사회계약론의 '이론적' 가정으로만 존재할 뿐이다. 현실에서 공동체는 개성의 억압인 것이다. 사회계약론자들의 시대를 수백 년 뒤로하고도 사람들은 여전히 언어, 종족, 인종, 종교, 민족의 집합적 정체성 안에서 원초적인 취약성과 불안을 봉합하면서 살아가고 있지 않은가?

그런데 근대 자본주의는 또 다른 모순을 낳았다. 자본주의는 한편으로 낡은 공동체들을 날려버렸다. 카를 마르크스(Karl Marx)와 프리드리히 엥겔스(Friedrich Engels)의 표현을 빌리자면 자본주의는 '신앙적 광신, 기사적 열망, 속물적 감상 등의 성스러운 외경을 이기적 타산이라는 차디찬 얼음물 속에 집어넣어 버렸다'. '인격적 가치'는 '교환가치'로 용해되어 버렸다. 그런데 그렇게 날려버린 공동체는 사람들을 불안하게 했다. 전통과 공동체는 억압적이었지만 사람들이 뿌리내린 토양이었기 때문이다. 이제 이해타산적인 고립된 개인들만 덩그러니 남아 있게 된 것이다.

근대 경제학이 가정한 이익과 손해, 쾌락과 고통을 계산하는 행위자는 관념의 산물이지만, 개념적으로 정의된 후 규범적 기준이 되었다. 사람들이 자신의 생각과 행동을 그것에 맞추어야 하는 기준이 되었다. 그런 인간(형)이 자율적이라고 아무리 말해보았자 협소한 '합리성'의 기준의 격자에 맞지 않는 자신을 채찍질해야 하는 사람은 타율적 존재일 뿐이었다. 비록 형식적인 것에 그쳤지만 분명 자율적 개인의 출현은 근대 민주주의의 성취였다. 그러나 그것의 이면은 자본의 논리에 맞추어진 경제적 인간(homo economicus)이었다. 근대적 인간은 이성과 과학의 힘으로 신체적 취약성과 심리적 불안으로부터 자유로워졌다고 선언되었다. 문제는 취약성과 불안으로부터의 완전한 자유는 불가능하다는 것에 있었다. 불가능한 것을 가능하다고 선언하는 순간 이성과 과학의 그늘에서 취약성과 불안은 증폭된다. 그 기준에 맞추어야 한다는 강박이 또 다른 불안의 요소였다. 자율적인 주체에게 취약성은 숨겨져야 하는 약점이 되었다. 동료 인간에게 취약성을 노출하는 연대는 최소화되어야 한다. 그런데 연대의 약화는 취약성을 더 키운다. 관념적으로 정의된 경제적 인간이 규범이 되어 그것이 마치 인간 본성인 것처럼 받아들여질 때 자율적 주체는 타율의 포로가 된다. 경제적 인간(관념)과 인간실존(실재) 사이의 틈은 심리적 불안에 사회적 불안을 더한다.

모순은 결함이다. 그리고 모순은 그 결함을 넘어설 가능성을 담고 있다. 변증법(dialectic)은 모순을 이러한 극복의 과정으로 제시한다. 물론 도달해야 하는 목적이 이미 정해져 있지는 않다. 변증법은 언제나 우연성을 내포한다. 그렇다면 앞에서 언급한 첫 번째 모순, 즉 개인과 공동체 사이의 모순은 어떻게 극복될 수 있는가? 이 질문의 답은 근대 민주주의의 성취로서의 자율적인 개인과 경제학이 가정한 도구적 인간(형)을 분리하는 것에서 찾아져야 한다. 민주주의는 관념론적으로 가정된 합리적 주체의 계약이 아니라 취약하고 불안한 존재들의 상호 돌봄(care)과 배려에 기초했을 때 더 넓고 더 깊어진다. 불안과 취약성은 완전하게 극복될 수 없다. 인간이 짊어져야 할 숙명이다. 하지만 관리될 수는 있다. 서로가 모두 돌봄이 필요한 취약한 존재, 불안한 존재라는 것을 인정하면 된다. 그럴 때 우리 바깥의 이질적인 존재들도 환대할 수 있게 된다.

이미 근대의 출발점에서 강요된 낡은 공동체는 '형식적'으로 분쇄되었다. 위계적이고 억압적인 공동체는 화폐의 보편성과 어긋났기 때문이다. 하지만 낡은 공동체는 이데올로기적으로 끊임없이 소환된다. 여기서 형식적 분쇄가 남긴 역사적 유산이 중요해진다. 전통적 이데올로기는, 비록 도구적 합리성의 족쇄에 묶여 있는 처지였지만, 그래서 형식적이기는 했지만, 민주적 권리를 가진 시민을 통해서만 (형식적으로) 분쇄될 수 있었다.

이렇게 형식적으로나마 주어진 민주주의는 이데올로기적으로 남아 있는 낡은 전통과 마찰을 일으킨다. 그런 마찰은 역설적으로 '민주주의의 민주화'를 추동하는 동력이 되었다. 일면 모순적으로 보이는 이런 상황이 한편으로 화폐적 보편성(물신성)을 넘어 자유를 갈망하게 하고, 다른 한편으로 낡은 이데올로기에 기대지 않고도 존재의 취약성과 불안을 관리할 수 있는 방향을 찾게 했다. 다시 말하면 돌봄의 윤리가 출현할 수 있는 조건이 된다. 여기서 취약성과 불안, 이 두 가지 한계가 불러내는 사회적 상호의존은 민주주의적 토론과 상호 이해의 존재론적 근거가 될 수 있다.

분명 지금의 현실에서 화폐적 보편성, 즉 인간과 인간 사이의 관계를 물질적 관계로 환원하고 결국은 양적으로 환원하는 화폐 물신성이 공존과 돌봄의 윤리를 가로막고 있다. 화폐 물신성은 역사적 구성물인 자본주의 가치법칙을 보편적인 것으로 표상한다. 이윤의 양적 확장만을 추구하는 자본주의 가치법칙은 민주주의가 약속한 인권과 정의, 삶의 질을 무로 돌리면서 취약성과 불안을 증폭한다. 그런데 사람들은 이렇게 극단화된 경쟁과 착취를 견디기 어렵다. 이것을 참을 만한 것으로 정당화하기 위해 자본주의가 날려버린 과거의 유산이 끊임없이 뒷문으로 호출된다. 민족, 인종, 종족, 종교가 악몽처럼 현재의 인간들 어깨 위를 짓누른다. 서로의 차이를 인식하고 취약성과 불안을 견딜만한 것으로 관리하기 위해서는 서로 다른 사람들 사이의 연대가 필요하다는 사실이 자본주의 가치법칙 앞에 무너진다.

화폐 물신성과 자본주의의 가치법칙은 개인의 이기적 욕망을 추구하라고 한다. 그러나 욕망은 그 자체로 좌절을 낳는다. 끝없는 팽창 없이는 지탱될 수 없는 자본주의에서 욕망은 결코 충족되면 안 된다. 가치법칙이 착취를 동반하고 이윤의 집중을 초래할 수밖에 없다는 사실이 그런 좌절을 절망으로 몰아간다. 그런데 좌절과 절망이 가치법칙 자체에 저항하도록 놓아두어서는 안 된다. 좌절과 절망은 타자들에 대한 혐오로 대체되어야 한다. 혐오는 개념적으로는 분쇄된 낡은 이데올로기가 소환되어 그것에 의해 공동체가 표상될 때 그 바깥의 이질성으로 구성된다. '품지 못하는' 문화는 돌봄과 배려의 윤리를 가로막지만, 자본주의를 땜질하는 수단으로는 꽤 유용했다.

우리의 공동작업은 바로 이런 좌절과 절망, 혐오가 발생하는 곳에서 그것을 넘어서는 길을 찾는 것이다. 모순 바깥이 아니라 모순의 한가운데서 연대와 공존의 근거를 찾는 것이다. 우리는 신체적 취약성과 심리적 불안정, 그리고 그것을 매개로 한 사회적 연대가 자본주의 가치법칙과 마찰을 일으키는 모든 곳에서 그런 근거를 발견한다.

〈쿰다난민연구총서〉 세 번째 권에 실린 7편의 글이 '난민'으로부터 출발하지만 동질성/이질성, 다양성, 공존을 주제로 삼고 있는 이유는 현대세계가 직면하고 있는 문제는 난민이 아니라 난민을 발생시키고 있는 경제, 정치, 문화라는 것에 공감하고 있기 때문이다. 현대자본주의의 위기가 미래지향적인 민주주의와 인권을 심화하는 방향으로 전환하는 반성과 성찰의 계기가 되기보다는 낡은 분할과 혐오의 이데올로기가 동원되어 그러한 길을 가로막고 있는 문화적 위기를 진단하고 있다. 이질적인 것들의 혼종으로 나가는 것만이 민주주의와 인권을 따라 앞으로 나가는 길이다.

김진선이 "우리는 혼종이며 관개체적 존재이기에 차이는 차별하고 배제할 것이 아니라 오히려 우리를 공존할 수 있게 하는 핵심"이라고 말할 때 그는 취약성과 불안이라는 실존 문제를 다루고 있다. "인간은 과정으로서만 정체성을 가지며, 다른 개체들과의 관계 속에서만, 그리고 그 개체들의 관계로 존재하는 전체 안에서만 존재할 수 있다"는 말도 같은 맥락에서 이해할 수 있다. 그는 답을 "다원화된 개인주의 시대의 공동체", "구체적이고 개별적인 다양한 삶들이 엮어진 '실존적 공동체'(existential community)", 그리고 "다양한 차이를 가지고 있는 개인들이 다름을 동등하게 인정받고 공유할 수 있는" "디아스포라적 공간(diasporic space)"에서 찾고 있다.

김준표가 "동질성이라는 것은 하나의 고정된 실체로 존재하지 않는다"고 주장하는 것도 마찬가지다. 전통문화조차도 "이질문화 간의 장점과 적합성이 결합되어 보다 높은 차원의 새로운 문화를 가져오는 융합"인 것이다. 이렇게 보면 한국이 단일민족국가라고 주장하는 것은 신화이며 "국민 통합을 위한 이데올로기"였을 뿐이다. 그가 버틀러의 "어정쩡한 정체성"과 "어정쩡한 문화"를 언급하면서 "동질적인 단일 문화 신화를 폐기하고 다양하고 이질적인 문화들이 섞여있는 다문화"를 옹호하는 것도 이런 이유에서다. 김준표의 글이 이러한 관점에서 한국의 전통종교를 "자발적 정체성"으로 해석하고, 그것의 토대를 "고통, 죽음, 삶의 의미와 같은 궁극적인 문제"와 연결하여 논의하고 있다는 점은 취약성과 불안의 문제에서 멀리 있지 않음을 보여준다.

임형모가 문화지리학으로 강제이주에 내몰렸던 고려인들의 삶과 기억, 공간 감각을 읽어내려 했던 것도 혼종성을 확인하려는 시도다. 고려인들이 남긴 문학 작품들에는 민족 정체성으로만 환원할 수 없는 디아스포라의 삶의 체험과 기억, 그리고 공간 감각이 중첩되어 나타난다. 때로는 정치적 억압과 검열이 문자화된 기록에 강한 흔적을 남길 수도 있다. 그러나 임형모는 "모든 상황이 변한 이후 억압 속에서 해 왔던 것을 모조리 부인"하는 것은 "글쓰기의 흔적"을 지울 수 있으며, "한국적 민족주의에 천착하는 경우 … '디아스포라 주체를 문화적으로 통합된 집단으로 간주할 수 있는 위험"이 있다고 지적한다.

박재영은 독일 다문화주의를 독일 내 터키인 공동체의 지위로 평가한다. 그가 역사적으로 고찰하고 있는 것처럼 독일은 자본주의 가치법칙에 따라 이주노동자를 받아들였다. 독일은 값싼 노동력의 공급이 필요했다. 그런데 경제 상황에 따라 받아들였던 이주노동자를 바라보는 시선이 달라졌다. 노동력이 부족했던 시기 적극적으로 받아들였지만, 경기가 후퇴할 때는 차별과 통제를 강화했다. 인종주의적 선동이 난무하고 종교적 갈등이 폭력으로까지 드러난다. 나치 시대의 노골적인 문화적 인종주의보다는 "이질적인 문화로부터 국가와 민족의 정체성을 지키기 위하여 이방인들과의 차이를 지켜 갈 권리를 주장"한다. 문화적 인종주의와는 다른 모습으로 나타난다고 해도 이런 태도도 인종주의다. 자본주의는 가치법칙을 관철하기 위해 낡은 전통을 뒷문으로 불러들일 수밖에 없다.

김동석은 아프리카 강제이주민의 역사를 회고하고 현재의 상태를 진단한다. 이들은 국내 실향민으로 분류된다. 김동석은 강제이주민의 양산을 "식민지배의 산물"로 본다. 강제이주민을 발생시키는 주요 원인인 내전은 "식민지배의 유산, 정치·경제적 소외 및 차별, 외부세력의 개입"에서 비롯되었다. 내전은 종종 군벌로 나타나는 무장집단의 폭력과 겹쳐진다. 사람들은 생명을 지키기 위해서 삶터를 떠날 수밖에 없다. 이러한 정치 상황에 대한 비판은 탄압받는다. 종족학살이라는 비극도 피할 수 없다. "서구 식민지배자들은 종족 간 협력을 통한 독립운동 조직을 막기 위해 종족 간 분열 통치 정책"을 사용했고, 결과적으로 "식민지배의 혜택을 입은 종족과 소외된 종족 간 적대감"은 클 수밖에 없다. 제노사이드의 씨앗이 제국주의적 식민통치시대에 뿌려진 것이다. 이 또한 세계체제 수준에서의 자본주의 가치법칙과 그것과 쌍을 이루는 과거의 낡은 이데올로기의 시대착오적인 결합으로부터 나온 불행한 결과였다.

김치완은 혐오와 증오를 동·서양철학을 횡단하면서 도덕감정의 문제로 다루고 있다. 민족, 종족, 인종, 종교의 다름이 혐오의 토양이 된다는 사실은 김진선과 김준표의 글에서 이미 확인되었다. 그리고 그러한 혐오가 어떤 모습으로 드러나는지 박재형과 김동석의 글로부터 배울 수 있었다. 관건은 혐오와 증오를 극복하는 것이다. 그런데 이러한 극복은 혐오와 증오에 대한 규범적 비판만으로는 성취될 수 없다. 만약 혐오와 증오가 현재의 문화적 상태에서 우세한 것으로 드러나고 있다면, 그것의 반대편에 이질성의 공존을 이론적, 또는 규범적으로 제시하는 것은 무력하다. 이런 무력함을 넘어서기 위해 김치완은 맹자의 4단(端)과 조선 중기 7정(情) 논쟁으로 "인간 존재의 본질적 특성을 도덕성"에서 찾고, "'인간다움'을 온전히 실현한다는 것이 어려운 일이기는 해도, 도달할 수 있다는 확신"을 혐오감정 극복의 가능성으로 위치시킨다. "도덕 감정은 윤리나 문화화하여 확산된 감정으로서 나 자신과 인류가 공유하고 있는 취약성을 인정하는 데서 출발해야 한다"는 언급은 그런 가능성을 확인한다. 왜곡되어 부정적인 모습으로 나타날 때조차 인간다움의 근저는 이미 우리 안에 있다. 이런 인간 실존의 도덕감정은 현실을 변화시키는 정치적 행동의 매개가 될 수 있다. 규범적 주장을 넘어서는 한 발을 내디딘다.

이런 맥락에서 서영표의 글은 언제나 있었던 이주와 이동을 '난민'으로 표상하는 현재의 사회적 특징을 추적한다. "이주의 정치적 정의와 기술적인 관리가 중요하다"고 언급한다. 그러한 정의와 관리의 틀은 "지배적인 권력"에 달려 있다. "그렇게 정의된 '문제'는 관리 가능한 '정보'들로 코드화되어야 했다. 문제를 얼마나 잘 해결하는가는 중요하지 않다. 처음부터 문제영역 표상의 목적은 해결이 아니라 '문제'를 '문제'로 관리하는 것이다". 그리고 이런 지배적 표상과 어긋나는 실천의 길을 찾아야 한다고 제안한다. 김진선과 김준표가 이미 논증했듯이 우리는 이미 언제나 혼종으로 존재한다는 것은 '함께 있음'과 '마주 봄'에 동반되는 반성과 성찰로 학습될 수 있다. 김치완이 강조한 신체적 취약성과 도덕감정이 촉발되고 성장할 수 있는 사회적 조건을 찾아야 한다.

우리의 공동 작업이 난민을 만드는, 그리고 난민을 적으로 규정하는 현재의 조건을 온전히 설명했다고 자신할 수는 없다. 법적 조치와 제도적 개선을 향한 구체적 제안에는 한참 미달하기도 한다. 하지만 우리의 작업은 그동안 법과 제도에 고착되었던 난민 문제의 사회적 근원을 탐색함으로써 새로운 논의 지평을 여는 것을 지향한다. 그리고 이러한 방향전환, 또는 기존 연구의 보완은 난민 문제를 보다 큰 현대사회의 경제적 위기, 정치적 위기, 사회적 위기로 설명함으로써 탈근대, 탈자본주의 사회의 새로운 방향을 토론에 부친다. 더이상 지탱될 수 없는 사회를 유지하기 위해 동원되는 혐오와 증오는 포퓰리즘 선동정치로 귀결된다. 그런데 극우적 포퓰리즘 정치는 모두가 증오하지만 모두가 증오의 대상이 되는 그런 세상으로 우리를 이끈다. 포퓰리즘은 언제나 임시방편이다. 비합리적이다. 상호 이해와 상호 학습을 가로막는다. 이미 우리가 성취한 민주적 시민의 역량이 비합리적 증오는 결코 취약성과 불안을 완화하지 못한다는 것, 오히려 그것을 증폭한다는 자각과 만날 때 새로운 정치는 출현한다. 완벽한 답을 찾을 수 없을지라도, 그리고 완벽한 답을 찾을 수 없기 때문에, 우리는 연대해야 한다.

다원화된 개인들의 이질적 공존

Ⅰ. 머리말

다양한 개인들로 구성된 인류사회는 다른 자연계 집단들과 마찬가지로 서로 경쟁하고 협력하면서 유지돼왔다. 여러 종류의 동물과 식물들이 숲의 생태계를 유지하듯 서로 다른 개인들이 사회를 존속시키고 있는 것이다. 이는 개인이 독립적이고 순수한 존재가 아니라 사회적 존재, 즉 공동체적 관계 속에서 살아가는 복합적 존재임을 보여준다. 다시 말해서, 우리는 개인으로서 개별적 존재라고 할 수 있지만 그 태생에서부터 이미 복합적 관계에 기인하는 관개체적 존재인 것이다. 따라서 우리가 상호관계를 맺는 대상으로서 타자의 존재는 필연적일 수밖에 없다. 그런데 타자는 나와 동질적이지 않은 이질적인 다름의 존재이기에 우리는 그러한 이질적인 타자와의 공존에서 차이에 주목하지 않을 수 없다. 인류의 역사 속에서 타자는 공존의 대상이었지만 그 차이는 인정받지 못하고 배제되거나 동화돼야 했다. 그 과정에서 다양한 형태의 폭력이 자행되었다. 지금 시대에도 차이를 인정받지 못하고 차별받는 소수자들은 제목소리를 내는 것이 혐오의 대상이 돼버리고 있다. 이에 우리는 서로의 다름을 인정하고 존중하는 이질적 공존을 생각해보고자 한다.

이질적 공존은 타자에 대한 인식의 전환과 공존의 공간이 필요하다. 여기서 공간은 서로 다른 차이들의 인정이 가능한 장소이자, 다양한 개인들이 상호관계 속에서 살아가는 공동체이다. 공동체는 개인들이 관계 맺는 장(場)으로써 우리가 살아가는데 필수적인 것이지만 공동체가 어떤 것이어야 하는가에 대한 논의는 그것의 실현성을 차치하고서라도 이론적 합의도 쉽지 않은 문제이다. 다만, 분명한 것은 공동체 안에서 개인들의 차이가 어떻게 인식되고, 어떤 배경 속에서 인정되는지가 중요하다는 점이다.

우리가 서로 다르다는 사실은 너무나 당연한 것처럼 들리지만 그것은 오랜 인식의 변화를 거쳐 형성된 것이다. 그 동안 우리는 계속해서 같은 것을 강조해왔다. 즉, 인간이 동질적 존재라는 것을 밝히기 위해 심혈을 쏟아왔던 것이다. 유가(儒家)에서 인간의 본성을 선(善)하다고 규범적으로 확정한 것이나,[1] 서양 근대의 천부인권설 등은 인간을 동질적인 존재로 정립하고자 한 것이다. 이러한 동질화는 그것의 옳고 그름을 떠나서 기본적으로 경계 짓기[2]를 전제한다. 왜냐하면 같음의 생성은 다름을 낳기 때문이다. 그런데 문제는 나와 같은 '우리'를 정립하는 과정이 나와 다른 타자를 배제하는 것으로 이어질 수 있다는 것이다. 이는 최근 언론에 자주 오르내리는 '갈라치기'에서도 확인된다. 갈라치기는 남성과 여성, 장애인과 비장애인 등의 경계 짓기가 차이를 인정하는 것이 아니라 다름을 차별/배제하고 동질성(정상성)을 강화하는 데 이용된 것이다.

우리는 인간으로서 동질성을 갖는다고 할 수 있지만 그것이 누구에게나 동일하게 재현돼야 한다고 할 수는 없을 것이다. 인간은 사회 속에서 복잡한 관계에 놓여 있으면서 동시에 개별적 존재로 살아가고 있다. 따라서 우리는 인간으로서 동등한 권리를 갖는다고 해야겠지만 그렇다고 개인이나 집단이 어떤 본질적 동질성에 매몰될 필요는 없다.

근대사회 이후 모든 사람은 인간의 존엄한 권리를 가진 존재라고 정의된다. 하지만 현실에서 인권은 차별적으로 적용되었다. 인권이 국민국가의 기반 위에 있기에 국민이 아닌 사람은 인권을 제대로 인정받지 못했다. 또한 같은 나라의 국민이면서도 '정상'적인 국민이 아닌 소수자 역시 차별받았다.[3] 이질적인 것, 즉 차이가 동등하게 인정받을 수 있는 공존의 방식은 이질적인 것 그대로 인정하고 함께 하는 것이다. 여기서 이질적인 것은 잡종, 혼종이며, 순결하고 고유한 그 무엇에 대해 이질적인 것이 아니다. 우리는 혼종이며 관개체적 존재이기에 차이는 차별하고 배제할 것이 아니라 오히려 우리를 공존할 수 있게 하는 핵심이다. 따라서 이러한 공존은 나와 타자가 자기를 지우고 동화되거나 다름을 배제하지 않으면서 뒤섞여 있지만, 서로의 독자성과 자유를 포기하지 않을 수 있다.[4]

지금 시대는 이주 현상이 보편적인 이주의 시대이자 다문화사회이다. 그 만큼 이주에 따른 다양한 문제들이 존재하고 있다. 이러한 이주문제의 적절한 해법을 찾기 위한 시도 중 하나가 다문화주의이다.[5] 다문화주의를 쉽게 정의하기 어렵지만, 정치·제도적 측면에서 문화적 다양성의 인정 문제가 핵심이라고 할 수 있다.[6] 이 인정은 기본적으로 보편적 원칙을 적용하는 것의 문제가 아니라 다원화된 개인들의 차이를 다루는 문제이다. 이 글에서는 다원주의 관점에서 다양성의 인정과 공존을 철학적 관점에서 살펴보고 있다.

우리는 같음을 추구하는 동질사회에서 점차 다름을 인정하는 이질사회로 변모해왔다. 여기서 다름은 같음으로부터 분리된 것이 아니라 원래 같았던 적이 없는 뿌리 깊은 다름이다. 왜냐하면, 우리는 실제로 동질적이지 않기 때문이다. 인간은 생물학적으로 상당한 유사성을 가지고 있지만 그러한 특성으로 인간을 분류하거나 인류를 규정하는 것은 인종주의에서 보듯이 오히려 반인권적으로 나타났다.

우리는 과거에 다름을 넘어서 같음을 추구함으로써 공동체를 형성했던 것처럼 지금도 '공공선'을 내걸고 상호관계를 맺으며 공동생활을 하고 있다. 모두가 동의할 수 있는 공공선이 무엇인지는 단정하기 어렵다. 어쩌면 그것은 정의할 필요가 없을지도 모른다. 중요한 것은 어떻게 수행할 것인가의 문제이다. 답을 정해놓고 그것을 구하는 것이 아니라 문제를 풀어가는 과정 그 자체가 중요하기 때문이다.

이 글에서는 오늘날 다원화된 개인들이 함께 살아가기 위한 타자와 공간에 대한 인식문제를 고찰하고 있다. 인간의 실존은 필연적으로 타자를 전제하며, 개인들이 상호관계를 맺으며 살아갈 수 있는 공동체가 필요하다. 여기서 중요한 것은 타자와 공동체는 동질성이 아니라 이질적 차이에 근거한다는 인식이다. 이러한 인식의 변화와 함께 다원화된 개인들의 이질적 차이가 동등할 수 있는 공간이 모색되고 있다. 여기서 그러한 공간에 관한 주장들을 살펴보고 그 특성을 찾아보고자 한다.

Ⅱ. 타자 인정과 공동체적 인식

인간은 사회적 존재인 동시에 타인과 구별되는 자기만의 그것이 있어서 개별적 존재이기도 하다. 그래서 우리는 인간 존재의 의미를 인간 일반의 공통적인 것에서뿐만 아니라 타인과 구별되는 것에서도 찾는다. 개인은 자기 자신의 자아실현을 통해서 존재 의미를 획득하는 한편, 인간의 보편적 특성을 실천함으로써 존재성을 유지한다. 이 두 경우 모두에 전제되는 것이 타자이다. 즉, 타자의 존재 없이는 개인의 삶의 의미와 인간 일반으로서의 존재성을 획득하기 어렵다. 들뢰즈는 "타자는 하나의 위협적인 세계의 가능성을 표현하면서 등장하며, 이 세계는 타자 없이는 펼쳐지지 못한다"고 했다.[7] 나의 실존의 대상으로서 필연적으로 마주해야 하고 무(無)로 만들 수도 없는 타자는 지옥과 같지만, 동시에 나에게 새로운 생성의 계기를 제공한다. 결국, 타자에 대한 인식에 있어서 주목할 것은 우리는 타자를 필연적으로 조우할 수밖에 없으며, 이것이 새로운 변화의 가능성이라는 점이다.

역사적으로 보면 서구의 근대적 개인의 출현으로 인간이 주체로서 보편적 인간의 지위를 획득하게 된다. 그와 동시에 타자는 그 자체로 인정받아야 할 존재가 아니라 '우리'에게 동화돼야 할 대상으로 전락했다. 동화되지 않는 타자는 무화(無化)돼야 했다.[8] 다시 말해, 타자는 타자로서 인정받지 못하고 주체에게 동화되거나 도구적으로 이용되는 존재가 되었다. 나아가 주체의 권한이 점차 국가권력으로 이동하면서 개인들은 국가공동체에 동화돼야 할 집단의 구성원 신분이 되었고, 개인으로서 '나'의 인식과 판단은 국가권력에 의해 감염되고 동화되었다. 지금 현실에서도 여전히 민족국가의 포용/배제의 논리에 의해 경계 밖 존재에 대한 차별과 혐오의 폭력이 공공연하게 자행되고 있다.

우리는 서로가 다르다는 것을 인지하면서 각자 자신을 의식하고 정체성을 형성한다. 그뿐만 아니라 타자와의 만남을 통해서 변하지 않는, 언제나 항상 같은 것은 없다는 것을 알게 된다. 이렇듯 이 사회는 상호 간의 경험과 인식을 통해 형성되는 다양하고 복잡한 정체성들이 구성하고 있다. 이러한 사회에서 '인정'은 매우 중요한 문제이다. 인정의 부재 또는 부적절한 인식은 피해를 유발하고 억압과 같은 형태를 만든다. 더 나아가 부적절한 인식들은 어떤 이들을 잘못되거나 왜곡된, 그리고 축소된 존재로 가두어버린다.[9] 우리에게 익숙한 '차별'이 대표적이라고 할 수 있다. 차별은 "사람들의 구체적인 개별성을 배제하는 일이다. 이 불평등한 행동은 개인의 구체적인 개별성을 부정하는데, 한 개인을 출신, 종교, 성별로 축소하기 때문이다."[10] 우리가 누군가를 차별하는 행위는 차별의 대상이 자기 자신으로 인식되지 않고 어떤 특정한 '완전한' 정체성 개념으로 규정해버리는 것이다. 따라서 차별은 단순히 누군가를 게임에 끼워주지 않는 것에 그치지 않고, 개인의 다양하고 풍부한 특성을 호명된 이름(정체성)으로 소거시킨다.

눈앞에 마주한 타자를 실존하는 개인이 아니라 어떤 집단의 정체성으로 규정할 때, 타자에 대한 이해는 왜곡되고 '우리'의 가치에 의해 혐오로 이어질 수 있다. 지난 2018년 제주에 온 예멘 난민에 대한 한국사회의 반응에서 적나라하게 드러났다. 예멘과 무슬림에 대한 무지와 편견은 이들을 마치 완전한 이슬람 근본주의 정체성을 갖는 존재로 규정하고 혐오를 쏟아냈다. 난민에 대한 혐오는 실존하는 난민을 마주하고 이해하려는 노력 없이 언론에 의해서 만들어진 이미지를 비판 없이 수용하고, 그것을 확대 재생산하면서 확산 되었다. 그 과정에서 다양한 '~프레임'과 '가짜뉴스'들이 떠들썩했다. 난민들에게 이슬람 종교·문화에 대한 극단적 근본주의 세력의 탈(완전한 정체성)을 씌움으로써 그/그녀들을 피해자에서 가해자로 바꿔버렸다.

한반도에서 경계로 구분되어 마주하고 있는 북한도 같은 민족이라는 정서가 남아 있지만, 상황은 크게 다르지 않다. 북한과 북한 주민에 대한 이해는 공식 선전과 미디어에서 전파하는 것에서 크게 벗어나지 못하고 있다. 북한이탈주민[11]을 연구하는 연구자는 북한이탈주민에 대한 정책과 지원에 대해서 동질적인 것의 토대 위에서 그 차이를 극복하는 여러 가지 노력이 가능하다고 보면서, 지나치게 이질적인 것을 강조하지도 무조건 동질적이라고 착각해서도 안 된다고 덧붙였다. 또 "다양한 사람들이 다양한 위치에 있다는 조금 더 입체적인 다양성이 있다는 것을 인식"해야 한다는 것을 깨달았다고 했다.[12] 북한이탈주민에 대한 이해와 인정에 있어서, 동질적인 것뿐만 아니라 이질적 차이와 다양성에 대한 인식에 더 주목할 필요가 있다. 북한이라는 이유로 민족·언어·역사 등에 대한 동질의 문제로만 접근하거나, 북한이탈주민들을 '북한'이라는 집단의 정체성을 갖는 존재로만 규정해서는 인정의 부재를 초래할 수밖에 없고, 무슬림 혐오[13], 난민 혐오와 같은 사태로 이어질 수 있다.

2020년 초에 발생한 코로나 19 감염증의 팬데믹 사태가 여전히 수그러들지 않고 있다. 백신 접종이 이루어지면서 면역체계가 형성되어 진정될 것으로 생각했으나 변이바이러스 출현 등 위기상황은 계속되고 있다. 바이러스에 대한 면역화는 외부의 자극에 대한 자기 생존의 대응 방식이다.[14] 하지만 면역화가 자연적이고 본래의 것이 아니다. 에스포지토에 따르면,

사실 면역 항체는 항원의 침입으로 결정되는 것이 아니라 그 이전부터 존재하고, 면역체계의 내적인 자기-규제[조절] 능력이다. 따라서 항원이 부재하더라도 면역 항체가 작동하기에 면역체계는 전적으로 자기-충족적인 내적 승인[동일화]의 특징을 갖는다. 이로 인해 우리는 공동체에 의해 변경되는 존재라는 것을 망각한다.[15] 면역체계는 자기 동일화 방식으로 작동하여 외부 요인에 의한 변화를 차단/거부하기 때문이다.

실존의 필수조건인 낯선 타자 – 위협이자 새로운 생성의 계기 – 와의 공존은 면역의 시간이 필요하다. 그런데 면역화가 자기-충족적이기에 타자는 존재의 의미를 상실하고 인간의 실존은 위태로워질 수밖에 없다는 것이 문제이다. '면역'이라는 말의 어원은 라틴어 '이무니타스'(immunitas)이다. 이무니타스는 법과 관련된 용어로 '의무를 면제받다', '직무에서 자유로워지다', '세금을 면제받다' 등의 의미이다. 이 말은 '의무', '책임', '선물' 등을 뜻하는 '무누스'(munus)에서 파생됐다. 무누스에 부정접두사 '인'이 붙어서 만들어진 것이 이무니타스이다. 반면 '코무니타스'(communitas)는 무누스와 '더불어/함께'(cum) 있음을 뜻하며, 이것이 공동체의 어원이다.[16] 즉, 공동체와 면역은 무누스라는 같은 단어를 사이에 두고, 전자는 타자에 대해 의무 지기, 외부에 열려 있기를 함축하는 반면, 후자인 면역은 이런 것들로부터 면제되고 자기를 닫아버리는 경향을 내포하게 됐다. 이 지점에서 에스포지토는 이무니타스에서 무누스로의 회귀와 함께 공동체, 즉 코무니타스로 이행할 것을 주문한다. 무누스로의 회귀는 고유성의 상실, 우리 자신의 것의 탈고유화와 약화라는 이념이 필요하며, 바깥으로부터 '자기(se)'를 위협하는 것에 대해 '자기(se)'를 보존하고 보호한다는 전제 자체에 대해, 즉 면역적 논리의 전제 차체에 이의를 제기하는 것이다.[17] 에스포지토의 주장은 인간이 공동체와 별개의 고유한 정체성을 갖는 존재가 아니며, 우리에게 필요한 것은 타자에 대한 '면역'이 아니라 '공동체'적 인식이라는 것을 다시금 일깨워주고 있다.

인간은 과정으로서만 정체성을 가지며, 다른 개체들과의 관계 속에서 만, 그리고 그 개체들의 관계로 존재하는 전체 안에서만 존재할 수 있다.[18] 따라서 타자와의 공존의 장으로서 공동체는 자기의 고유성이나 순수성에 천착하여 면역화를 가동하면, 결국 공동체의 죽음으로 귀결될 수밖에 없다.[19] 면역에 대한 에스포지토의 비판적 논의는 자기와 타자가 생존을 위해 고립되고 서로 적대하고 소멸시키는 것이 아니라 공동체적 관계 속에서 밖으로 열린 존재로서 서로 인정하고 변화하는 것이 필요하다는 것을 환기한다.[20] 그뿐만 아니라 공동체 역시 다양한 개인들이 관계 안에서 서로 책임과 의무를 이행하는 공존의 장(場)이라는 것을 재확인한다. 외부와의 접촉을 차단해 자기 내부로 천착하는 것은 결국 자기 스스로 죽음에 이르는 길이다. 예방을 위한 면역이 불가능하기에 자기 면역화를 가동할 필요가 없다. 오히려 타자의 출현으로부터 자기 존재에 대한 이해를 확장하고 생성으로 나가야 할 것이다.

Ⅲ. 다원화 사회의 차이 인식

역사적으로 신에 의한 것 또는 선험적이거나 자연적인 영역은 인간의 선택이나 결정을 초월한 것으로 여겨졌다. 그것이 진정한 신앙에 의해서든 인간 본질에 대한 진실한 믿음에서 비롯된 것이든 말이다. 하지만 사회가 변했고 우리의 인식도 바뀌었다. 그래도 아직 이러한 변화를 당연하게 받아들이지는 않는 사람들은 여전히 많다. 한국사회 역시 동질적이고 고유한 것을 내세우며, 그것의 변화를 공포와 두려움으로 느끼고 혐오와 배제로 대응하는 사람들이 있다. 하지만 정작 단일민족이라고 말해지는 우리나라 역시 민족 정체성이 완전하거나 명료하지 않다. 고려 통합 이후 '한인(韓人)'이라는 종족의식이 형성된 이후, 조선 시대 조선인이라는 문화적 정체성이 나타났지만,[21] 오늘날 한국인의 정체성을 내세우고 그것에 기대려는 것은 오히려 우리 자신에 대한 불안의 징후를 드러내는 것이다.

　한 사회의 지배적인 유형이 다른 타자들 사이에 하나의 유형으로 병존하는 것에서 다원화가 일으키는 변화를 읽을 수 있다. 변화는 두 가지 차원에서 일어나는데, 소속의 변화(우리가 사회에 속하는 방식의 변화)와 우리 자신의 정체성 변화이다.[22] 조선 시대 양반은 지배적 유형으로서 평민과 다른 정체성을 갖고 있었으며, 자기 자신이 사회의 지배적 유형인 양반이라는 체면을 중시했다. 그 시대를 양반사회라고 할 만큼 양반은 세계관을 형성하여 질서를 유지했다. 하지만 지금은 다양한 개인들이 여러 유형으로 병존하고 있다. 그렇다면 다양성이 증가하는 지금 시대에 종교적, 문화적인 공통된 세계관 없이 불완전하고 다원화된 개인들인 우리는 어떻게 공존하고 있는가?

　인류사회는 신[神性]에 의한 질서에서 인간[理性]의 질서로 이어지면서 지속되었다. 그렇다면 그다음은 또 다른 무언가에 의한 질서로 재편돼야 할 것처럼 생각될 수 있다. 오늘날 공간으로서 세계와 인간이라는 존재의 경계는 가늠하기 어려울 정도로 확장돼 가고 있다. 그런데 '변화'만이 기정사실이라면 불완전하고 불명료하지만, 그 변화가 새로운 가능성을 생성할 것이다. 우리가 해야 할 것은 묵묵히 다원화를 실천하면서 침묵하거나 피하지 않지만 억압하거나 강제하지도 않고, 섣불리 결론 내리지 않는 것이다.

　하나의 (공유된) 세계관을 달리 말하면 '우리'이다. '우리'는 타자와의 공존을 이야기하는데 중요한 부분 중 하나이다. 외부적인 것이나 때로는 내면의 문제가 발생했을 때 우리는 '우리'를 소환한다. 인간인 한 인간인 '우리'라는 범주를 초월하기 쉽지 않다. 더 나아가 '우리'에는 타협하기 어려운 기본 가치들이 내재해 있다. 이 '우리'의 가치는 고정된 목록이자 확정된 규범으로 전제된다. 카림은 바로 이 때문에 우리가 실천하고자 하는 민주주의의 핵심가치인 협상 가능성이 은폐된다고 지적한다.[23] 민주주의가 완성된 질서, 규범이 아니라 지속적으로 사회 변화 속에서 수행되는 과정 그 자체임을 가려버린다는 것이다. 그래서 가치에 대한 논의는 언제나 기본 가치의 수용에 대한 논의로 전환되고, 이주자들은 '우리'의 기본 가치를 수용해야 한다. 기본 가치는 마치 '주도 문화'[24]처럼 고정되고 확정된 것이어서 논의할 수 없는 본질화된 모습으로 등장한다. 그래서 가치에 대한 호소는 전혀 민주주의적인 과정이 아니며, 가치에 대한 복종이 주제가 돼버린다. 지키고 따라야 하는 그 무엇은 낯선 것의 침입이 없으면 표면적으로 잘 드러나지 않는다. 평상시에는 구성원들의 내면에서 또는 공동체 생활양식 속에 존재한다. 타자의 방문으로 인해 그것은 마치 공동체의 수호신처럼 소환되고 타자를 배제하거나 동화시킨다. 여기에는 어떤 협상의 여지도 없는 것처럼 보인다. 왜냐하면, 기본 가치는 그 사회 집단의 '정상'이기 때문이다.

이러한 반응의 배경에는 '우리'의 가치를 공유하는 동질적 이웃이 자리한다. 이질적 타자가 들어올 자리는 열려 있지 않다. 하지만 이질 사회로의 이행에서 우리는 더는 '정상'을 고집하기 어렵게 되었다.

> 동질 사회가 우리의 완전한 소속을 약속했다면, 그러니까 우리를 온전하게 만들어 주고 우리에게 완전한 정체성을 제공하기로 약속했다면 지금은 그 반대로 말할 수밖에 없다. 이질 사회, 다원화 사회, 다양성의 사회는 사람들이 이 사회에 더는 온전하게, 직접, 당연히 소속되지 않는다는 것을 의미한다. 이질 사회는 또한 우리가 더는 같은 종류의 자아가 아니라는 것을 의미한다. 우리는 예전처럼 같은 종류의 우리로 구성되지 않는다. 우리는 이제 온전하지 않다.[25]

이제는 일자(一者)로서 절대적 유형, 모두를 위한 구속력 있는 유형은 없다. 이질적이고 불완전한 개인들이 당연시되는 시대가 된 것이다. 신자유주의가 다원주의 사회이자 다양성이 인정되고 장려되며, 그러한 사회적 다양성은 우리의 경험을 풍부하게 하고 문화자원의 양을 증가시키면서 삶의 질을 향상한다는 견해가 있다.[26] 이러한 주장은 신자유주의에 대한 지나친 낙관론이라 할 수 있지만, 다양성의 인정, 즉 차이의 공존을 위한 인식의 변화 과정으로 읽을 수 있다. 또한, 개체와 문화 등의 차이를 보장하는 것은 민주주의 사회가 건설된 기반 위에 있는 원칙들과 모순되지 않는다. 오히려 평등의 역동성을 수행하고 차이 속에서 평등의 참신한 형태가 출현할 수 있다.[27] 차이에 대한 논의 중에서 아이리스 영의 '차이의 정치'는 주목할 만하다. 영이 말하는 차이는 단순히 동일성의 부정이 아니라 개별 특수성을 뜻하며, 단일한 기원을 갖지 않는 무한한 다양성을 의미한다. 그리고 이러한 이질성, 다원성, 차이에 주목하고 긍정하는 것이 곧 정의의 실현이다. 영의 정의론에서 억압은 구조적 부정의이며, 이러한 부정의는 "이질성과 차이를 무시하고 지배 집단 중심의 보편성과 일반성만을 강조하는 동일성의 논리"와 연관된다. 하지만 집단의 정체성, 즉 한 집단을 집단으로 만드는 것은 공유하는 속성이 아니라 서로 맺는 관계에 있다.[28] 따라서 집단이 강제하는 동일성의 논리는 실체적 근거가 없다.

오늘날 사회가 단 하나의 유형으로, 단 하나의 환경으로 조직되지 않는다는 것이 바로 변화의 가장 무거운 본질이다. 민족이라는 세계는 더는 유일한 환경도 아니고, 하나의 당연한 세계도 아니다. 동질 사회 환경의 해체와 동시에 우리는 이제 온전하고 당연하며 분명한 정체성과 소속을 갖지 못한다. 우리는 이미 다원화된 사회에 살고 있다. 이것은 돌이킬 수 없는 사실이며, 비(非)다원화 사회인 동질 사회로 돌아갈 방법은 존재하지 않는다.[29] 이러한 '기정사실'을 받아들인다면, 보편성과 특수성이라는 틀에 얽매이지 않고 우리와 타자는 불완전하게 '벌거벗은 채'로 중립적인 영역에서 만나 동등하게 서로에 대해서, 서로의 관계에 대해서 소통하고 즐길 수 있을 것이다.

IV. 이질적 관계–공존의 공간 인식

일반적으로 공동체를 정의하는 방식은 특정한 사회적 공간에서 공통의 가치와 유사한 정체성을 가진 사람들의 집단이며, 공동체의 핵심 요소는 지리적 공간, 공동의 유대, 사회적 상호 작용이다.[30] 국가 및 일반적 공동체의 정의에서는 공동체 내부의 공유되는 가치 또는 성질이 있다. 공동체가 하나의 실체는 아니지만, 그 안에 특유의 요소가 있으며, 공동체의 구성원인 개인들의 상호 관계성을 포함한다. 민주적 공동체에서 구성원들, 즉 시민이나 개인은 공유되는 '공공선(common good)'을 추구하는 한에서 타자와의 상호관계에서 정의된다.[31] 공공선의 추구와 상호관계로써 정의되는 공동체는 우리가 말하고자 하는 다원주의적 공동체와 같은 맥락이다. 하지만 공동체에 공유되는 가치나 성질이 동질성을 기반으로 형성되며, 국가와 민족이 그것을 대표한다는 생각도 여전히 존재하고 있다. 여기서는 동질성에 근거한 공동체로부터 개인에 대한 인식변화에 따른 공동체 인식을 살펴보고, 다원화된 개인들의 공존 공간에 대한 논의를 검토하고자 한다.

동질 사회는 자연적으로 저절로 생성된 것이 아니라 만들어진 것이며, 동질 사회의 형성을 위해서 폭넓은 정치 개입이 필요했고, 종종 폭력과 억압이 동반되었다. 그러므로 동질 사회는 의도된 정치 행위의 결과이며, 이러한 사건이 곧 '민족 형성'이다. 민족 형성은 이미 존재하는 다양성의 동질화였지만 사실상 민족의 동질화가 실제로 일어난 것도 아니다. 동질 사회는 상상이고, 민족은 잘 기능하는 허구로써 '상상된 공동체(imagined community)'일 뿐이다. 하지만 '우리는 하나의 민족'이라는 상상은 실제로 하나의 민족 사회를 만들어 냈다. 민족국가에서 개인은 국민으로서 동등했지만 개인적 특성은 무시되었다. 민족은 다양한 개인의 정체성 규정에서 가장 본질적인 것이 되면서 사회 속에 존재하는 다양한 차이는 민족 동일성에 의해 부차적인 것이 돼버렸다.[32] 따라서 동질 사회에서도 차이는 존재했지만, 그 차이들은 의미를 상실했다.

카림의 분석에 따르면, 1960년대 이후 생활양식의 다원화로 인해 자기만의 새로운 길을 선택하면서 차이가 공적 성격을 갖게 되었다. 그리고 현재의 다원화는 정치 운동이 아니라 목적 없는 변화가 낳은 효과로서 민족의 형상을 재규정하려 하지 않고, 오히려 민족 형상의 침식을 촉진한다.[33] 우리는 매일매일 완전히 다른 존재가 될 수도 있음을 경험하고 있으며, 다원화는 우리 각자 안에 자리 잡는 다양성을 의미한다. 다원화된 개인주의 시대의 공동체는 구체적이고 개별적인 다양한 삶들이 엮어진 '실존적 공동체'(existential community)로 이해될 수 있다. 개인은 고유한 정체성을 갖는 존재가 아니라 다양한 관계들로 형성되고 변화하는 존재이다. 인간이 개별적 존재로서가 아니라 관개체적 존재로 살아가는 것과 마찬가지로 공동체 또한 고유한 내재성을 갖는 것이 아니라 바깥으로의 감염과 상처에 열려 있다. 여기서 우리는 공동 존재로서의 타인에 대한 책임과 의무를 져야 하며, 타자를 동화시키거나 배제하지 않고 접촉과 만남에서 '함께 더불어' 있음을 생각해야 한다.

> 벌거벗고 끔찍한 이미지들이 세계의 구석구석에서 텔레비전 화면 위에 등장하는 수백만 명의 굶주린 사람들, 추방당한 사람들, 난민들의 신체, 얼굴, 표정이 우리에게 말을 걸어오는 것이 아니라면, 달리 무엇이 그렇게 하고 있단 말인가? 이들이 공동체와 그 부재, 또한 그 필요성의 문제에 대해 말하는 것이 아니라면 달리 무엇이 그렇게 하고 있단 말인가? 모든 탄생과 심지어 가장 익명적이고 일상적이며 겉보기에는 진부한 마주침에서 상기되는 것은 여전히 공동체가 아닐까? 즉, 관계, 우리의 함께-있음(cum), 함께-있음으로써 '우리'가 아닐까?[34]

'함께 있음'으로써의 공동체를 떠올리는 것은 동질성에 기반을 둔 어떤 특정한 기본 가치를 강제하지 않는다. 오히려 개인이 관개체적 존재로서 공동체에 의해 변경된다는 사실로부터 우리에게 익숙하고 진부하기까지 한 함께 있음이라고 하는 관계의 현재적 의미와 중요성을 강조하고 있다. 함께 더불어 있는 공동체에서 공유하는 공공선은 마치 민주화하는 과정으로서의 민주주의와 같이 공동체의 다양한 개인들이 함께 있음을 구현해가는 과정 그 자체이다. 그것은 인간의 존엄, 개인의 자유와 권리 등으로 이름을 달리하면서 추구되어온 것이다.

다원화된 개인들의 공존을 위한 공동체는 기존의 집단적 시각에서는 불가능하다. 또한, 거시적인 담론으로서 동질적이고 모범적인 공동체를 상상하는 것의 의미도 퇴색해 버렸다. 그래도 우리는 공동 존재로서 공동체의 문제를 고민할 수밖에 없고, 다원화된 개인의 공존은 그것이 가능한 공동체적 공간이 필요하다. 다양한 차이를 가지고 있는 개인들이 다름을 동등하게 인정받고 공유할 수 있는 공간에 대한 논의 중에 '디아스포라적 공간'(diasporic space)이 있다. 디아스포라적 공간은 근대적 공간 경계를 허무는 초국가적 이주민들이 만들어 내는 다문화 혹은 혼종의 공간이다. 이곳에서 이주민들은 출신지와 이주지 사회를 연결하는 다양한 사회적 관계를 형성하고, 자신들이 사는 장소를 어느 한편에만 귀속되지 않는 초국가적 혼종 공간으로 만들어 가면서 고유의 장소 정체성을 형성한다.[35] 이 공간의 혼종성은 공간의 경계를 해체함과 동시에 새로운 장소성을 부여하는데, 이때의 장소성은 이주자들에 의해 개척된 것인 동시에 또 다른 타자의 참여에 열려 있다. 따라서 디아스포라적 공간은 다양성이 공존하면서 억압과 배제가 작동하지 않는 다원적 주체들의 공간이라 할 것이다. 이상봉은 사람들의 생활공간인 '시장'에 주목했다. 시장을 통해서 이주민들이 주변화와 타자화의 압력 속에서 어떻게 공간의 주체로 자리매김 하는지, 즉 일상의 실천을 통해 현지 사회의 구조적인 힘과 외부적 변화에 어떻게 대응하고, 또 어떻게 새로운 의미들을 만들어 가는지 보다 구체적으로 드러낼 수

있다고 보았다.[36]

　일본 오사카시에 있는 코리아타운[37]의 외부적 경관은 다른 지역의 코리아타운과 사뭇 다르다. 123개 상점 중 절반 정도가 한국(민족) 관련 상품을 취급하지만 한국어로 된 간판이 4곳뿐이다. 이 코리아타운은 시장이자 거주 공간으로써 한국문화라는 민족성이 소비되는 '공간의 상품화'와 재일코리안의 생활공간으로서의 '장소 정체성'이 경합하는 공간이다. 초기에는 정주 이주민, 이주노동자, 보따리 장사, 일본인 등 다양한 집단이 각기 네트워크를 형성하면서, 상점가를 구성하는 다양한 주체 간의 인식 차이가 존재했었다. 그런데 이 차이의 확인은 인식의 전환으로 이어져 다양한 차이들이 공존하는 혼종의 공간이며, 억압과 배제 없이 함께 살아가야 할 공생의 공간으로 탈바꿈됐다.[38]

　디아스포라적 공간이 초국가적 이주자들의 혼종의 공간이라면, 또 다른 일상의 공간으로서 '만남 구역'(Begegnungszone)[39]이 있다. 카림은 이 공간에 대해 다음과 같은 의미를 부여한다.

> 이 구역은 도로교통법이 만든 질서 체계의 규제를 벗어나 작동한다. 이곳에서는 일반적인 속도 제한 이외에는 규정, 교통 표지판, 신호등이 거의 없다. 교통은 스스로 관리된다. 개입하는 아무런 권위도 없다. 그리고 여기에 갈등 없이 함께 이용하는 공적 공간이 나온다. 공유 공간(shared space)의 출현이다.[40]

　일반적으로 도로에는 안전을 위한 복잡한 규칙과 규정들이 존재한다. 그런데 만남 구역은 차와 사람이 함께 다니는 도로이면서 오히려 최소한의 규정만으로 유지된다. 카림은 이것이 가능한 이유를 우리가 규칙에 대해 모순적 태도를 보이기 때문이라고 보았다. 사람들은 외면적 권위와 강제된 규율을 지키기도 하지만 저항하기도 한다. 심지어 규칙과의 게임이 개인의 능력을 보여주는 중요한 지표가 되기도 한다.[41] 일반도로에서 운전하는 경우에 교통법규에 따라 운전하더라도 도로 상황을 잘 살펴 주의하지 않는다면, 사고의 위험은 사라지지 않는다. 오히려 신호등, 표지판, 건널목 등의 안전을 위한 장치들이 반대의 결과를 낳기도 한다. 중요한 것은 교통안전을 위한 규제와 장치가 아니라 교통 주체들의 의식과 실천이다.

우리나라에서는 스쿨존사고를 억제하기 위해 법률적 규제와 처벌을 강화해 실제로 사고 발생률이 줄어들었다. 스쿨존 내 운전자의 교통 규범의식 조사연구에 따르면, 범칙금 상향 등 처벌 규정 강화 내용을 인지한 운전자의 경우 교통법규 준수의식이 상대적으로 높았다. 규제 강화가 사고 발생을 줄인 것인데, 주목해야 할 부분은 규제 자체가 아니라 운전자의 의식과 실천이 사고를 줄였다는 점이다.[42] 교통 주체의 의식이 중요하기에 법적 제재에만 의지하는 것은 오히려 '문제'가 무엇인지 파악하는 것을 가로막고, 각종 편법을 양산하고 갈등을 초래하여 문제해결을 어렵게 만들 수 있다.

카림은 규제를 넘어서면 혼란이 아니라 공유 공간이 있다고 말한다. 이 공간에서 다양한 개인들이 서로 방해하지 않고 자기 길을 가면서 자신들의 차이를 나눈다. 만남 구역에서 사람들은 정해진 세부 규정 없이 그 공간의 다른 개인들을 주의하고 배려한다. 규제를 넘어서는 탈규제화가 공간을 모두의 각자의 것으로 만든 것이다.[43] 우리가 매일 타자와 마주치는 삶의 공간에서 서로 방해하지 않고 각자 자기의 길을 걸으면서 동시에 주의와 배려를 내면화한다면, 차이가 동등한 공존의 공간이라 할 수 있을 것이다.[44]

V. 맺음말

다원화된 개인들의 이질적 공존에 대한 논의는 무엇보다 먼저 우리가 이미 다원화 사회를 살고 있으며, 그 이전으로 돌아갈 수 없다는 사실을 인정하는 것이 필요하다. 다문화사회라고 하면서도 민족문화, 민족국가와 같은 근대적 서사에 얽매여 있다면, 우리 사회에서 나타나는 이질적 타자에 대한 다양한 형태의 혐오와 배제는 사라지지 않을 것이다.

다원화된 개인으로서 우리는 불완전하고 다양한 관계 속에서 변하고 있는 존재이다. 공동체 안에서 '우리'라고 하는 동질성으로 이질적 타자에게 면역적 논리를 적용하면 공동체는 유지될 수 없다. 공동체의 구성원인 개인은 타자와의 관계를 통해서 살아가기에 자기의 순수성에 천착하여 타자를 배제하면 결국 죽음에 이르기 때문이다. 자기 면역화는 바깥으로부터 자기를 보호하려는 자연스러운 자기 보존적 행위가 아니며, 타자는 '나'에게 새로운 생성의 필연적 존재이기에 공동체 역시 바깥으로의 감염과 상처에 열려 있어야 새로운 생성의 계기가 마련된다.

디아스포라적 공간은 이주로 인해 형성된 다양하고 이질적인 차이들의 혼종의 공간이다. 이러한 공간에서 다원화된 개인들은 어떤 하나의 완전한 정체성으로 규정되지 않는다. 불완전하고 명료하지 않은 다양한 개인들이 관계 속에서 자신을 탈고유화 하면서 살아간다. 일상에서 다원화된 개인들이 동등할 수 있는 공적 영역인 '만남 구역'은, 그 안에서 일어나는 자발적이고 우연적인 자기 통제와 책임이 탈규제화에서 가능했으며, 이것은 규제 너머에 혼란이 아니라 공유 공간 있음을 보여주었다. 디아스포라적 공간의 이질적 타자로서 이주자(한인)들은 공간의 장소성을 탈고유화 하면서 다양한 차이들의 공존 공간을 만들었고, 만남 구역의 다원화된 개인으로서 교통 주체들은 탈규제화 속에서 다양한 차이가 존중되는 공간을 출현시켰다. 이러한 탈고유화, 탈규제화 공간에 대한 사유는 도가의 도-공간 인식에서도 찾을 수 있다.

유가적 전통에서 우리는 공동체 유지를 위한 질서를 규범화하고 그것의 보편적 근거를 고유한 내적 본성에서 찾았다. 그래서 우리는 내면의 고유한 목소리와 사회적 규범을 지켜야 했다. 하지만 도가적 사유에서 공동체는 다양한 개체들의 다름이 공존하는 공간이며, 오히려 질서 유지를 위한 규범이나 내적 고유성을 부정한다. 이러한 도-공간의 인식은 다양한 차이들의 이질적 공존을 위한 사유로 주목할 만하다.

공간은 존재의 바탕이자 존재함을 가능하게 하며, 존재의 다름(생성-변화)을 구현한다. 노장철학에서도 자연물의 생성 기초가 공간에 있고 공간은 바로 운동의 근원이라고 본다. 도가의 '자연'은 "행위 없는 공간 상태이면서, 불가능할 것이 없는 존재의 공간"을 의미한다. 이러한 도가의 공간은 '무위자연'(無爲自然)과 같고, 무위하지만 모든 존재와 생성을 결정한다.[45] 여기서 결정한다는 것은 '모든 것 위에 있는 권위'로서 지배하는 것이 아니다. 노자는 천지(天地)가 모든 사물에 공평하게 존재하며, 천지 사이는 마치 풀무처럼 텅 비어 있지만, 그 작용은 그치지 않는다고 했다.[46] 천지는 존재의 생성과 운동의 근원적 공간이다. 인간의 삶과 죽음 역시 천지자연의 생성-변화의 일부이다. 형체를 가지고 존재하는 것들은 그 시작의 근원을 살펴보면 '무'(無)이다. 여기서 무는 텅 비어 있는 공간을 가리킨다. 텅 비어 있지만 사실상 아무것도 없는 무는 아니다.[47] 운동과 변화의 순환이 끊임없이 지속되기에 특정한 어떤 것이라고 규정할 수 없어서 무라고 한 것이다.

공간이 존재의 생성 근원이지만 무이기에 특정한 가치를 지향하지 않으며 '스스로 그러할' 뿐이다. 하지만 공간에는 다양한 장소들이 존재하며 그 장소들은 각각 그것들만의 특성을 갖는다. 도가의 최고 개념인 도는 모든 존재하는 것들의 가능 근거로써 없는 곳이 없고(道無所不在) 무한하며 특정한 의미로 고정되지 않는다. 어떤 장소 어떤 사물을 가리지 않으며, 그것들이 특정한 가치를 구현하도록 강제하지도 않는다.

태산에서 아주 사소한 물건에 이르기까지 도-공간에서 각자 자신으로 존재하며 간섭받지 않는다. 그렇다고 각자 고정불변 하는 고유성을 지니는 것이 아니라 사물과 장소의 관계 속에서 탈고유화 되면서 의미가 새롭게 생성된다. 주목할 것은 변화가 생성되는 도-공간은 의도를 가지고 방해하거나 해치려고 하지 않고, 특별히 더 아껴서 도와주려고 하지도 않는다는 점이다. 도-공간 안에서 자연스러운 변화의 생성이 탈고유화 방식으로 이루어지며, 공간 자체는 특정한 규정이나 성질이 없는 무이다.

이상에서 이질적 공존은 무엇보다 타자에 대한 인정과 공동체적 인식이 필요함을 알 수 있었다. 오늘날 우리는 고유한 개인이 아니라 공동체적 관계 속에서 다원화된 개인이라는 것을 분명히 인식해야 한다. 이러한 토대 위에서 비로소 차이를 동등하게 나눌 수 있는 공간이 가능하다. 왜냐하면, 이질적 공존이 가능한 공간은 어떤 권위나 규범이 아니라 탈규제화 속에서 탈고유화 하는 개인들에 의해 생성되기 때문이다.

(김진선)

동질성의 신화와 이질성의 현실에서
함께 산다는 것은

Ⅰ. 머리말: 경계와 이동

미디어의 변화가 초래한 전자통신의 거미줄로 세계는 하나의 지구촌이 되었다는 매클루언(Herbert Marshall Mcluhan & Bruce R. Powers, 2005)의 표현을 적극적으로 끌어안으며, 자유무역협정(FTA, Free Trade Agreement)을 확대해나가던 지구의 국가들이 코로나19 위기상황에 직면하여 긴급하게 국경을 봉쇄하기 시작한지도 2년이 넘어가고 있다. 하지만 전자통신망의 발달로 자본의 흐름은 온라인 망 안에서 여전히 자유롭다. 앞서서 천리를 보는 것 또한 일방을 넘어선 쌍방의 소통으로 자유롭다. 막혀있는 것은 생물학적 개체의 물리적 탈출뿐인 듯하다. 생존을 위한 숨구멍을 찾아, 국민국가 경계의 틈새를 찾아, 죽음의 위기를 벗어나기 위해 길을 나서던 난민들의 탈출구가 코로나19 국경 봉쇄로 그 틈이 더 좁아졌다.

생존을 위한 탈출로만 막힌 것이 아니다. 생존을 도우려는 의료지원 진입로 역시 막히고 있다. 2021년 6월 미얀마의 타닌타리주 지역정부가 국경없는의사회(MSF)에 활동 중단 명령을 내렸다.[1] 사유를 밝히지 않았지만, 미얀마 민주화 시위와 관련이 있을 것으로 추측된다. 1971년 "환자가 있는 곳으로 간다"며 성별, 인종, 종교, 정치적 성향을 떠나 누구나 의료 서비스를 받을 권리가 있다는 신념과 사람들에게 필요한 의료 지원이 국경보다 더 중요하다는 가치를 바탕으로 설립된 '국경없는 의사회'가[2] 50주년과 함께 국경 봉쇄에 직면하게 된 것이다. '국경없는 의사회'라는 명칭은 그 자체로 인도주의 실천에 가장 크게 방해되는 것이 다름 아닌 국경임을 표현한다. 국경은 코로나19에 대한 자국민 보호라는 긴급 봉쇄의 경계이든, 인도주의 실천을 막는 반민주주의의 경계이든, 가장 손쉬운 통제선이다.

경계는 국가 내부의 통치 권력을 강화하는 통제의 경계선이다. 그 경계 안에서 개인들은 통치성을 신체에 내면화하는 한 자유롭다. 경계를 인정하는 기본 논리는 국가가 동질 집단의 집합체라는 것이다. 그런데 과연 그러한가? 국가의 국민은 동질한가? 국가 내부의 언어 동질성과 문화 동질성은 너무나도 당연하여 이의제기가 불가능한 것인가?

경계를 긋는 것이 안전을 위한 것인지 통치를 위한 것인지, 정주민과 이동인의 정체와 삶은 명료하게 구별되어 있는 것인지, 경계 안의 동질은 경계 밖의 이질과 구별된 순수한(거룩한) 것인지에 대한 문제제기를 통하여 문화 정체성이라는 동질성 신화를 벗겨내고 문화 혼종이라는 다문화의 전통[3]을 드러낼 수 있다. 생명체를 비롯한 모든 물질적 존재의 최소단위인 분자로부터 더 쪼개고 들어가 원자로부터 따져보아도 동질 구성체란 존재하지 않으며, 개체로 존재하든 집단, 사회, 국가로 존재하든 모든 존재는 이질 구성체이기에, 이질 구성체의 존재양식은 처음부터 다문화였다. 경계와 이동, 동질과 이질, 그리고 전통 문화라는 것의 이질성과 다문화 현상을 살펴본다면, 정주인과 이동인, 이질성이 만나 함께 살아간다는 것이 가능할 수 있는 전제를 발견할 수 있을 것이다.

근대 국민국가의 경계[4]와 관련하여 우리에게 가장 처절하게 인식되는 사례는 3·8선이다. 선을 그어 남과 북으로 나누어놓고 남쪽은 미국이 북쪽은 소련이 분할 통치를 하였으며, 그 선은 밀고 당기는 국지전과 전면전을 통해 오르락내리락하였지만 대체로 유지된 채, 대한민국과 조선민주주의 인민공화국을 나누는 경계가 되었다. 한 번 그어진 선이 지리체의 경계로 고착된 것이다.

선을 그어 경계를 확정하고 구역을 설정한 또 다른 사례로 태국을 들수 있다. 태국, 쁘라텟 타이(Prarthet Thai)는 타이 왕조의 영토를 의미한다. 채현정에 따르면, 태국 인구는 60개 이상의 민족들로 구성되어 있지만, 태국이라는 국호 아래 하나의 왕실을 따르며, 단일한 민족, 불교를 숭상하는 자연화된 국가로 거듭났다. 근대 지리에서 국가는 유사한 본성을 가진 부분들의 총체로서 내부적으로 동질성을 가지고 외부적으로는 차이에 기반한 경계를 가진다고 그려진다. 하지만 지리체 태국은 내부의 동질성을 담보할 수 있는 공통의 본성을 가진 부분들의 총체로 이해되지 않는다. 선을 그어놓은 권력이 자리한 중앙에서 멀어질수록 국경선 안의 민족과 밖의 민족의 동질성이 늘 태국 지리체의 국경을 불안하게 만들 뿐이다.[5]

불안은 역설적이게도 자유를 가능하게 한다. 통짜이 위니짜꾼(Thongchai Winichakul)에 따르면, 불안한 국경은 오히려 국경선을 넘나들며 자유롭게 무역하던 국경선 안과 밖의 동질 민족들의 종족 네트워크에 기반한 관습적 국경 이동을 가능하게 하는 조건이었다. 그러나 아시아 국가들의 지역협력이라는 국제정세의 변화와 함께 주변국가들과의 교류가 확대된 이후 중앙의 일률적인 국경 통제와 관리로 말미암아 오히려 동질 민족들의 종족 네트워크의 교류를 막고 이들을 서로 다른 국가의 국민이라는 국민정체성 위에 제도화시키고 있다.[6]

국가와 국가 사이의 경계를 협정한 사례 하나를 더 살펴보기로 한다. 네르친스크 조약은 정주민을 국민으로 하는 국가 사이의 조약인 동시에 이동인을 경계 이쪽과 저쪽으로 갈라놓는 조약이었다. 네르친스크 조약에서 청과 러시아가 상대를 각각 '차간 칸', '복드 칸'이라 칭하고 있듯이, 조약 당사자인 청 황제는 중화의 황제였으나, 만주족의 부족장이었고, 또한 몽골족에겐 복드 세첸 칸이었으며, 또 다른 당사자인 러시아 황제는 서방에서는 정교도 황제 차르였지만, 슬라브인들에게는 대공이었고, 동방의 유목 세력에게는 차간 칸이었다.[7] 중앙유라시아 지역을 가로지르는 청과 러시아 사이의 국경선을 획정한 1689년 네르친스크 조약과 1727년 캬흐타 조약은 이 지역에서 현생인류가 출현한 이래 자유롭게 초원지대를 넘나들며 유목하고, 무역하던 중앙유라시아의 여러 종족들을 청 또는 러시아 어느 한쪽에 속하여 제국의 향방에 자신의 운명을 맡기도록 강제하였다.[8] 이는 국가 간 경계의 확정으로 유목민들의 자유로운 이동이 불편해졌고 결국 금지되었음을 의미한다.

우리는 경계를 넘어 이동한다는 개념에 익숙해져있지만, 이동인에게 경계 개념은 처음부터 존재하는 실체가 아니었다. 자연적 경계가 지리적 공간을 구성했던, 사람들이 지리적 공간 안에서 생존을 영위했던 원시사회에서는 이동이 자연 조건으로 구성된 지리적 공간이라는 한계성 안에서만 가능했을 것이다. 경계의 실체는 강, 바다, 산, 절벽 등의 자연 공간으로 체험되었을 것이고 이를 넘어서는 이동은 상상할 수 없었을 터이다.

그 한계 안에 자리한 시원적 형태의 지역사회를 상상해보자. 지역사회의 발전은 사회 내부의 사회적 교류 및 생존수단의 발달을 통한 생산력 증대에서 비롯된다. 생산력의 증대는 사회 발전에 기여하지만 사회는 생산력이 더 이상 사회의 욕구를 충족시키지 못하게 되는 현실적 한계상황에 부딪친다. 마르크스의 역사발전 법칙은 자연적 토대 위에 구성된 지역사회가 생산력 증대의 현실적 한계상황에서 새로운 생산양식으로 진화하거나 외부와의 새로운 사회적 교류로 확장되는 것을 설명하려는 시도이다.[9] 자연적으로 한계지워진 경계를 넘어서서 확장이 불가능할 경우, 생산력의 현실적 한계와 이를 초래한 사회 내부의 구조적 모순으로 말미암아 그 사회는 소멸하고 만다. 베버 역시 지역사회는 마르크스가 자연적 토대라고 말했던 것과 같은 지리적 조건 위에 자리 잡았다고 보았다.[10] 베버는 이렇게 지리적 조건 위에 자리 잡은 각 촌락이 수세기 동안 경제적으로 독립된 채 지속되었을 것으로 보았으며,[11] 외부와의 교류를 통해서라야 다음 단계로 발전 가능하다고 설명하였다.[12] 다음 단계로의 발전은 경계의 해체 없이 그러니까 외부와의 교류 없이 가능하지 않다.[13] 경계를 넘어선 이동이란 이런 것이다. 자연적 경계를 넘어서게 된 인간 사회의 발전에서 경계는 지리적 한계이며 이동은 지리적 경계의 극복이다.

자연적 경계를 이렇게 경제생활의 공간이라고 한다면, 자연적 조건을 초월한 경계는 정치권력에 의한 정치성의 공간이라고 할 수 있다. 특히 근대 이후 영토국가가 확립되면서 정치성의 공간은 지리적 경계를 정치적 경계로 전환하였고, 국가권력의 지배가 정당화되는 빈틈없는 통제 영역이 자연적 실체를 대신하여 경계로 설정되었다.[14] 빈틈 없는 통제 영역으로 획정된 국경선으로 인해 이동은 정치적 지배권력에 의해 제약당하게 된다.

이동한다는 것은 그곳에 가야하는 이유가 있거나, 어디론가 떠나고 싶은 욕망이 개입한 것일 수 있다.[15] 한가지 덧붙이자면, 이곳을 떠나야하는 이유가 있어서이기도 하다. 떠나고 향하는 이동은 자연적 한계이든 국가지배권력의 제약이든 경계를 뚫고 실천되어져야만 하는 그런 것이다. 그러므로 이동인은 끊임없이 경계의 틈을 찾아낸다. 경계의 틈은 이동인, 특히 죽어질 듯한 공간을 떠나 살아보겠다고 길 나선 난민들에게는 신체의 콧구멍, 피부의 숨구멍과 같다. 경계는 이쪽과 저쪽을 가르는 벽이지만, 경계의 틈은 경계의 이쪽과 저쪽을 이으며 호흡을 발생시키는 보다 넓은 사회 유기체의 기도이다. 그런 의미에서 이동은 호흡 활동이고 이동인은 산소이자 이산화탄소다.

국경선을 넘는 일은 여권과 비자를 발급받아야 하는 공식적인 일이 되고 말았지만, 여권이 없더라도 비자가 없더라도 이동은 실제적으로 발생한다. 앞에서 언급한 바와 같이 근대 국가의 태동과 함께 국경은 동질성으로 정당성을 주장하고 있다. 과연 국경 안쪽, 국가의 내부 구성인들은 동질한 부분들이고, 국가는 언어, 종족, 문화라는 동질적 구성들의 총합인가? 동질과 이질의 문제를 짚어보자.

II. 동질과 이질, 전통문화의 이질성과 다문화 현상

'우리는 민족 중흥의 역사적 사명을 띠고 이 땅에 태어났다'로 시작하는 국민교육헌장을 초등학교 1학년 때 암송했었다. '조상의 빛난 얼을 오늘에 되살려'내겠다는 신념으로 대한민국 모든 국민을 하나로 묶어내기 위해 국민을 교육하겠다던 이 헌장은 2003년에 공식적으로 폐지되었다. 단일한 하나, 통일된 하나, 통합과 통일을 향한 지향은 지향점에서 벗어난 이질들에 대한 폭력적 제거를 동반하게 된다. 다양한 이질들의 현재성을 인정한다는 의미에서 국민교육헌장의 폐지는 당연한 조치이다. '조상의 빛난 얼'조차 단일하지 않고 여럿이라는 점에서 전통은 여러 하나들로 이해되어야 하고 그 여러 하나들인 전통, 각각의 하나들인 전통에서 현재와 미래에 대한 시사점을 얻어낼 수 있어야 한다.

우리 사회는 다문화 사회로 이미 접어들었다. 사실 오래 전 한민족 국가의 태동이라고 주장되는 한국사의 고대로부터 우리 사회는 이미 다문화 사회였다. 한국고대사에서 국가 발전의 중요한 단초는 국가간의 무역이나 교류였으며, 한국문화의 원류는 다양한 문화가 혼합된 문화적 층위를 지니고 있다.[16] 한국사의 발전 단계에서 고대로부터 현재에 이르기까지 다양한 문화적 접촉과 융합이 필연적이었던 것으로 이해된다.[17] 우리가 살고 있는 현재의 한국사회에도 다양한 문화적 접촉이 일어나고 있다. 탈북자, 결혼 이주 여성, 외국인 노동자, 성 소수자를 비롯한 여러 소수자들, 그리고 난민들과 함께 우리는 이 땅에서 살아가고 있다. 현재의 이 땅도, 과거의 그 땅도 여러 하나들이 함께 미래를 맞이하고 있다는 점에서 우리의 삶이 다문화 전통들이었다는 점을 확인해야 할 필요가 있다.

아리스토텔레스는 화(학적 결)합의 가능성을 부정하는 이들에게 화합이 가능한 조건들을 제시하면서, 무한 분할이 가능한 독립된 두 대상이 대등한 힘의 상호작용을 통해 '동질소들'로 혼합되어 '동질소'인 결과물로 화합될 수 있다고 말하였다.[18] 하지만 동질과 동질의 결합을 화합이라고 할 수는 없다. 아리스토텔레스가 제시하는 화합에 필요한 마지막 조건은 '대립자'이다. "작용자들 중에서 대립자를 갖는 것들이 화합될 수 있는 것임이 분명하다."[19] 화합하는 두 주체는 각각 대립적 성질들 중 하나씩을 가지고 있어야 하며, 화합작용이 일어나면서 이 대립적 성질들이 중간 성질로 변함으로써, 두 주체가 새로운 화합의 결과물을 만들어내는 것이다.[20] 유재민은 아리스토텔레스의 화합을 다음과 같이 설명한다. 화합이 더 잘 일어나기 위한 조건은 접촉이며, 서로 접촉하기 위한 최대한의 면적을 제공하기 위해 더 잘 분할되어야 한다. 화합이 있기 위해서는 상호작용이 필요하고, 상호작용이 이루어지기 위해서는 접촉이 필요하므로, 더 잘 섞이기 위해서는 더 많은 접촉이 필요하다. 그리고 더 많은 접촉이 있기 위해서는 최대한 경계를 잘 바꿀 필요가 있다.[21] 최대한 경계를 잘 바꿀 필요가 있다니. 경계를 확정하고 고정불변의 것으로 만들어버리는 것은 화합을 불가능하게 하는 것이라는 의미이다. 경계를 넘나드는 것이 자유로울수록 접촉의 면은 넓어지고 그만큼 더 화합이 가능하다는 것이다. 그러므로 국경 앞에서 화합은 불가능에 직면한다.

뒤르켐(Emil Durkheim, 2012)은 생물학의 유기체 이론을 사회에 적용하여 현대사회의 유기적 연대를 희망하였다. 상대적으로 작은 규모의 사회가 복잡해지면서 분업체계로 확장되어 더 큰 사회가 되었기 때문에, 기계적 연대가 더 이상 가능하지 않으므로 유기적 연대를 기대할 수밖에 없다는 것이다. 기계적 연대를 가능하게 했던 것은 그 사회의 동질성이었으며, 동질성이 약화되면서 이질성이 더 크게 드러나고 있는 현대사회를 유지시켜줄 수 있는 것은 유기적 연대라는 것이 뒤르켐이 『사회분업론』에서 제시한 분석이다.

그렇다면 전통사회는 뒤르켐이 분석했던 것처럼 동질 집단이었는가? 그리고 현대사회는 이질 집단인가? 동질과 이질은 하나의 집단이 시간의 흐름에 따라 구분되는 그러한 것이 아니다. 전통사회가 현대사회에 비해 상대적으로 동질성이 더 드러났던 것으로 보이고, 현대사회가 전통사회에 비해 상대적으로 이질성이 더 드러나는 것처럼 보인다는 의미로 이해해야 옳다. 전통사회와 현대사회를 비교할 때 두 대상이 각각 서로에 대하여 상대적으로 그러한 것처럼 보인다는 말이다. 전통사회는 동질 공동체가 아니었다. 다만, 현대사회와 비교하여 상대적으로 동질성이 더 크게 보일 뿐이다. 동질 집단이 이질 집단으로 진화하였다면 이질은 동질에서 나온 것이고, 동질 안에 이질이 이미 있었던 것이다.

단순한 비교를 위해 여성과 남성을 예로 들어볼 수 있을 것이다. 여성과 남성은 이질적인 두 대상이고, 여성은 여성으로서의 동질성을 남성은 남성으로서의 동질성을 가지고 있다고 말하기 쉽다. 여성은 처음부터 여성이고 남성은 처음부터 남성이라는 생각에 이의를 제기했던 시몬 드 보부아르(Simone de Beauvoir)는 여성성과 남성성이라는 이질이 함께 있었고 하나의 성이 사회적으로 요구되어 도드라지게 되었다고 설명할 것이다.[22] 버틀러는 한 걸음 더 나아가 성 정체성은 유일한 것으로 고정될 수 없고 '둘 다를 염두에 두는 비평적 실천'이며 정치적 수행성이라고 말한다.[23] 젠더든 정체성이든 주어진 시간대에 완전한 모습을 갖출 수도 없는 어떤 복합물이기에 당면한 목적에 따라 번갈아 제정되고 또 폐기되는 그런 것이다.[24]

동질성이라는 것은 하나의 고정된 실체로 존재하지 않는다. 그렇게 보이거나 그렇게 볼 뿐이다. 원자가 원자로 동질한 듯 보이지만, 그 구성을 보면 양성자와 중성자를 핵으로 하여 전자가 궤도를 그리며 돌고 있지 않은가. 게다가 그 전자들은 순간순간 핵을 떠나 다른 양성자를 만나고 또 돌아오기도 한다. 모든 존재는 이질성을 전제하고 있고, 동질소들의 화학적 결합을 위해서도 대립자가 필요하다. 고정불변한 동질은 수시로 선택가능한 이질의 어느 한 순간으로 포착될 뿐이다.

다소 단순하지 않은 예를 하나 더 살펴본다면 기독교 신학의 삼위일체론을 들 수 있다. 삼위일체론은 성부 하나님과 성자 예수님 그리고 그리스도의 영 또는 하나님의 영으로 이해되는 성령님, 삼위가 일체라고 믿는 기독교 신앙의 핵심교리 중 하나이다. 기독교 신학에서 삼위일체론이 등장하게 된 배경은 성부와 성자의 동질성에 대한 논쟁이었다. 동질성은 인간 예수의 신성을 확실히 하고자 하는 주장들의 목표였다. 하지만 예수를 인간으로 만났던 뚜렷한 경험과 그 경험의 전승 앞에서 이 주장은 관철될 수 없는 관념일 뿐이었다. 원시 기독교 200년의 고민과 논쟁 끝에, 북아프리카의 테르툴리아누스는 위격과 본질이라는 용어를 사용하여 위격으로서의 셋과 본질로서의 일체라는 삼위일체라는 용어와 이론을 처음으로 만들어 냈다.[25] 위격은 라틴어 페르소나(persona)의 번역으로 법률상 지닐 수 있는 복수의 자격이나 지위를 뜻하며, 삼위일체의 세 위격은 본질인 유일신 하나님의 바깥으로 드러난 지위, 곧 성부·성자·성령을 의미한다.[26] 세 위격의 본질, 특히 성부의 본질과 성자의 본질이 동본질인가 유사본질인가에 대한 논쟁이 325년 니케아 공의회를 거치며 치열하게 이어진 후에,[27] 아우구스티누스는 399년부터 419년까지 총 열다섯 권으로 이뤄진 『삼위일체론』을 집필하며,[28] 삼위일체가 어떤 식으로든 사고되거나 표현되었을 때는 삼위가 분리되어 나타날 수밖에 없다고 결론을 내린다.[29]

결국 삼위일체론은 동질성의 이질이 포착된 어느 한 순간들을 크게 셋으로 나누어보면 그것이 삼위이고, 이질성이 하나의 동질로 포착된 어느 한 순간이 일체라는 식의 논리적 타협이다. 사실 어떤 종교의 신론도 동질성으로 이해되지는 않는다. 시대와 공간의 축적과 함께 시대들과 공간들의 이질들이 하나의 동질로 보이도록 구성된, 유사하거나 다르거나 한 이질적 열망들의 복합적 결과물이다. 그렇게 구성되어 동질인 듯 보이는 그렇게 화학적 결합을 이루어낸 신은 그 신론 안에 이질적 다양성과 대립자를 필수적으로 내포하고 있다.

흔히 전통문화를 민족동질성의 근거로 제시하는데, 전통문화 역시 동질하지 않다. 동질로 포착된 어느 한 순간, 동질로 보였던, 동질로 보았던 그 어느 한 순간일 뿐이다. 전통문화의 "문화교류는 타문화에 맹목적으로 흡수되는 동화와 쌍방의 목적성과 특성들이 결합하여 발생하는 융화, 이질문화 간의 장점과 적합성이 결합되어 보다 높은 차원의 새로운 문화를 가져오는 융합의 관점으로 구분할 수 있"[30]는데, 문화교류가 활발할수록 사회는 발전동력이 커지지만 교류를 차단한 문화지체는 사회의 소멸을 초래할 수 있다.

한국사회는 단군 이래 단일민족국가를 유지해왔다는 신념과 자부심이 강하지만, 한국사회의 전통문화는 단일한 동질로 이해되지 않는다. 신라문화를 예로 들어보면, 대부분의 신라 문화는 국가 형성단계에서부터 영향을 받았다고 여겨지는 가야, 고구려 및 백제와 중국의 문화적 영향력에 기인한다고 해석되고 있다. 이것은 비단 신라사회에만 한정되었던 것은 아니었으며, 동아시아의 여러국가에서도 유사한 문화현상을 보이고 있어서, 한국의 고대사회는 형성 단계에서부터 인접한 국가들과의 교역을 통해 다양한 문화를 수용하고 적극적으로 활용하였다는 이해가 가능하고, 사회 전반에 다문화적인 양상의 문화가 유포되었음을 이해할 수 있다.[31] 주변 국가들과의 관계 속에서 유입된 다양한 문화 현상들은 고대국가의 후발주자로 출발하였던 신라의 성장 과정에 투영되어, 비약적인 발전을 이루는 초석이 되기에 충분하였다.[32] 공동체의 성장과 발전의 동력은 동질적인 단일문화가 아니라, 이질적인 다양한 문화들의 융합이라는 것이다.

그럼에도 불구하고 한국사회가 단일민족국가의 신화를 강하게 품고 있는 것은 근대국가로서의 국민통합을 위한 이데올로기였던 것으로 이해된다. 정통성과 정당성을 인정받지 못하던 민주화 이전의 지배권력은 지리적 경계선 위에 이념적 경계선을 덧그어 통제를 강화했었다. 그 영향은 한국사회 전반에 깊게 각인되어 민주화 이후에도 쉽게 벗겨지지 않고 있다.

2005년 이후 한국정부가 다문화정책을 시행하기 시작한 것은 이미 결혼이주와 이주노동의 유입국으로 변하고 있었던 한국사회의 다문화현상을 더 이상 외면할 수 없었기 때문이다. 한국정부가 다문화주의 정책을 주도하게 된 가장 큰 이유는 한국사회가 현상적으로 다문화적 인구 구성을 갖게 되었다는 데 있다.[33] 단일민족 신화와 전통문화 계승으로 국민통합이 가능하지 않은 상태가 된 것이고, 사회통합은 이념이 아니라 이질적 구성원들의 민주적 정치를 통해서라야 가능할 수 있게 되었다. 단일민족국가의 신화를 아직 포기하지 못한 상태에서 다문화상태가 가속되고 있는 현실에 직면하여 내놓은 한국정부의 어정쩡한 다문화정책은 계속 손질중이다. 한국사회의 다문화정책에 정작 다문화의 주체인 소수자들의 목소리는 담겨 있지 않다는 문제점이 지적되고 있으며, 기존 한국사회의 도농간, 계층간 차이·차별 등과 같은 모순을 은폐하기 위한 이데올로기일 경향성도 우려되고 있다.[34]

한편 단일민족문화의 신화에서 벗어나 다문화현상의 다양성을 인정하자는 다문화주의 담론에 대항하여 반다문화 담론이 등장하기도 했다. 이에 대하여 강진구는 반다문화 담론이 정치적 올바름(Political Correctness)에 대한 거부이고 신자유주의 체제에 대한 불안의식으로 인한 희생양 찾기이며 또 다른 지적 사대주의라고 지적한다.[35] 동시에 반다문화 담론이 한국사회에 기반한 정교하고 세밀한 분석으로 다문화 담론이 이상주의나 담론의 과잉으로 휩쓸리는 것을 방지하는 과속방지턱 역할을 해줄 것을 요청하고 있다.[36]

전영준(2009)의 진단처럼, 전통문화가 동질의 단일문화였다고 믿으며 이를 계승 발전하여 민족 자존을 높이자는 주장은 이데올로기이다. 전영준(2009)의 우려처럼, 사회통합을 위해 추진한다는 다문화정책도 이데올로기일 가능성이 있다. 그렇다면 동질의 추억과 동질성 확립의 목표는 모두 관념의 허상이라고 말할 수 있을 것이다. 강진구의 지적과 요청이 의미있는 것은 동질 경향성을 지양하고 이질 담론의 운동성을 지향한다는 점이다.

장성연·권영걸(2013)에 따르면, 공간은 다양한 시대에 걸쳐 조성되며, 각 시대마다 다양한 사상과 문화를 담는다. 현재는 다원주의라는 패러다임 아래, 다양한 개념과 가치에 따라 별개였던 사상, 지식, 양식이 새로운 방법으로 융합, 복합화되어가며 해답과 갈등을 동시에 낳고 있다. 동일한 양식과 속성만으로 구성되어 있는 공간은 존재하지 않는다. 이질성이 지나치다 싶으면 동질화를 동질성이 진부하게 되면 이질화를 추구하여 공간의 조화를 꾀하게 된다.[37]

동질화와 이질화는 어쩌면 추구의 문제이고 방향설정에 따라 달라지는 것이다. 공간 내부의 이질적 구성에도 불구하고 동질을 주장하는 것은 이데올로기이다. 통제선을 그어놓고 내부공간의 동질성을 주장하며 이질의 유입을 방어하겠다는 근대국가의 통치논리가 국경이다. 우리가 실제로 마주하게 되는 다문화 현상은 이러한 국가통치의 경계를 뚫고 이루어지는 자연적인 교류이다. 다문화사회가 우리 앞에 놓여있는 현실이다. 다양한 문화 정체성들이 마주치는 현실의 문제는 기존의 단일 정체성 확립을 지향하는 교육으로도 계몽주의적 정책 접근으로도 풀리지 않는다.[38] 하나의 공간이 경계 내부에서 문화적 동질성을 가지고 있다는 신화를 폐기하고 문화의 이질 구성을 직시해야 해결가능하다.

III. 이질성의 만남과 함께 산다는 것

인류의 오랜 역사는 정주인과 이동인의 접촉과 교류로 이어져왔다. 역사 서술 이래로 외부 문화와의 접촉이 없는 경계 내부 공간만의 역사는 존재하지 않았다. 역사는 하늘에서 떨어졌거나 땅에서 솟아났거나 바다를 건너왔다는 이동인의 출현과 함께 시작되었다.

문학적 상상력으로 창세기 설화를 살펴보면서 이동인의 역사를 더듬어 볼 수도 있을 것이다. 땅에서 솟아난 사람(아담: 흙덩이)은 에덴동산을 떠나 에덴의 동쪽으로 이동한다.[39] 홍수를 만나 배를 타고 떠돌던 또 한 사람(노아: 위로)은 홍수가 그친 뒤 어딘지 모를 아라랏에 도착한다.[40] 그리고 한 공간에 함께 거주할 수 없었던 권력들은 통제 가능한 경계들로 바벨을 경험하며 나누어 흩어져 이동한다.[41] 떠남의 이유는 추방, 재난, 분열이었으나 이동 후 그들은 새로운 정착지에서 젖과 꿀이 흐르는 풍요를 꿈꾼다. 광야에서 젖과 꿀이 흐르는 땅은 꿈에서나 가능한 일이었겠지만 정주와 이동의 순간 결심을 이끌어내는 힘이 되어줄 수는 있었다.

이동인은 정주인을 두려워하며 자신의 아내를 누이라고 속이고 짐짓 조공하거나,[42] 전쟁에 가세하여 세금을 약속한다.[43] 하지만 정주인도 이동인을 두려워하여 이동인이 자신들의 땅을 거쳐가며 얻어낸 재산을 빼앗지 않겠다고 약속하며, 이동인들이 혹 정주인들에게 서운하고 원한 가질 만한 일이 있더라도 나중에 힘을 키워 되돌아와 공격하지 않을 것을 약속받는다.[44] 불가침평화조약의 돌무더기가 쌓이고 또 쌓인다.

떠난 자와 떠나보낸 자 사이의 만남은 어렵지만 가능하다. 이스마엘을 본 적이 없었을 이삭은 아버지 아브라함의 부고를 접한 후 바로 달려가지 않고 형 이스마엘을 브엘라해로이[45] 우물가에서 만나 함께 브엘세바로 올라가 아버지를 헤브론까지 옮겨 막벨라굴에 장사한다.[46] 야곱은 형 에서와의 만남이 두렵고 두려워 각종 조공을 앞세워 보내며 길을 늦추다가 형을 만나자 "형의 얼굴을 뵈오니 하나님의 얼굴을 본 것 같다"는 극진한 인사와 함께 무릎꿇어 절을 한다. 에서는 야곱의 갈 길을 보장하고 세일로 돌아가며 야곱은 숙곳에 터를 잡는다.[47]

경계 안의 정주인은 경계를 넘어오는 이동인을 두려워하고, 경계를 넘는 이동인 역시 경계 너머의 정주인을 두려워한다. 그럼에도 경계 너머로 이동해야 하는 사정이 이동인에게는 있다. 대개 살기 위한 것이다. 그 사정을 이해하기에 정주인들은 이동인을 환대하고 환송한다. 환대는 어쩌면 환송을 위한 것이다. 잘 헤어지기 위해 잘 만나려는 것이다.

정주인과 이동인의 만남에 두려움과 경계심만 있는 것은 아니다. 호기심 역시 발동한다. 서로의 문화를 교류하며 즐거움을 나누기도 한다. 동시에 근본주의적 정치의 개입으로 일촉즉발의 전쟁위기가 닥치기도 하고 속임수와 약탈이 뒤를 잇기도 한다.

한 무리의 이동인 이스라엘(야곱) 집안이 세겜에 머물렀는데, '레아와 야곱 사이에서 태어난 딸 디나가 그 지방 여자들을 보러 나갔다'가 '디나에게 마음을 빼앗겼던 세겜'이 디나를 데리고 가서 욕을 보인 후 청혼을 하는 일이 발생하였다.[48] 창세기의 기록에는 '욕을 보였다'고 적혀있지만, 디나의 증언이 기록되어 있지 않은 상황에서 성폭행이었는지 디나와 세겜의 사랑이었는지는 확인할 길이 없다. 레아의 아들인 시므온과 레위는 아버지가 출타한 틈을 타 자신들이 집안의 어른임을 내세워 세겜에게 혼사의 조건으로 할례(포경수술)을 요구하고 할례 후 고통 속에 있는 세겜 남자들을 몰살한 후 재물과 그들의 아내들을 사로잡아 전리품으로 삼았다. 시므온과 레위의 명분은 디나가 욕보임을 당했다는 것이었지만, 둘째와 셋째 아들인 시므온과 레위의 세력확충을 위한 계책이었던 것으로 해석될 수도 있다.

출애굽의 여정에서 모세가 이끌던 이스라엘(히브리 족속들)이 싯딤에 머물렀을 때에 서로 교류하며 애정 행각을 벌이는 일이 빈번해졌었다. 이스라엘 시므온 가문의 족장 살루의 아들 시므리가 미디안 족장 수르의 딸 고스비와 함께 자신의 장막으로 들어가 사랑을 나누고 있을 때 이스라엘의 제사장 아론의 손자이자 엘르아살의 아들인 비느하스가 창으로 두 남녀를 꿰뚫어 죽이는 살인 사건이 발생한다.[49] 비느하스의 살인동기를 확인할 수 없지만 질투로 인한 것임은 기록되어있다. 하지만 민수기는 그 질투를 연정에 의한 질투가 아닌 신앙심에 의한 질투, 여호와의 질투심으로 질투하였던 것이라고 기록하고 있다. 살인 사건을 종교적 근본주의로 정당화한 것이다.

정주인과 이동인의 만남을 비극으로 만드는 것은 만남 자체가 아니라 상대의 문화가 유입되어 기껏 세워놓은 지배질서의 틀을 흐트러놓을지도 모른다는 정치권력의 근본주의적 대응이다. 시므온과 레위의 경우, 야곱 이후의 권력관계에서 주도권을 점해두려는 시도로 해석될 수 있다. 비느하스의 경우는 제사장 후계가 흔들리지 않도록 또한 비느하스의 작은 할아버지인 모세의 정치권력이 공격당하지 않도록 살인을 종교적 실천으로 미화한 것으로 해석될 수 있다. 자문화의 이질적 구성을 애써 동질화시켜놓은 탓에 발생한 문제이기도 하다.

창세기 설화에서 시작하여 늘어놓은 예시들은 유대 전승과 팔레스타인 전승 모두에 다소 상이한 버전으로 존재한다. 그랄 땅의 정주인과 이동인 아브라함과 이삭, 아버지의 승인으로 이삭의 어머니에게서 쫓겨나 억울하게 배제된 하갈의 아들 이스마엘의 후손들과 아버지가 직접 번제물로 죽이려했던 그렇게 사지생환(死地生還)한 후 아버지를 멀리했던 이삭의 후손들, 밧단아람의 정주인 라반과 외삼촌을 찾아 피신했던 이동인 야곱, 쌍둥이 동생에게 모든 것을 빼앗기고 죽여버리겠다고 칼을 갈던 에서와 형을 속이고 삼촌에게 속은 야곱, 이들의 대립은 현재 팔레스타인 지역에서 벌어지고 있는 이스라엘 국가와 팔레스타인 사람들 사이에서 재현되고 있다. 현재 팔레스타인 지역의 비극은 이동인의 삶을 살던 유대인들이 터를 잡아 국가를 세우고 국경선을 가지겠다고 했던 2차대전 이후 첫 번째 테러로부터 시작된 것이다.

이스라엘 건국 후 1983년 10월 10일부터 1984년 9월 13일까지 그리고 1986년 10월 20일부터 1992년 7월 13일까지 두 차례 총리를 역임했던 이츠하크 샤미르(Yizhak Shamir)는 유대인 무장투쟁단체인 레히에서 활동할 당시 이렇게 선언한 바 있다. "무엇보다도 우리에게 테러는 현재의 상황들에 적합한 정치적 전쟁의 일부분이며, 중요한 과업이다. 왜냐하면 테러는 이 나라의 문 밖에 있는 불행한 동포들을 포함해 세계 전역이 다 들을 수 있는 가장 분명한 언어로 점령자에 대해 전개하는 우리의 전쟁을 증명해주기 때문이다."[50] 시오니즘의 실현을 위하여, 팔레스틴에서의 정치적 우위를 점하기 위하여, 이스라엘의 국경을 확정하기 위하여, 그 국경선 안에 살고 있는 비유대인을 추방하기 위하여, 테러를 정치적 전쟁의 중요한 수단으로 사용하겠다는 것이다. 하지만, 그가 총리를 역임하고 있던 시절인 1986년, 이스라엘의 베냐민 네타냐후(Benjamin Netanyahu) 대사는 "테러리즘은 공포심을 불러일으킬 목적으로 고안된, 민간인에 대한 고의적이며 계획적인 살인과 상해"라며[51] 이스라엘에 대한 팔레스타인 무장단체의 테러를 비판하였다. 베냐민 네타냐후 역시 1996년 6월 18일부터 1999년 7월 6일까지 그리고 2009년 3월 31일부터 2021년 6월 13일까지 총리를 역임했다.

우리의 테러는 정치적 전쟁이고, 그들의 테러는 살인과 상해라는 모순적인 이스라엘 총리들의 태도가 현재의 팔레스타인 상황의 원인인 셈이다. 역지사지가 불가능한 모순적 언행을 스스로 정당화시킬 수 있는 가당찮은 용기는 어디에서 배태된 것인가? 단일민족의 자민족 중심 단일정체성과 종교적 신념의 근본주의적 선민 의식에서 비롯된 것이라고 볼 수 있다.

팔레스타인 지역의 충돌에 대하여, 사이드는 이집트 사람인 모세가 유대민족의 창립자라는 것을 상기시키면서, 유대인이 디아스포라 안에서 비유대인들과 함께 살고 있으며 그렇게 살아야한다고, 유대인은 종교적·문화적인 이질성 한가운데에서 삶을 영위하는 법을 성찰해야 한다고 말한다. 나아가 디아스포라적으로 함께 살아가는 이민족주의(binationalism)을 통해 이스라엘과 팔레스타인이 각각의 역사와 기저의 실재를 적대하기보다 함께 부분으로 참여하는 것에 디아스포라적 삶의 정치조건을 두자고 제안한다.[52] 이에 호응하여 버틀러는 '어정쩡한 정체성'을 긍정하는 정치를 통해서 가능하지 않겠느냐고, 아랍계 유대인과 팔레스타인계 이스라엘인 양쪽에 의해 거짓으로 판명될 유대인/팔레스타인 이분법을 넘어서는 것이 그렇게 가능하지 않겠냐고 묻는다.[53] 버틀러가 말하는 어정쩡한 정체성이란 동질적인 단일 정체성은 존재하지 않는다는 뜻이며, 순간순간 달라지는 다양하고 이질적인 정체성들의 선택적 발현을 의미한다.[54] 문화 역시 마찬가지이다. 어정쩡한 문화를 인정한다면, 동질적인 단일 문화 신화를 폐기하고 다양하고 이질적인 문화들이 섞여있는 다문화 현상을 인정한다면, 이질성들의 만남이, 이질적 존재와 이질적 문화가 함께 살아간다는 것이 가능하지 않겠는가. 그렇게 경계를 넘는 이동인의 삶은 경계 안과 밖에서 정주민과 다문화전통을 유지하며 함께 살아가는 길을 걸어갈 수 있지 않겠는가.

IV. 한국사회 종교전통들과 이질성의 만남 그리고 초월의 문제

전통이라는 현상을 어떻게 인식하고 해석할 것인가? 정재식은 리꿰르(Paul Ricoeur)의 역사적 거리와 역사 의식, 가다머(H-G. Gadamer)의 지평 융합에 기대어 한국사회의 종교전통을 해석한 바 있다.[55] 역사적 거리는 영향사가 일어나는 조건이고, 역사 의식의 본질은 타자성의 역설로서 가까이 있음과 멀리 있음 사이에 존재하는 긴장이다.[56] 지평 융합은 전체적이고 유일한 지식의 개념을 배제하면서 자신의 것과 생소한 것 그리고 가까운 것과 먼 것 사이의 긴장을 함축하는 개념이다.[57] 영향사는 나에게 영향을 끼친 역사이고 영향사 의식은 역사의 영향에 노출된 의식이다.[58]

역사의 영향에 노출된 의식의 한 측면인 시간적 거리[59]는 구성적 설명의 매개를 경유하여 구성되는 해석[60] 위에서 자각될 필요가 있다. 가다머의 전통과 하버마스의 전통이 다른 것처럼 서로 다른 전통들이 존재하는 상황에서, 지평 융합은 '각자의 보편성 주장에 구체적인 성격을 부여하기 위해 각자의 전통을 지역화하고, 이를 이문융합(異文融合)하는 것이 아니라 차이점을 보존함으로써'[61] 가능할 것이다. 우리가 하나의 전통 안에서 영향사 의식을 가지고 있다는 점을 인정할 때, 자신의 전통을 이해할 때이든 다른 전통과의 지평 융합을 시도할 때이든, 자기 이해를 위한 조건은 소격화이다.[62]

가다머의 지평 융합은 대화의 과정에서 시야나 관점의 교류가 발생하게 되는 사건을 말한다.[63] 내가 존재하는 현재적 지평이 시간 간격을 두고 존재하는 나의 영향사 지평을 만나고 교류하면서 질적인 변화에 가까운 융합을 반복해나가는 것으로 이해할 수 있다.[64] 가다머의 생각대로라고 한다면 우리가 어떠한 경우에도 전통으로부터 벗어날 수 없으며, 그에 따라 우리는 언제나 그것으로부터 영향을 받고 있는 셈이다.[65] 리꾀르의 지평 융합은 가다머와 다르게 이해된다. 융합의 의미를 단일화나 통합 또는 화학적이고 질적인 변화에 두지 않는다. 오히려 차이와 다름을 확인하고 인정하는 과정이다. 가다머가 나의 현재적 존재 지평과 나의 영향사 지평을 염두에 두었다면, 리꾀르는 영향사 지평과의 융합을 통해 끊임없이 새로워지는 나의 지평 I_1과 나와 다른 영향사 지평에 서 있는 너의 지평 I_2를 상상할 수 있게 한다. 이를 하나의 분석틀로 나타내보면 다음과 같이 그려볼 수 있다.

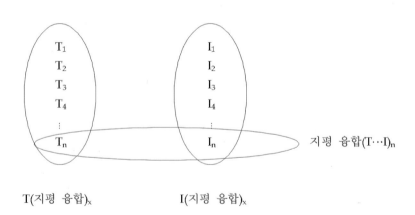

〈그림 1〉 지평 융합의 장

T_1은 I_1의 영향사 전통이다. 그렇게 현재의 I들은 I_n의 영향사 전통 T_n과 지평 융합$(T \cdots I)_n$을 이룰 수 있다. 그런데, 한국 사회에는 T_1, T_2, T_3, T_4, $\cdots$, T_n의 서로 다른 종교 전통들이 존재한다. 그리고 그 서로 다른 종교 전통들은 역사 속에서 어느 순간 영향을 주고받으며 혼합주의적 지평 융합을 이루었었다. 현재의 I_n이 I_n의 영향사 지평 T_n과 마주하여 지평 융합$(T \cdots I)_n$을 이루어낸다고 했을 때, 자신의 종교 교리가 제시하는 전통의 근본하고만 대화를 한다면, 역사 속에서 T_n이 일정 부분 T(지평 융합)$_x$를 이루어냈던 역사적 본질에 이르지 못하게 될 것이다. I_n은 T_n이 T(지평 융합)$_{xn}$이라는 점을 인식해야 한다. 그렇게 지평 융합$(T_x \cdots I)_n$이 가능해지면, 현재의 I들은 I(지평 융합)$_x$를 전망할 수 있게 될 것이다. 정재식의 책은 한국의 종교, 사회, 윤리의 전통들이 하나하나의 T_1, T_2, T_3, $\cdots$, T_n으로만 존재하지 않는다는 점을 보여준다. 우리는 이 책을 통하여 T(지평 융합)$_{xn}$의 전통들을 인식하고 조우할 수 있게 된다.

가다머와 리쾨르에게서 종교적 영향사 지평은 기독교 전통일 것이다. 하지만 한국은 다종교 사회로서 종교적 영향사 지평이 어느 하나의 종교로 나타나지 않는다. 이런 의미에서 정재식이 한국의 종교, 사회, 윤리의 전통을 분석 대상으로 삼은 것은 탁월한 선택이었다. 서로 다른 종교적 영향사의 지평에서 입체적인 지평 융합의 사례를 보여주고 있기 때문이다.

정재식의 『한국의 종교, 사회, 윤리의 전통』은 다양한 종교 전통들에서 비롯된 한국 사회 지평 융합의 장으로 우리 앞에 놓여 있는 또 하나의 지평이다. 이 책의 서문에서 밝히고 있는 두 가지 이론 축은 전통주의와 전통타파주의이다. 전통주의는 자신들 문명의 본질과 정신을 보존하려고 노력하지만, 전통타파주의는 역사적 도약을 위한 실행가능한 공식을 모색하기 위해 전통을 허물어 버릴 것을 주장한다.[66] 역사적 도약을 위해 전통을 허물어 버리자는 개혁은 단절을 의미하겠지만, 일상 세계에서 단절은 가능하지 않은 문제이다. 생활 세계 내의 침전된 감정과 습관화된 관행의 세계에 뿌리를 둔 인간 문화는 합리적인 계산이나 반성을 요구하지 않기 때문이다.[67] 한국 사회의 두드러진 특징은 전통주의 혹은 세습적 사회질서와 문화패턴이 대대로 지속성과 탄력성을 수반하여 유지되어 왔다는 것이다.[68] 그런 면에서 한국 사회는 전통타파주의보다 전통주의가 강하다고 할 수 있을 것이다. 근대화를 정형화된 규격으로서 하나의 틀에 짜 맞춘다는 것으로 이해한다면,[69] 전통주의 역시 하나의 틀이고 전통타파주의가 제시하는 역사적 도약의 전망도 하나의 틀이기에 개혁의 이름으로 부르짖는 근대화는 전통을 허물고 새로운 전망의 틀로 대체하자는 것을 의미한다. 이는 역사적으로 다종교 상황인 한국 사회의 종교 전통에서는 불가능한 구호이다.

리꿰르는 영속적이고 불변적인 정체성으로 정체성을 설명하는 동일적 정체성(idem-identity)의 대안으로 인간의 특성에 적용할 수 있는 정체성인 자발적 정체성(ipse-identity)을 제시한다.[70] 호튼에 따르면, 리꿰르의 자발적 정체성은 이미 말해진 이야기 안에서 자신을 발견하며, 만들어져가는 이야기 안에서 자신을 구성함으로써, 자신을 형성하고자 하는 정체성이다.[71] 전통이 우리의 이야기라고 한다면, 전통이라는 현상을 인식하는 것은 전통이 제시하는 동일적 정체성을 유지하는 것이 아니라 자발적 정체성으로 전통을 의심하고 긍정하며 만들어가자는 것이 리꿰르의 역사 의식이라고 할 수 있을 것이다. 우리를 전통에 맞추어 수동적으로 동일시하는 것이 아니라, 능동적으로 전통을 우리의 일상 세계에 비추어 재해석하고 전통과의 비판적 대화를 통해 새로운 지평을 열어갈 필요가 있다. 전통에 대한 전통주의의 입장은 전통의 동일적 정체성을 유지하는 것이고, 전통타파주의의 입장은 이 동일적 정체성을 허물자는 것이다. 서로 대립하는 입장이기에 타협이 불가능하다. 그러나 리꿰르의 자발적 정체성을 인정하게 되면 동일적 정체성을 유지하거나 허무는 것을 넘어서서 전통을 비판적으로 성찰하며 미래의 전통을 구성해갈 수 있다.

전통이 중요한 이유는 그것이 우리가 그 전통을 초월할 수 있도록 도와주어 극도로 혼란한 이 세상에서 우리의 삶이 좀 더 나은 미래를 새롭게 지향해 갈 수 있도록 해 주기 때문이다.[72] 정재식은 리꿰르의 방법론을 받아들여 한국 종교 전통에 대한 비교·역사적인 자기 이해를 시도하고 그 너머를 지향한다. 정재식은 또한 전통 그 너머를 지향하기 위하여 가다머의 초월적 지평 인식을 활용한다. 지평은 특정 유리한 지점에서 볼 수 있는 모든 것을 포함하는 시야의 범위이며, 우리는 넓고 우월한 시야인 초월을 통하여 보다 전체적이고 균형감 있는 관점에서 볼 수 있는 능력을 가질 수 있다.[73]

한국 사회에서 전통타파주의보다 전통주의가 강하다고 하였지만, 흥미롭게도 정재식이 살핀 한국의 종교 전통은 이미 전통주의와 전통타파주의를 극복하고 자발적 정체성으로 지평을 넓혀왔던 것으로 이해된다. 정재식의 종교 이해는 종교가 상징적으로 인간 존재를 고통, 죽음, 삶의 의미와 같은 궁극적인 문제와 삶에 관한 질문들과 관련되는 인간 특유의 시도라는 것이다.[74] 종교는 생존의 문제를 해결하려는 시도이다. 생존의 문제를 해결하려는 시도로써 종교 의례를 구성해왔기에, 생존 문제 해결을 위하여 종교의 혼합과 변용이 가능했을 터이다. 종교적 정체성을 지키기 위하여 순교를 택하는 일은 한국 사회의 전통에서 흔하지 않은 일이었고, 종교적 정체성을 지키기 위하여 난민의 길을 택하는 것도 드문 일이었다. 고구려에서 신라로 떠난 혜량과 백제로 떠난 보덕 정도가 기록에 남아있다. 혜량과 보덕은 고구려가 신도를 국교로 하기에 불교 승려로서 종교의 자유를 찾아 떠났던 것으로 설명되기도 한다.[75] 순교의 경우 이 차돈을 들 수 있을 것이다. 순교는 기독교 전래 이후의 일이다. 비교적 최근인 1791년 윤지창의 순교를 필두로 천주교와 개신교에 집중된다.

생존의 문제가 중요했기에, 죄인을 벌하지 않는 신성지역 소도[76]가 설정되는가 하면, 피억압자의 곤경에 대한 동정적 통찰력을 가지고 있는 무당이 희망의 문이 되기도[77] 한다. 악의 개념조차도 생물학적 생존 문제에 집중되어, 생명을 향상시키는 데 필요한 기본적 욕구를 방해하는 힘으로 이해되었다.[78] 불교는 현세에 축복을 가져다 줄 미륵불을 숭배하며 현세를 지향하는 방향으로 뿌리내렸고,[79] 정토는 본질적으로 보살이나 불교 성인을 위한 것이 아니라 대중을 위한 것으로 받아들여졌다.[80] 유교가 조선 왕조의 통치 이데올로기로 자리잡으면서 불교가 주변부로 밀려났을 때조차도, 불교는 풍요로운 추수, 치유, 출산, 방황하는 고인의 혼을 위한 천도재와 같은 실질적인 목적을 위해 기도하는 대중적 요구에 부응함으로써 대부분 살아남았다.[81] 국가의 정당성은 유교 이데올로기에 의해 유지되었지만,[82] 신유교 도덕과 사회 질서의 규칙을 유지하려고 고안된 향약은[83] 실용적 혹은 공리적 이해관계, 상향식 조직, 관리기술에 기반한 평등한 리더십을 지향하는 계[84]보다 일찍 소멸되었다. 무엇보다 일반 사람들과 농민들이 공통적이고 지배적이며 실용적이고 현세적인 지향에 기초하여 민속 종교와 유교를 혼합주의적으로 융합하였다.[85] 이렇게 한국 사회에서 종교 전통은 단군 건국 신화를 필두로 여러 지역에서 각각의 건국 신화와 관련된 종교 의례들(무천, 소도, 영고)에 연원한 무속을 토양으로 하는 하이브리드 종교 유형을 발생시켰다.[86] 혼종성이 그 특징으로 나타난다.

여기까지 살펴 본 한국의 종교 전통은 일상 세계를 살아가는 대중의 생존 욕구에 부응한 혼합주의적 특징을 가진다고 정리할 수 있다. 혼합주의적 종교 전통과 가장 크게 부딪친 것은 초월적 유일신 종교였다. 1784년에 천주교가 들어왔으니 불과 250년이 안되는 기간이다. 그나마 근대성의 주요 운반자로 등장한 개신교 1884년 전래를 기준으로 한다면[87] 100년 남짓의 시기를 종교 갈등기로 볼 수 있다. 개척 선교사들의 복음화 열정을 가로막는 종교적 장애물이 없었기에[88] 혼합주의적 특징의 배경이었던 일상 세계 대중들의 생존 욕구에 부응하여 뿌리 내렸다면 큰 무리 없이 종교 갈등을 비켜갈 수 있었을 것이다. 하지만 일반적으로 선교사들은 자민족 중심적이고 정죄적인 태도를 갖고 명료하게 합리근대주의적 관점에서 샤머니즘을 바라보았고, 이런 개척 선교사들의 유산이 한국 근본주의 그리스도인들에게로 전해지면서[89] 종교 갈등이 발생되기 시작한 것으로 보인다.

전통주의의 극단적 형태라고 볼 수 있는 종교적 근본주의는 특히 개신교를 중심으로 타종교에 대한 우월주의를 견지하면서 초월의 개념을 오도시켜 온 측면이 있다. 마치 전쟁에 나선 십자군의 모습으로 찬송가를 군가처럼 부르며 무속 종교보다 더 큰 함성으로 부르짖는 통성 기도로 결속을 강화시켰다. 근본주의를 정통 신앙의 본질로 신념화하며 엘리트 종교를 지향했기에, 타종교와의 관계뿐만 아니라 일상 세계 대중들의 생존 욕구와도 결별하여 세속을 전쟁터로 설정하여 마귀들과의 싸움에서 승리하기 위해 전진하는 모습을 보여주었다. 난민에 대한 입장도 마찬가지여서 난민들의 종교가 무엇인지를 확인한 후 선교 가능 여부에 따라 특히 이슬람 출신에 대한 적대적 태도를 노출하였던 것으로 확인된다.

근본주의적 신념으로 진영 바깥의 타자를 적대시하는 전투적 양상에 대한 우려에서, 정재식은 대중 종교 대 엘리트 종교라는 완전히 양극화된 관점에서 샤머니즘을 진부하게 보는 견해는 당연히 바로잡혀야 하며, 근대성과 전근대 주술성을 대비하는 개념들 또한 수정되어야 한다고 지적한다.[90] 정재식의 조언은 한국의 개신교가 일상의 삶에서 계산적 직업 세계에서 부와 소유를 추구하면서 자신의 특정 목적을 이루기 위한 합리 수단을 찾는 행위에 머묾으로써, 베버 시각의 개신교 윤리를 잃어버리고 무의미의 늪에 빠지지 않기를[91] 바라는 희망을 표현한 것으로 보인다. 사실 한국의 초기 개신교가 자리잡았던 서북지역에서는 상대적으로 많은 비율의 사람들이 중소 지주 계층, 독립 자영농, 상인 계층과 같은 독립적 부르주아 계층이었다는 점과[92] 중국과 한국의 국경지대에 거주하면서 낯선 문화와 외부로부터 오는 자극을 받아들이는 데 익숙했다는 점에서[93] 베버가 제시한 개신교 윤리와 자본주의 정신을 바르게 확립할 수도 있었을 터인데, 한국의 개신교는 근본주의 교리를 확립하고 실천하는 데 더 열심을 내는 바람에 서북 지역이라는 토양이 배태하고 있었던 이점을 살리지 못하였다고 정재식은 말한다.

개신교가 들어온 이후 지난 100년, 가깝게는 한국 전쟁 이후 지난 50년 동안, 개신교를 비롯한 한국의 종교는 일상 세계 대중들의 생존 욕구에 더 이상 부응하지 못하는 상태에 이르렀다. 생존의 문제가 절실한 가난한 자들에 대한 공동체적 책임이 사라졌음을 의미한다. 압축 경제 성장의 놀라운 성공을 위해 인간 가치의 상실과 빈부 격차 등을 대가로 치른 야만스런 자본주의 발전과 함께 개신교 윤리와 같은 종교적이고 윤리적인 이상은 싹이 잘린 채 공공선에 대한 어떠한 관심도 없이 이윤을 증가시키는 데만 관심을 갖게 된 기업의 모습이[94] 대형교회로 대표되는 개신교를 비롯한 한국 종교가 자리한 현 주소이다. 그 자리에서 한국 종교는 헌금액수로 신도의 가치와 종교 지도자의 능력을 평가하는 수준을 넘어서지 못하고 있다.

한국의 종교는 글로벌 자본주의 시장의 탐욕주의가 가진 해로운 영향력의 확대 상황에서 탐욕 물질주의에 동참할 것인지 아니면 자신의 종교 원리에 따라 영적 삶의 원리로서 검소, 이타주의, 인간에 대한 봉사 등을 강화할 것인지를 결정해야 하는[95] 갈림길에 놓여있다. 한국인들이 오래된 전통적 신앙과 태도를 상실한 것은 파괴적인 전쟁의 소용돌이와 근대화 과정에서 나타난 변화 때문이다.[96] 뒤르케임의 말처럼 아노미와 자기 중심주의가 서로 간에 독특한 친화성을 갖고 있어서[97] 갑작스러운 번영이나 침체를 겪게 될 때 급성 아노미 현상이 나타난다.[98] 한국사회는 급작스러운 침체와 급작스러운 번영을 모두 경험하면서 급성 아노미가 만성이 되어 있는 상태로 보인다.

회복의 길은 없는가? 정재식(2020)은 전통에 대한 비판적 성찰과 초월을 해답으로 제시하는 듯하다. 초월성을 추구했던 종교가 금을 신격화하고 현세에서 이를 얻기 위한 수단으로 전락해 버렸음을[99] 지적하고 있다. 과

거의 지눌이 쇠락해진 불교를 개혁하기 위해 선종을 교종과 화합시키고 이를 통해 불교를 회복시키려고 하였던 것처럼,[100] 현재 한국이 신앙과 가치의 위기를 겪고 있는 상황에서 한국의 종교들은 종교의 진정성을 회복해야 한다.[101] 자기 중심주의를 극복할 수 있는 것은 초월성이다. 개인의 이익을 희생하게 만들 수 있는 초월성이[102] 필요하다. 한국의 종교들은 오늘을 살아가는 개인들에게 이 초월성을 제공할 수 있는가?

정재식의 책 전체에서 강조되고 있는 것은 일치된 통합이 아니라 다양성이 혼재된 혼합주의적 전통이다. 한국의 종교 전통은 융합과 변이를 거쳐 온 혼합주의적 성격을 특징으로 한다. 혼합주의는 근본주의적 접근에 비하여 다양성을 인정하는 윤리를 제공해줄 수 있다. 종교가 사회 질서의 중요한 기반이 될 수 있었던 것은 종교가 특정한 공동체의 전통에서 무엇이 선한 것인지를 정하고 그것을 형성하며 그것을 다시 개혁하는 역할을 해왔기 때문이다.[103] 초월은 근본주의적 입장에서 전통을 정복하는 것이 아니라 혼합주의적 접근으로 전통을 새롭게 함으로써 가능한 것이다. 한국 전통 종교의 전반적인 기능이 세상과 현 질서의 지속이었음에도 불구하고, 유입 종교들은 현지화로 대표되는 혼합주의를 통하여 초월적 이상을 제시하며 발전하기도 하였다.[104] 현대 한국 종교와 사회에서 공공선에 대한 관심이 사라져 가고 이타적이고 인간적인 공공의 덕이 퇴색해졌지만,[105] 공동체주의적인 가치와 인간에 대한 동감으로 상호 의존적인 글로벌 공동체에서 다른 사람과 같이 살아가는 것이 현재 한국 종교의 중요한 과제이다.[106]

정재식(2020)은 리쾨르와 가다머의 역사적 거리와 지평 융합을 분석틀로 하여 한국의 종교, 사회, 윤리의 전통들을 우리 앞에 마주놓았다. 정재식(2020)이 제시한 혼합주의적 지평 융합이라는 초월성은 초월의 지평을 하나의 전통에 국한하는 것이 아니라 여러 전통들을 아우르도록 확장하고 있다. 정재식(2020)의 초월성은 고유한 힘을 가진 주체로서 개인에게 영향력을 행사하고 강제하는 식으로 그려지지 않는다. 유일신적 초월로 읽히지 않는다. 단일화나 통일을 지향하는 것이 아니라는 점에서 초월의 재해석과 새 지평이 가능하도록 열어주고 있다.

초월은 이제 개인을 강제하는 신적인 힘으로 해석하지 않아도 좋을 것이다. 초월은 개인을 넘어서 개인들이 있음을 인식하는 것이고, 하나의 전통을 넘어서 여러 전통들이 있음을 확인하는 것이며, 나의 영향사 전통이 사실상 다른 여러 전통들과 지평 융합을 이룬 것임을 인정하는 것이다. 그렇게 우리는 여러 개별과 주체가 공동체의 이질적 구성으로 함께 하고 있음을 알고, 하나의 개별 주체의 지평을 초월하여 여러 주체들의 지평 융합이 가능하도록, 이질적 구성으로 이루어진 공동체의 공동선이 가능하도록, 필요하다면 어느 정도 자신의 이익을 희생할 수도 있는 그런 초월성을 전망할 수 있다.

Ⅴ. 맺음말: 함께 산다는 것, 이질 구성들의 수행성

경계를 넘는다는 것은 경계의 틈을 숨구멍 삼아 들고나는 것이다. 경계를 넘는 이동인의 삶을 신체의 경계에 틈난 숨구멍으로 들고나는 공기의 활동에 빗대어 살펴보고 싶었다. 기도를 통한 외부와의 교류가 없이 신체는 생명을 유지할 수 없는 것처럼 사회도 경계의 틈으로 들고나는 이동인을 통한 외부와의 교류가 없이는 생명 유지가 가능하지 않을 것이라고 생각하였다. 단일문화 전통과 그 전승을 자랑스러워하는 사람들과 그리고 그 자긍심을 부추겨 국민으로 결속하고 중앙집권적 권력을 행사하는 국가에게 다문화의 물결은 두려움이었을 것이다. 혐오가 배태되는 토양이다. 여기에 거칠게나마 도전적인 문제제기를 함으로써 단일한 문화, 단일한 신념, 그 단단한 국뽕과 광신에 균열을 내고 싶었다.

단일 정체성 신화로 단일 정체성 확립을 요구하는 것은 다문화 사회의 구성원들에게 또 소수자들에게 짜증스럽기 그지없는 트러블이다. 그러한 정체성 트러블을 해소할만한 문화적 토양을 제주의 쿰다문화에서 더듬어 볼 수도 있을 것이다.[107] 하지만 제주의 쿰다문화라는 것이 제주만의 고유한 전통문화인가 하는 점은 의문의 여지가 있다. 제주의 쿰다 문화에서 한 걸음 더 나아가 문화의 단일한 전통에 대한 허구적 신화를 깨는 시도가 필요하다.

다문화를 주제로 한 연구들이 사회통합 정책 제언에 기울어져가고, 다문화주의에 대한 반 담론이 형성되고, 경계를 넘어 들어오는 이동인들에 대한 혐오 반응이 짙게 표출되는 상황에서, 문화 동질성 신념의 뿌리는 다문화 태풍의 소용돌이 속에서 흔들리고 있다. 사실 예멘 난민들이 경계의 틈을 비집고 넓히며 들어온 것에 대하여 일부 종교집단들의 근본주의적 선동이 제어되지 못하는 현실에서,[108] 정체성은 물론, 문화도 신도 이질적 요소의 구성적 결합이고 그런 의미에서 다문화 전통이요 다문화적 전승이라는 점을 확인했다는 점에서 문화 동질성 신념이 뿌리 채 흔들리고 있다는 것은 현실적합성에서 이미 벗어나 있는 관념체계의 수정이 필요하다는 것을 의미한다.

언제부터인지, 아마 지배 권력의 경계를 나누면서부터, 우리는 타자들로 분리되었다. 지배 권력에 복종하도록 국민교육헌장을 암송시키며 단일민족 정체성을 강요했던 것은 분명한 폭력이다. 단일화의 폭력성은 진정한 의미의 공동체 윤리를 가능하지 않게 만든다. 타자를 대상화하기 때문이다. 대상화된 타자들인 한 사람 한 사람은 단일 정체성을 고백하며 단일 지배 권력의 영역 안으로 포섭될 것을 강요받는다. 지배 권력은 이를 배려와 포용이라는 말로 포장하지만, 이 배려와 포용이라는 개념은 주체의 강함과 타자의 약함을 전제하고 있다. 따라서 다문화 사회의 윤리는 이질성을 동화시키는 것이 아니라 우리 안의 이질성을 인정하는 혼합주의적 공동체 윤리여야 한다.

한국의 종교 전통은 물론 세계 어느 사회의 문화 종교 전통들도 단일하고 균질한 하나의 전통이 아니라 여러 하나들이 뒤섞여있는 전통들의 이질적 구성들로 이해되어야 한다. 이는 주디스 버틀러(Judith Butler)의 이론에 기대 '이질 구성들의 수행성'[109]과 연결시켜 볼 수도 있다. 하나하나의 지평들이 가지고 있는 정치체로서의 의미와 성격들을 정리하면서, 그 정치체로서의 지평들이 서로 함께 이질적으로 존재하며 공존하고 융합하는 수행성의 모습으로 분석해볼 수도 있을 것이다.

(김준표)

장소와 공간을 따라 읽는 고려인의 삶과 문학

I. 머리말: '관심의 장'의 전이와 고향 공간

디아스포라로서 고려인의 삶은 자발적이든 비자발적이든 간에 '관심의 장 (field of care)'이 전이됨에 따라 에스엔게(CHГ: Содружество Независимых Государств) 지역이 고향 공간으로 변모하는 과정을 밟았다. 일반적으로, "한반도라는 지리적 공간에 거주하는 사람들이 한민족이고 그 한민족은 동시에 한국어를 말하는 사람들이며 그러한 사람들은 민족 문화를 내면화하고 있다는 식으로, 지리적인 공간과 언어, 주체, 즉 문화적 구성의 세 요소가 연결되는 것"[1]으로 생각하기 쉬우나 "디아스포라의 문화의 정체성을 형성하는 주요 토대는 영역(territory)이라기보다는 기억이며, 디아스포라에 있어서 영역은 탈중심화되어 다수의 환경들로 분열된다."[2] 다시 말해서 "민족어와 개인은 분리될 수 없는 방식으로 결부되어 있다는 사고방식"[3]을 외면하는 것인데, 이러한 논리에 따르면 고려인의 삶과 문학은 여기에 부합하는 면모가 강하다.

고려인의 발자취를 따라가며 그네들이 남긴 기록, 즉 문학이라 부르기에는 너무도 민망한 아마추어적인 편린들. 초창기에 고려인들이 『선봉』과 『레닌기치』 등의 신문에 남긴 기록들은 아마추어적이지만 그 속에는 절대 간과해서는 안 되는 고려인의 무의식이 내포되어 있다. 전반적으로 고려인이 남긴 문학적 편린들에는 원동이나 중앙아시아에 실재하는 낯선 지명을 언급하는 텍스트가 유독 많다. 지치지도 않고 끊임없이 낯선 지명을 상기하는 것인데, 주의를 기울이지 않으면 보이지 않는 지점이다. 이것은 한 편으로 생각하면 매우 씁쓸한 일로서, 거기에는 끊임없이 지명을 상기하는 의식적 혹은 무의식적 측면이 분명히 존재하기 때문이었다.

원했든 아니든 조선에서 러시아 원동으로 이주를 했고, 하등 원하지 않았으나 중앙아시아로 이동해야만 했던 고려인의 삶에서 그때마다 맞닥뜨리는 낯선 장소와 공간들이 주는 불안의식에서 고려사람들은 결코 자유롭지 못했다. 특정의 장소를 대하며 가지는 욕망을 나타내는 장소애(topophilia)와 두려움을 의미하는 장소공포(topophobia)가 양가성을 띠는 가운데에서 낯선 장소가 감각적이고 심미적이며 정서적인 차원의 공간이 되기까지에는 장소공포가 안겨 주는 두려움으로부터 벗어나기 위한 몸부림이 있어야 했다. 그것을 불안의식으로 부를 수 있다면, 그러한 불안의식을 공유하고 소거하기 위해서는 끊임없이 낯선 장소에 살고 있는 자기 존재를 증명하고 기억해야 했으며 이를 위해 서로를 호명해야만 했다. 결국 고려인의 삶과 문학은 실제 삶에 기반을 둔 실기(實記)가 문학이 되었으며 그러한 실기문학의 본질은 불안의식이라고 감히 규정할 수가 있겠다.

문화지리학의 관점에서 볼 때, 관심의 장은 "사람과 장소 또는 배경의 정서적 유대"[4] 속에서 형성되는 것으로 인간의 자발성에 근거한다. 그러나 고려인의 삶은 자발적이면서 비자발적이었고 더욱이 자발성을 가장하기도 해야 했던 곡진한 삶의 연속이었다. 먹고살기 위해 민초들이 중심이 되어 최초로 연해주에 이주해서 살게 되었을 때는 어느 정도 장소애(topophilia)에 기반을 두고 나름 행복한 삶을 영위할 수 있었으나 한인과 러시아인의 갈등이나 소련과 일본의 관계 등으로 강제적으로 이주를 당하면서부터[5] 장소애는 장소공포(topophobia)의 양상을 보이며 양가적인 속성을 띠게 된다. 조선을 등지고 연해주에 정착하는 과정은 안 그래도 낯선 장소와 대면하는 마당에서 장소공포를 전제하고 있었으나 역사적 현실은 상황을 더욱

급박하게만 몰고 갔던 것이다. 그러나 고려인들은 여기에 굴하지 않았고 장소공포가 안겨 주는 불안한 상황을 극복하며 연해주를 자신들만의 고향으로 만들어 나갔다.

조선에서 살 수 없다는 판단 속에서 길 위에 섰고, 급기야 연해주에서 또 다른 고향을 구성했는데, 이것은 디아스포라로서의 여정이 시작되는 순간이었다. 덧붙이자면 이때부터 고려인의 삶은 고향찾기의 여정으로서 살아남기 위한 과정의 일환으로 타민족과 공존하기 위해 끊임없이 투쟁을 해야만 했던 삶이 펼쳐지게 된다. 그 여정은 '조선→원동 고향 공간→에스엔게 지역(카자흐스탄·우즈베키스탄 고향 공간)' 등으로 확장되었다. 일제의 극심한 억압과 양반의 수탈 등을 피해 살기 위해서 길 위에 나섰던 사람들은 러시아령인 연해주에 안착했고, 이후 항일무장투쟁의 과정에서 더 많은 수의 농민, 노동자, 지식인들이 연해주로 이주해 왔다. 이후 연해주를 중심으로 원동(Дальний Восток России) 일대에 터를 잡고 살아가면서 원동은 고향 공간이 된다. 이때까지는 어느 정도 자발성에 기반했으나, 중앙아시아로 집단이주되어 에스엔게 지역인 카자흐스탄, 우즈베키스탄 등지로 떠밀려 오면서 고려인들은 또 다른 낯선 장소와 대면하게 된다. 강압적인 상황에서 고향을 상실케 되고 한 번도 상상해 보지 못한 이역의 장소로 '추방'되었던 것이다.

집단이주 당시만 해도 조선은 고국이었고 고향이었다. 그러나 중앙아시아로 집단이주된 이후에는 원동이 고향이 되고 소비에트가 조국이 되는 아이러니한 상황이 연출되기에 이른다. 관심의 장이 바뀌면서 낯선 지역과 공간이 고향으로 구성되기에 이르렀던 것이다. 자발성에 따라 순리대로 관심의 장이 바뀌는 것이 아니라 강압적인 방식에 따라 삶의 공간이 하루아침에 변모하게 되는 셈인데, '강제이주'라 불렸을 정도로 판이했던 공간적 대이동은 개인의 문제가 아니라 집단의 문제로서 고려사람 전체의 삶으로 확대되었다. 그 결과 또 다른 사회와 조우하는 과정에서 고려인들은 새롭게 '고향 공간'을 건설해 나가는 가운데 민족적 정체성을 고민하며 삶의 희로애락을 조선말로 혹은 타민족의 언어로 수행함으로써 문학적 글쓰기로 승화시켜 나갔다.[6]

따라서 고려인들의 눈에 비춰진 카자흐스탄 및 우즈베키스탄 등지의 낯선 장소와 공간이 고향 공간으로 탈바꿈하는 과정을 문화지리학의 관점에서 살펴보는 일은 의미가 있다. 문화지리학이 사회적 관계의 제 측면들과 인간과 물질세계의 연계성, 문화와 자연 간의 연계성을 다루면서 인간 복리에 중심을 두는, 무엇보다 다분히 정치적인 질문들을 제기한다는 점에서 정치성에 근거하고 있는 고려인 디아스포라의 삶과 문학을 들여다보고자 하는 시도는 의미 있는 접근법이 될 수 있기 때문이다. 자발적이기도 했으나 던져진 삶이기도 했기에 변화하는 낯선 장소와 공간 속에서 문화적 차이가 만들어가는 삶을 바탕으로 이루어진 글쓰기를 입체적으로 바라볼 수 있는 이론적 바탕이 될 수 있는 것이다.

디아스포라가 "배출요인과 아울러 정주국에 있어서 이주자의 정착 환경에 초점을 두는데, 이는 정착지에서 새로운 소속(belonging)의 장을 창조하려는 과정에서 다수의 입지, 시간성, 정체성이 새롭게 접합"[7]된다는 관점에 따르자면, 고향의 의미를 밝히는 것 이상으로 그것을 생성케 한 장소 및 공간적 차원의 연구가 필요하다고 사료된다. 고려인문학에 나타난 고향의 의미는 통시적 차원에서 다양하게 변모되어 왔다. 무엇보다 관심의 장이 비자발적 차원에서 전이되고 그 결과 카자흐스탄 및 우즈베키스탄 등지의 에스엔게 지역이 고향 공간으로 새롭게 구성되었기 때문에 전이 과정을 문화지리학의 관점으로 들여다보는 일은 민족정체성을 보존하는 문제를 고찰하는 것 이상으로 고려인의 삶이 함의하고 있는 또 다른 특수성을 밝힐 수 있는 중요한 영역이 아닐 수 없다. 이러한 고려인의 삶은 고려인 신문인 『레닌기치』와 『고려일보』 등에 고스란히 남아 있다. 소비에트의 정책을 홍보하는 기관지 성격의 매체들이나 당시에는 고려인이 자신들의 목소리를 낼 수 있는 유일한 통로이기도 했다. 따라서 왜곡을 염두에 두는 것은 당연하나 그 안에는 곡진한 삶의 진솔함도 함께 묻어 있다는 점에서 고려인이 남긴 글 속에서는 고향 공간의 전이가 지닌 미학적 성과는 물론이고 고려인문학이 갖는 위상 또한 짚어 볼 수가 있다.

Ⅱ. 집단이주와 낯선 장소와의 대면

고려인들이 1937년에 원동으로부터 에스엔게 지역으로 집단이주되어 살았던 카자흐스탄의 우슈토베(Уштобе)의 고려인 공동묘지에 남아 있는 기념비에는 "이곳은 원동에서 강제이주된 고려인들이 1937년 10월 9일부터 1938년 4월 10일까지 토굴을 짓고 살았던 초기 정착지이다"[8] 라고 기록되어 있다. "폐허와 유물은 예전의 삶과 행동들이 펼쳐졌던 구체적인 장소에 대한 안내자"[9]라는 점에서 그리고 "진정으로 뿌리내린 공동체는 성지와 기념비를 세울 수 있"[10]다는 점에서 이 비문은 과거 고려인의 발자취를 기억하고 되살리는 역할을 하고 있다. 비문에서만 보더라도 집단이주된 고려인의 척박한 삶이 어느 정도였는지 짐작이 가고도 남는다.

> 그는 여러해 전 그와 같이 궂은 비가 내리는 가을날 밤에 잠블역에서 어느 민족인지 알 수 없는 사람들의 웨치는 소리, 우는 소리를 들었던 일이 생각났습니다. 그들을 짐자동차에 실어다가 락타가시덤불과 위성류들사이에 부렸습니다. 흰옷우에 부연 솜저고리를 입은 그 사람들은 자존심을 잃고 부끄러운줄도 모르고 운전수들과 민경원들의 장화발을 움켜잡으며 사람들이 사는 곳으로 도로 실어가 달라고 애원하였습니다. 찬바람이 부는 그런 한지에서는 아이들도 아침까지 견뎌내지 못할것이라고들 하였습니다. 운전수들은 장화발을 움켜잡는 애원자들의 손을 뿌리치면서 자기들은 바로 거기에 부리고오라는 명령을 받았

으니 달리 할수는 없다고 명령을 어기면 총살까지 당할수 있다고 하였습니다…
늙은이는 그 이튿날의 일도 생각났습니다. 차반인 그는 안해와 함께 호기심에
겁에 몰려 밤에 그 무서운 일이 있었던 곳에 다가갔습니다. 그들은 사람들의 등
이 이룬 허연 언덕을 보게 되었습니다. 그 언덕은 자루들로 덮여있었고 그 곁에
는 아마도 그 자루들에서 쏟아놓았을 흰 쌀이 무덕무덕 쌓여있었습니다. 안해
가 무슨 말인지 하였으나 그는 대꾸하지 않았습니다. <u>그는 무서운 사실을 알아
맞혔습니다. 젊은이들이 늙은이들과 아이를 데린 녀자들을 둘러싸고 자기들의
등으로 찬바람을 막아주었던 것입니다.</u> 사람들의 말소리를 듣고 그 등들은 움
직이기 시작하였습니다. 언덕이 무너졌습니다.[11]

구소련 당국의 비밀문서에 따르면 고려인들이 추방을 당한 것은 "극동
지방에 일본 정보원들이 침투하는 것을 차단하기 위한 목적"[12] 때문으로
이주 대상은 "극동지방 국경부근 구역들"[13]로 한정됐다. 실상 조선인은 국
경 부근에 많이 거주했으며 그 때문인지 경계인으로서 소련 당국으로부터
일본의 첩자라는 오해를 받았다. 그러한 인식이 축적되면서 집단이주를 가
능케 한 배경이 되었던 것이다.[14] 또한 이주 후에는 "근동에 위치한 나라들
을 통해 일본인들이 새 거주지역의 조선인들과 관계를 맺으려는 시도가 가
능할 것으로 고려하여"[15] 거주 또한 제한을 당했다. 〈공포〉(1988)에서 "이
강은 아마 도시의 경계선일 것이다. 그렇다면 조선사람은 누구를 불문하고
이 강을 건늘 권리가 없는 것이다"[16]라고 씨르다리야강을 두고 이렇게 말
했을 때, 이와 같은 진술들의 전제는 소련 지역에 일본인들이 침투할 수
있는 가능성을 사전에 차단한다는 것이며 그 통로가 조선인이라고 보고 있
었다는 점이다. 그러한 연유로 인용문에서처럼 고려인들은 '잠블역'에서
다시금 '락타가시덤불과 위성류들사이에' 그리고 '찬바람이 부는 그런 한
지'의 낯선 공간으로 흩어져서 말 그대로 부려졌다. 그 결과 그러한 한지에
서 '젊은이들이 늙은이들과 아이를 데린 녀자들을 둘러싸고 자기들의 등으

로 찬바람을 막기 위해 싣고 온 쌀을 쏟아 놓고 그 자루들을 덮고서 중앙아시아의 사막지대에서 첫날밤을 견뎌야만 했던 결과로 이어졌다.

3. 이주시 이주대상 조선인들은 소유물, 농기구, 동물 등을 소지할 수 있다.
4. 이주민이 두고 간 동산, 부동산, 파종 종자 등은 가격을 계산하여 보상한다.
5. 이주대상 조선인이 원하는 경우 국외로 떠날 수 있게 하고 간청하는 경우 국경 통과규율을 완화한 후 방해하지 않는다.[17]

위와 같은 결의안은 명목일 뿐 거의 지켜지지 않았으며, "스탈린의 인민위원들 생각에 따르면 조선인들은 단지 '사회주의 집단화'에 의해 황폐화되고 텅빈, 광활한 대지에 삶을 개척하기 위해 중앙아시아에 필요했을뿐이"[18]었다. 이유도 모른 채 아무런 연고도 없이 고려인들은 그렇게 중앙아시아의 낯선 공간에 버려지다시피 내던져졌다. 결과적으로 미지의 장소공포가 실제로 현현된 것이었다.

1) 가는 길도중에 씨비리에 들어서면 눈이 쌓여 백설강산이며 추위가 심하여 침을 뱉으면 고드름이 되어 독감에 걸릴수 있고 사막지대에 가면 학질에 걸려 길을 가다가 누워 앓을수 있다고 주로 건강에 대해 걱정하는 분도 있고 인적없는 사막지대나 갈밭속, 진펄로 가면 어찌겠는가고 살 곳에 주목을 돌리는 사람들도 있다. 가는 곳에는 참대가 나고 갈대가 팔뚝과 같이 굵고 목화가 꽃피고 수박과 참외가 물동이만큼 크며 벼 한이삭에 400여알이 달린다고 농사에 관심을 더 돌리는 사람들도 있다. 내색을 보이지 않으려고 애를 쓰기는 하지만 얼굴얼굴들에는 불만의 빛, 분개의 빛이 흐르고있다. 정든 마을, 살던 집을 버리고 떠나지 않는가![19]

2) -영계(여기) 조선 사람들은 사흘 후에 보따리 싸가지고 떠나란다. 당이 그렇

게 지시 내릿단다. (중략) 어머니는 계속 남의 말하듯이 담담신데 아버지는 완전히 말문이 닫겼는지 죄 없는 담배만 피우고 또 피우섰다. (중략) ─아버지, 더 좋은 고장에 보내는 모양인데 빨리 짐 싸기오. (중략) 아무리 생각해도 내 생각이 틀리지 않았다. 이 마을 조선사람들이 이십여호면 적어도 80-90명은 될텐데 한꺼번에 이주시킨다면 블라지워스토크 같이 큰 고장이어야 하지 않겠는가. 아무튼 떠날 차비를 해야 한다. 사흘 말미를 받았으면 서둘러야 한다. 그런데 아버지와 어머니는 넋을 놓고 저렇게 우두커니 온돌만 지키니 나라도 거들어야 한다. 나는 신나게 제 물건을 챙겼다. 보다 못한 어머니가 힘겹게 일어나 세간을 이리저리 옮겨놓았다.[20]

장소공포라고 했을 때는 그것은 친밀성과 관계가 있다. 친밀성이 상실될 때 장소애는 장소공포로 전환되기도 한다. 더욱이 그것이 한 번도 경험해 보지 않은 장소라고 했을 때는 공포감은 더욱 상승하게 된다. "장소의 가치는 특별한 인간관계의 친밀감에서 비롯된 것"[21]이라고 한다면 '당이 그렇게 지시'하는 행위는 일순간 모든 친밀성을 무너뜨리는 장소공포를 불러일으키기에 충분했다.

1)은 〈이주초해〉(1990)에서 이주가 결정된 후에 사람들이 내보이는 반응이다. 어디까지 가는지는 확실히 알지는 못하나 "하루길도 열흘을 준비해가지고 떠나라 했는데 수천리 길차비를 하루에?"[22] 라고 반문하는 부분에서 그 길이 매우 먼 길임을 짐작하고 있는 상황에서 나오는 발화이다. 건강과 살 곳을 걱정하기도 하고 풍성한 농사를 생각하는 양가적 감정을 보이나 기저에는 장소공포가 주는 두려움이 깊게 내재되어 있다. 2)의 〈희망은 마지막에 떠난다〉(2002)는 아이의 시선으로 상황을 해석한다는 점에서 아이러니한 상황을 연출한다. '블라지워스토크 같이 큰 고장'을 생각하는 아이의 마음과는 달리 '아버지와 어머니는 넋을 놓고 저렇게 우두커니 온돌만 지키'는 대비되는 상황에서 슬픔이 묻어나는 아이러니가 연출되며,

더욱이 이동 중 아이와 부모가 생이별을 하게 된다는 점에서 비극은 배가 된다.[23] 그리고 그렇게 먼 길을 돌아 도착한 곳의 현실은 다음과 같았다.

제갑동사람들이 천신만고를 무릅쓰고 10월중순 어느 날 아침에 내린곳은 씨르다리야 하류지방 한 작은 정거장이었다. 구역농업부 부장이 자동차들을 가지고 와서 기다리고있었다. (중략) 동쪽 지평선을 새빨갛게 물들인 노을을 꿰뚫고 해가 떠오르며 따스한 기운을 뿌린다. 한달이상 뜻하지 않은 ≪려행≫에 진저리가 난 사람들은 벌판의 신선한 공기를 마시며, 신이 나서 짐들을 날라다 자동차에 싣고 주위를 살펴보았다. 시야에 안겨드는 것은 사방이 다 까마득히 펼쳐진 지평선과 무연한 벌판, 산도 수림도 없고 가시나무관목숲과 반모래불, 보면 볼수록 스산하기 그지 없다.
　-갈수록 심산이라더니 이런델 왔구나! / -인젠 농사도 다 해먹었어! / -과히 상심할 것 없습니다. 살면 농사할 곳이야 있겠지요.
　두만이는 락심에 사로잡히는 사람들을 위로하였다.
　그러나 자동차들을 타고 살 곳이라는데를 와보니 갈밭속 호수가에 두 채의 찌그러져가는 토벽집들과 지붕이영 갈들이 거의 날려가 서까래들이 불룩불룩 들어난 양우리가 있을뿐이오. 살만한 집이라고는 없다. 사람들은 자동차에서 내리지도 않고 떠들어댔다.
　-겨울에 다 얼어죽으란거요?
　두만이는 부장에게 따지고들었다.[24]

앞으로 고려인들이 살아갈 곳은 '까마득히 펼쳐진 지평선과 무연한 벌판, 산도 수림도 없고 가시나무관목숲과 반모래불, 보면 볼수록 스산하기 그지 없'는 곳이며 '찌그러져가는 토벽집들'과 '서까래들이 불룩불룩 들어난 양우리가' 전부였던 황폐한 공간이었다. 실제로 「까자흐 소베뜨 사회주의 공화국에 조선인 이주민을 분포시키는 것에 대한 계획서(소베뜨 사회주의 연방공화국 내무인민위원부)」를 보면 고려인들은 거의 국영농장으로 배치되는 것으로 되어 있었다. 대부분이 농민이자 원동에서도 집단농장에서 생활했다는 점을 감안하면 그것이 반드시 나쁘다고만 할 수는 없으나, "황폐화되고 쇠퇴된 까자흐스딴의 농장으로 조선인들의 무료 노동력을 보낼 것을 규정"[25]했다는 사실을 간과해서는 안 된다. "세계가 우리의 욕망에 부응할 때 세계는 광활하고 친근한 느낌을 주지만, 세계가 우리의 욕망을 좌절시킬 때 세계는 답답한 느낌을 준다"[26]고 하면, 고려인들에게 주어진 현실은 '스산하기 그지 없'는 장소공포와 다름 아니었다. 문제는 그러한 장소공포가 어떻게 장소애로 전환하는가이다. 전혀 해소가 되지 않을 것 같던 장소공포가 장소애를 띠게 되는 과정을 살펴봐야 하는 것이다.

III. 카자흐스탄의 고향 공간

1937년 10월 25일에 극동으로부터 에스엔게 지역으로의 이주는 거의 종료가 된다. 한인들은 카자흐스탄에 20,170가구(95,256명), 우즈베키스탄에 16,277가구(76,525명)로 분산이 되었다[27]고 하나 이를 온전히 믿기는 어렵다. 3일 만에 준비를 마치고 이주를 감행할 만큼 그리고 도착해서 토굴생활을 해야만 했던 형편과 공개된 비밀문서의 내용이 제대로 수행된 것이 없다는 점 등을 고려할 때 이러한 자료를 곧이곧대로 믿을 수는 없기 때문이다. 따라서 이러한 문제는 차치하고[28] 집단이주 이후 고려인들이 살아내야 했던 생활공간을 살피는 일이 우선이다. 무엇보다 고려인들의 생활공간은 1956년 제20차 소련공산당대회에서 흐루쇼부가 스탈린을 격하한[29] 이후 1957년 3월 3일이 되기 이전까지는 에스엔게 지역으로 한정되어 있었다.[30] 한마디로 고려인들에게는 거주이전의 자유가 없었다.[31]

부연하자면, 고려인들에게 중앙아시아는 유배지나 다름이 없었다.[32] 원동에서 러시아혁명에 투신하여 소비에트를 건설하는 데에 일조했던 입장으로서 그러한 업적을 인정받는 것은 고사하고 소비에트 당국으로부터 내쳐진 존재로 전락하는 비애를 맛볼 수밖에는 없었기 때문이었다. 이렇듯 정부로부터 인정받지 못한 소수민족으로서 고려인들에게 중앙아시아는 어떠한 의미를 제공받을 수 있는 공간이 될 수 없었다. 버려졌다는 상실감이 너무도 큰 부분을 차지하고 있었다. 그렇지만 어떻게든 살아내야 했기에 공간은 비로소 장소로 바뀌기 시작한다. "공간은 명확한 뜻과 의미를 획득함에 장소로 전환하게 된다."[33] 덧붙이자면, "정지함으로써 장소는 인간이 느끼는 가치의 중심이 될 수 있"[34]는 것이다. 전혀 의도하지 않았으나 낯선 공간에 정지를 했고 그 속에서 삶을 꾸려야만 했던 것이다. 자유롭게 이동할 수 없는 한정된 공간 안에서 경찰의 감시를 받으며 생활해야 했던 처지를 감안하면 여기서 살아낸다고 하는 데에는 남다른 노력이 뒤따라야 했다.

고려인들이 정착한 곳은 주로 강과 가까운 곳이었다. "중앙 아시아에 이주 되어온 한인들은 아랄 바다에 흘러 들어오는 두 강인 아무다리야와 스르다르야 강 근처와 카작스탄의 발하쉬 호수로 흘러 들어오는 까라딸 및 일리강 계곡에 주로 정착했다."[35] "유역은 생계를 보장한다"[36]는 점에서 지리적 특성상 농사가 가능한 지역들이었고, 농업에 특출한 능력을 지닌 민족으로서 고려인들은 소비에트의 체제에 부합하여 이곳에서 집단농장을 형성하며 삶을 영위하기 시작했다. 러시아혁명 이후 1920년대 후반부터 농업집단화에 들어섰던 것을 상기하면 이것은 매우 자연스러운 현상이라고 할 수가 있다.

따라서 카자흐스탄공화국을 배경으로 고려인의 삶을 형상화한 글쓰기를 공간적으로 해석하면 운문적 글쓰기와 산문적 글쓰기를 막론하고 카자흐스탄 고려인의 공간적 세계관은 자연, 꼴호즈(колхоз), 구역(촌)에 닿아 있다. 자연이라고 하면 공화국명칭인 카자흐스탄 자체가 마치 거대한 공간 개념으로 사용되는 경우가 일반이고 더불어 씨르다리야강과 천산은 농사를 짓는 데 따른 고마움의 대상으로 형상화가 된다. 꼴호즈나 구역(촌)은 고려인들만의 생활공간으로서 끊임없이 호명되고 있다.

씨르다리야강은 본래가 "빠미르산맥에서 발원하여 따지끼쓰딴, 끼르기시야, 우스베끼쓰딴 그리고 카사흐스딴을 지나 아랄해로 들어가는 중아시야 백성들의 젖줄기와도 같은 어머니강"[37]으로 인식되어 왔다. 〈행복의 물줄기〉(1940)에서는 "저강을 딸아 쭉 늘어 놓인 / 만리평야 기름진 땅우엔 / 금빛나는 알곡과 면화농장 / 옥토에서 싹저오르는 벼와 목화 / 저강을 마시고 자라고자란다"[38]라고 노래하며 씨르다리야강을 예찬하는데, 여기에 그치지 않고 〈씨르-다리야〉(1940)에서는 "사랑하는 동무야 괭이 번적이여 / 이 벌판 깨뚤러 큰도랑치자! / 씨르-다리야 휘몰아다 광야에 젖주어 / 해맑은 이 벌판에 행복의 긔치 떠날리자!"[39]라고 하며 농사로 일구어갈 행복을 직설적으로 토로한다. 그리고 그러한 행복은 개인의 문제를 넘어 꼴호즈 전체로 확장된다. 〈봄맞웅〉(1941)에서 "내마을, 새마을, 꼴호즈 마을 / 해빛아래 별나라처럼 반짝거리고"[40]라며 꼴호즈를 예찬하며 희망을 노래하고 있다. 실제 현실은 그렇게 밝게 노래할 수 있는 상황은 아니었으나[41] '모국'으로까지 인식하기에 이른다.

> 1) 아니다. 아니온다. / 한번가신 어머니 아니온다.
>
> 이것은 모도다 꿈이다. / 고통과 원한에 가신 어머니
>
> 애처럽게 우는 나를 찾으려 / 무정한 나의 어머니 아니온다.
>
> 나는 넘우도 설버서 외로히 / 의지를 찾다가
>
> 이제야, 진정한 어머님 품속에 / 안겻노라.
>
> 모국의 넓은땅 힘끝 끌어안고 / 인정과 영접에 넘우 깃뻐서
>
> 검은땅 맘끝 입맞후며 / "어머니!" 소리처 불럿노라.
>
>   - 리은영, 〈어머니〉 中에서[42]

2) 나는 께뜨멘 높이 들어 땅을 찍으며 / 금년에는 내가 우리 꼴호즈의
　이 넓은땅 곳을 짖어 참외를 심어 / 썩은맘 비료내고 흘으는 땀 첫물 주어
　못박힌 이 손으로 깃음을 매어 / 씨르-다리야 흙물에서 길러내리라!
　그리하여 수확의 가을이 돌아오면 / "내조국"을 높이 부르며 걷우어서
　한긔차 잔득 실고 모쓰크바루 가리라 / 크고큰, 제일큰 참외를 골라서
　농업전람회에 내 성과를 자랑시키고, / 새마음, 새뜻으로 량끝 닉어진
　제일 맛있는 참외, 제일 단 참외를 / 살틀히 천백번 골으고 골라서
　귀중하신 아부지, 거룩한 쓰딸린에게 / 내마음, 내뜻으로 들이려하노라!
　　　　　　　　　　　　　　　　　　　　　 - 리은영, 〈나의뜻〉 中에서[43]

1)의 〈어머니〉(1941)에서 화자는 꿈속에서도 어머니를 찾아 헤맨다. 어머
니를 찾지 못하고 꿈에서 깬 화자는 너무도 갑작스럽게 '진정한 어머니 품'
을 '모국의 넓은땅'에서 찾게 되며 '검은땅'과 동일시하는데, 그것은 2)의
〈나의뜻〉(1941)에서 '씨르-다리야 흙물'이 흐르는 '내조국'과 마찬가지다. 『레
닌기치』 신문이 소비에트 당국의 정책들을 홍보하는 기관지라는 것을 감안
하고 거기에 실린 문예문이라는 점을 고려할 때 이렇게 '모국'이라 부르며
체제를 지지하는 공공성의 강조[44]는 너무도 당연해 보인다. 이 같은 모습은
공공성으로 고향과 국가를 연결하면서 신명을 보이는 사람들의 자발적 행위
가 공공성을 매개로 고향과 국가에 회수되는 작위[45]로 보이기도 한다.
　비록 작위였다고 하더라도 씨르다리야강은 분명 고려인들이 꼴호즈를
중심으로 농사를 지으며 공동체 생활을 영위할 수 있도록 해 준 고마운 존
재가 아닐 수 없었다.[46] 집단이주의 배경부터 중앙아시아에 안착하기까지
의 과정을 형상화한 '이주초해'라는 작품에는 부제가 붙어 있다. 부제의 제
목은 '두만강-씨르다리야강'인데, 작가 김세일은 헤일 수도 없는 공간적 거
리를 초월하여 두 강을 병렬관계로 연결을 짓고 있다.

현지답사를 떠난 사람들을 태운 자동차가 처음 가 닿은 곳은 씨르다리야강 반이었다. 답사자들이 차에서 내려 강언덕에 이르자마자 누구 입에선지 이런 말이 튀어나왔다.

　-두만강과 같은 장강이구나!

　두만강! 입에 오르고 귀에 익은 이 말은 사람들의 머릿속에 번개치듯 고향생각을 일으키며 그들로 하여금 미여지는 가슴을 끌어안고서서 출렁출렁 흘러내려가는 강물을 물끄러미 바라보고만 있었다.

　부장이 자랑찬 목소리로 침묵을 깨뜨렸다.

　-이것이 씨르다리야강입니다. 천년만년, 몇천몇만년을 흘러흘러 이 평원에 삶을 주는 생명수! 우리는 평원에 젖주는 이 강을 은혜로운 어머니라고 부르지요.[47]

　인용문은 원동에서 고려인을 먹여 살렸던 어머니와도 같은 강이 두만강이었다면 중앙아시아에서의 그것은 '씨르다리야강'이 될 것이라고 하는 복선에 다름 아니다. 이 작품에서는 꼴호즈의 이름을 '붉은 노을' 꼴호즈라고 명명하고 씨르다리야강물로 농사를 짓는 가운데 생활할 수 있는 집을 만들고 아이들을 위한 '로어화한 학교'를 세우며 고려인들의 미래를 온전히 아이들에게 걸었다. "그래야 우리 마을이 제일 대학생 많은 마을이 되지. 너희들이 없어도 농사는 짓는다"[48]라고 말하며 아이들을 러시아식으로 교육하며 러시아와 동화하고자 하는 욕망을 숨기지 않았다. 살아내기 위한 방법으로 본토박이들과 동화하는 방식을 택했고 결과적으로 그것은 공간적 차원에서 장소공포를 해소하는 긍정적인 방향으로 이어졌다.

　부연하자면, 고려인문학 속에서는 자녀를 러시아식으로 교육하고 러시아인과 혼인하는 모습 등을 형상화함으로써 러시아에 동화하고자 하는 욕망을 드러냈다. 특히 러시아인의 전쟁을 고려인의 전쟁으로 인식하는 것, 즉 전쟁을 매개로 러시아인과 조선인의 일체감을 강조하는 일은 가장 주효했던 동화의 방식이었다.[49] '소독전쟁'을 배경으로 하고 있는 〈붉은 별들이 보이던 때〉(1963)와 같은 작품이 대표적이라고 할 수가 있는데, 이 작품은 러시아혁명, 즉 국내전쟁(공민전쟁) 당시에 러시아인의 도움으로 살아났던 조선인이 소독전쟁 당시 피난민이 되어 크술오르다를 지나는 러시아인 가족에게 도움을 줌으로써 보은하는 내용을 형상화하고 있다. 이러한 전쟁서사에서 독일은 일제와 별반 다르지 않은 대상으로 러시아와 조선 모두의 적으로 읽힌다. 고려인문학은 일제에 항거했던 역사와 함께 러시아혁명에 투신했고 소독전쟁에 일조했던 조선인의 모습을 끊임없이 형상화하는 역사성을 강조하는데,[50] 일반적으로 "장소에 대한 충성심을 설명할 때는 양육의 끈끈함(어머니 대지라는 주제)을 지적하거나 역사적으로 접근"[51]한다. 덧붙이자면 전쟁은 출정자를 그가 우리 향리의 출신임을 거론하며 출정자에 대응하는 수사로 국가적 영예를 드높였던 전쟁 영웅을 언급함으로써[52] 고향을 실체화한다. 부연하자면, 소설 〈홍범도〉를 위시하여 전쟁서사에서 형상화된 고려인 전쟁영웅들은 러시아에 동화하고자 했던 고려인의 욕망이 투사된 레토릭이었다고 할 수가 있다. 결론적으로, 소비에트에 동화하고자 했던 안간힘이 결과적으로는 장소공포를 해소하는 토대가 되어주었다는 해석이 가능하다.

한편, 스탈린이 격하되고 고려인에게 공간적으로 이주의 자유가 주어지자 러시아식으로 교육을 받은 고려인 아이들은 꼴호즈를 떠나 대도시로 이동하기 시작했다. 그리고 이후에는 인종을 초월하여 사랑을 하고 이민족간 혼인으로 가족을 만들어 나갔다. 〈사랑〉(1970)과 같은 작품에서는 고려인 청년과 카사흐인 처녀가 결혼을 하며, 〈류바〉(1972)에서는 고려인 청년이 러시아인 여성과 결혼을 하여 새롭게 가족을 구성하는 내용을 형상화하고 있다. 이주민이 원주민과 결합을 하고 생활을 지속해 나감으로써 인종이나 민족의 차이를 뛰어넘는 가족을 구성하게 되는 관계성을 획득하게 되는 것이다. 앞서 이-푸 투안의 말대로 그러한 변모는 한 공간에서 생활을 시작한 이래 시간이 흐르면서 인간관계에서의 친밀감이 형성되었음을 방중하는 것이다. 이것이 이주 이후에 세대를 달리하며 나타나는 모습이라면 여전히 꼴호즈에 남아 있는 1세대들을 다시금 돌아보지 않을 수 없다.

> 창세의 눈에는 눈물이 그렁했으며 그의 입술은 떨렸다.
> -이 집의 그 어디에나 너의 어머니의 손이 닿지 않은 곳이란 없다. 지어 이 마당에 서있는 치나라나무까지도 너의 어머니가 심어놓은 것이다. <u>나는 이 정든 고향을 버리고 갈 수 없다.</u>
> <u>실상 창세로인은 이 고장을 떠나갈 수 없다. 하도 인연맺은 일이 많으니까.</u> 특히 땅과의 인연이 깊다. 갈밭을 베내고 밭을 일쿠며 집을 지었다. 그 밭에 땀으로 물주었다. <u>고목이 땅속에 뿌리를 박듯 그도 역시 이 땅에 깊이 뿌리를 박았다.</u> 한번은 그가 휴가를 맡고 춘길이한테 놀러갔었다. 그러나 사층집창문앞에 홀로 앉아 철갑을 씨우듯 아쓰팔트로 덮인 땅을 내다보고 있기란 안타까웠다.
> (중략)
> -춘길아, <u>이 꼴호즈는 너희들의 고향산천이다.</u> 너희들은 이 땅의 쌀을 먹고 이 땅에 흐르는 물을 마시고 자라났다. 고향땅의 은덕을 언제나 잊지 말아야 한다. 그리고 또 행복이란 땅바닥에 굴러다니는 물건이 아니다. 타곳이 아닌 제 고향산천을 아름답게 꾸리고 거기에서 제 행복을 찾아야 한다.[53]

위의 〈영원히 남아 있는 마음〉(1977)에서 도시로 나간 아들 춘길은 어머니가 돌아가시고 꼴호즈에 홀로 남아 있는 아버지를 도시로 모셔 가기 위해 꼴호즈를 방문하며, 이때 아버지인 창세는 아들에게 위와 같은 얘기를 건넨다. 아들이 살고 있는 도시와 공간적으로 대비되며 전개되는 대화 속에서 창세는 자신에게 꼴호즈는 '고목'과도 같이 '이 땅에 깊이 뿌리'를 내리게 한 '고향산천'이라는 얘기를 하며 아들의 권유를 거부한다. 장소에 대한 애착은 "오랜 시간동안 축적되어 온 공동의 활동과 편안한 즐거움에 대한 기억과 함께 온다"[54]고 했을 때, 창세에게는 꼴호즈가 바로 그와 같은 공간으로 변모를 한 셈이다. 장소공포가 장소애로 바뀌며 비로소 고향 공간이 되었던 것이다. 결론적으로 고려인들에게 고향이란 "구성되고 이야기되는 것에 의해 드러나는 공간"[55]이었는지도 모르겠다.

문제는, 1991년에 소련연방이 해체되면서 에스엔게 지역에서 구성했던 고향 공간이 고려인들의 의식 저편으로 밀려난다는 데 있다.

천산 너머 내 고향은 / 아득히 멀어도
그리움이 가득차 / 마음 속 깊은 곳에 설레입니다.

구름 너머 / 저쪽의 아지랑인양
봄볕 타고 이글대는 / 고향 사투리

낯선 땅 떠도는 / 나그네를 달래주듯
정답게 손곤대며 / 살뜰한 향수로 달래줍니다

고향이사 천산 너머 / 멀리 있어도
마음 속 깊은 곳에 / 넘실 댑니다.[56]

- 박현, 〈천산 너머 내 고향은〉 전문

소연방이 해체된 이후 1996년에 발표된 위 시에서 화자가 있는 공간은 '천산'이 있는 카자흐스탄이라고 할 수 있다. 그러나 화자는 스스로를 '낯선 땅 떠도는' '나그네'라 칭한다. 그동안은 고향 공간으로 생각했던 곳이 '낯선 땅'이 되고 그 속에 살았던 화자 자신은 '나그네'가 되고 있는 것이다. 이것을 '억압된 기억의 복원'이라고 부를 수도 있을 것은 분명하나 그 것은 강제적 집단이주를 체험한 세대에 국한된 것일지도 모르겠다. 에스엔게 지역으로 집단이주된 이후 근 50여 년을 살아온 생활공간을 뒤로하고 원동만이 고향이 된다는 사고에는 "고국에 단단히 뿌리 박혀 있는 공통의 민족적, 국가적, 지리적 기원을 강조함으로써 디아스포라 주체를 문화적으로 통합된 집단으로 간주할 수 있는 위험을 내포한다"[57]고도 볼 수 있기 때문이다. 오히려 〈놀음의 법〉(1991)에서 조선말을 몰라 "난 자기 조선말을 아버지가 사는 곳에 남겨 두고 온것이다"[58] 라고 고백하거나 〈그 고장 이름은? …〉(1991)에서 임종의 순간 조선말을 하는 어머니의 말을 들으며 무슨 얘기를 하는지 한마디도 알아들을 수가 없었다[59]고 얘기하는 딸의 모습에서 집단이주 세대가 생각하는 '우리'에는 조선어를 상실한 조선인은 포함될 수 없는 단절을 내포하기도 한다. 중앙아시아에서 출생하여 조선어를 모르는 2세대의 입장에서는 "중요한것은 이민족, 손님이라는 없앨수 없는 감정은 인종그룹의 떼여낼수 없는 한 부분으로 된 사실이다. 이런 의미에서 볼 때 카사흐스딴이나 전반적 중아시아는 고려인들에게 있어서 유복한 고장이라고 할수 있다. 인종차별이 본토배기들에 비해 별로 보이지 않았기 때문이다"[60]라고 예기하는 것이 더욱 솔직한 감정일 것이다.

조선을 등지는 출향을 감행한 것이 진정 원했기에 그랬던 것이 아니라 그리움을 품은 채 떠날 수밖에 없었던 상황이 그렇게 만들었기에 이주 직전에 "세상에 이런 법이 어디 있소? 조선에 가서 묻히진 못해도 두만강가까이에나 묻힐까 했는데 그것도 뜻대로 안된다단 말이오"[61] 라고 토로한 것은 진심이었을 것이다. 본래 "이산은 '기억' 속에 있는 '고향'에 집착하면서 '고향'에 대한 '비동일화'를 견지하는 자세이며, 그것은 '뿌리없는 풀'과 같이 모든 장소를 상대화한다. 즉 어떤 장소에 대해서도 애착감과 거리감을 지니는 존재가 아닌 것이다. 이산자에게 '고향'은 고유명을 가지면서 추상화된 공간이고 거기에 근거를 두고 현재의 장소를 상대화"[62]한다. 그러나 그것은 어디까지나 원동을 마음의 고향으로 품고 있던 세대에 국한되는 얘기일 뿐, 소비에트화하여 조선어를 상실한 세대에는 적용할 수 없을지도 모르겠다.

Ⅳ. 우즈베키스탄의 고향 공간

'우즈베키스탄의 고향 공간'으로 따로 한 장을 마련하였으나 카자흐스탄을 배경으로 하고 있는 작품들에 비하면 공간적 형상화는 매우 빈약한 편이다. 앞서 살핀 자료에서 보자면 카자흐스탄으로 이주된 고려인이 95,256명이고 우즈베키스탄의 경우는 76,525명이었다. 인구 대비로 보자면 19,000명 정도로 그렇게 큰 차이가 나는 것은 아니나 우즈베키스탄을 배경으로 하고 있는 작품은 운문이나 산문 모두 현전하게 적다. 산문의 경우에는 단순하게 공간적 배경 정도만 언급되는 경우가 일반이다. 아무래도 고려인들이 글을 발표할 수 있는 공간이 당시에는 『레닌기치』에 한정되어 있었고 신문사가 카자흐스탄의 크술오르다로 이주해 온 것이 일정 부분 간극을 만든 원인이었을 것으로 사료된다.[63] 공간적 거리 때문에 우즈베키스탄에 거주했던 고려인들에게는 접근성이 떨어졌을 것으로 보인다.

우즈베키스탄공화국을 배경으로 고려인의 삶을 형상화한 글쓰기는 공간적 형상화면에서 카자흐스탄공화국을 배경으로 하고 있는 작품들과 별다른 차이를 보이지는 않는다. 우즈베키스탄 고려인의 공간적 세계관 또한 자연, 꼴호즈, 구역(촌)에 닿아 있는 것으로 나타나는데, 카자흐스탄공화국을 배경으로 한 작품들에서 씨르다리야강이 고마움의 대상이었다면 이번에는 아무다리야강이 그러한 대상이 되고 있다.

> 1) 일평생 먹은 마음 변치않고 / 길이 길이 흘러가는
>   아무다리야의 굳은 절개 / 만년 흐르는 긴 세월에 너는-
>   일궈놓은 역사도 굉장하다 / 인적 없던 초원에도
>   웅장한 건축이 일어서고 / 한없이 묵어있던 광야에도
>   거대한 농장이 솟는다 / 말랏던 땅우에
>   오곡이 무성하고 / 시들엇던 나무 뿌리에도

새 싹이 돋아난다 / 백초장 넓은 벌판에

눈부시는 꽃송이 괴엿고 / 끝없이 넓은 평야에

황금 곡과 나부낀다[64]

– 리용필, 〈아무다리야의 아침〉中에서

2) 처음 오니 서글프기 짝이 없어

　다리조차 아파서 어찔 줄 몰랐소

　밭을 갈아 논판에 씨를 뿌리고

　새집 짓고 과실나무 심어 놓으니

　밤도 놓이고 다리'병도 떨어졌소

　살기 좋은 이 곳이요, 정이 드는 이 곳이라

　생활이 무르익어 자랑하고 싶으오니

　손님으로 오시오 큰상 차려 드리 오리다.

(중략)

　당의 부름 따라 인민이 계획 잡고 나서니

　아무-다리야 물'줄기도 옮겨 놓으며

　만 년 묵은 이 평원도 번져 지누나!

　인민과 기술이 손 맞추어 일하니

　이 땅의 황금 곡식 산태같이 무너지고

　멀지 않은 공산 사회 환이 보이요.

　생활이 무르익어 자랑하고 싶으오니

　손님으로 오시오 큰상 차려 드리 오리다.[65]

– 안일, 〈손님으로 오시요〉中에서

1)의 〈아무다리야의 아침〉(1958)에서는 '한없이 묵어있던 광야에도 / 거대한 농장이 솟는다 / 말랏던 땅우에 / 오곡이 무성하고 / 시들엇던 나무

뿌리에도 / 새 싹이 돋아난다 / 백초장 넓은 벌판에 / 눈부시는 꽃송이 괴
엿고 / 끝없이 넓은 평야에 /황금 곡과 나부낀다'라고 노래한다. 농장이 생
겨나고 그 속에서 '눈부시는 꽃송이'와 같은 면화를 생산하며 '황금 곡과'
를 만들게 해 준 고마운 존재로 아무다리야강를 예찬하고 있다. 2)의 〈손님
으로 오시요〉(1962)에서는 '처음 오니 서글프기 짝이 없'었으나 그랬던 곳
이 '살기 좋은 이 곳'이 되고 '정이 드는 이 곳'이 되었다. '처음 오니 서글
프기 짝이 없어'라는 것은 집단이주를 유추할 수 있어녀이 '만 년 묵은 이
평원'은 1)의 '인적 없던 초원'이자 온갖 풀이 무성한 '백초장 넓은 벌판'과
같다. 그랬던 무명의 장소가 '생활이 무르익어 자랑하고 싶'은 공간으로 탈
바꿈하는 것이다. 이때의 '이 곳'은 집단농장을 의미할 터, 화자는 '손님으
로 오'면 '큰상 차려 드리'겠다고 꼴호즈에서의 행복을 노래하고 있다. 그
것이 '공산 사회'인 바 체제를 옹호하는 시편들이나 이 부분을 차치하고 보
면 장소공포가 해소되며 낯선 공간을 고향 공간으로 바꾸어 가는 장소애를
목도할 수가 있다. 그리고 그것은 꼴호즈라는 고려인 공동체가 있었기에
가능했다.

이렇게 고려인들에게 집단농장의 성공은 고려인만의 성취를 넘어 고려
인을 불신했던 소비에트 당국에 고려인의 존재를 표방할 수 있는 유효한
수단이기도 했다.[66] 비록 후방에서나마 농사를 통해 금전적으로 전쟁을 지
원할 수 있었다는 데에 고려인들은 큰 의미를 두었다. 맹동욱은 〈2중영웅
김병화의 동상앞에서〉(1977)라는 시에서 '허나 세상 떠난 그대 앞에서 /
말없는 그대 동상앞에서 / 안녕하십니까 / 이 말은 / 이 인사의 말을 드림
은 / "영웅은 언제나 죽지 않는다" / 그 말을 하도 믿고 싶어서 입니다'[67]
라고, 즉 죽었으나 살아 있는 것과 다름이 없음을 노래하는 것도 그러한
사고가 반영된 경우라고 할 수 있다. 이 작품은 우즈베키스탄에서 '북극성
꼴호즈'의 회장이었던 김병화를 기리는 시편인데, 그는 사회주의노동영웅
의 칭호를 두 번이나 받았기에 '2중영웅'이라 불렸다. 우즈베키스탄공화국

을 대표하는 고려인영웅으로서 그의 선택은 일반 고려인 대중에게 매우 큰 영향력을 발휘했다.

1) 김병화는 자리에 주저앉고 싶었다.
　　아버지와 함께 낯선 이국땅에 정착하기 위해 피땀을 흘렸던 제2의 고향은 1961년 그의 눈앞에 사라지고 없었다. 1937년 강제 이주를 당한 이후 마을에 사람들이 거주하지 않았다.
　　우즈베키스탄으로 돌아오는 길에 김병화는 결심하였다.
　　'나의 고향은 이제 우즈베키스탄이다. 그곳에 흉상을 세우리라!'[68]

2) 성준은 출장일을 다 보고 신한촌으로 떠났다. 시내에서 전차를 타고 꾸뻬롭쓰까야정류장에서 내려 신한촌을 향하여 언더ㄱ길을 걸어올라갔다.
　　언더ㄱ에 올라서니 신한촌의 전경이 한눈에 안겨왔다. 게딱지같은 집들이 조로ㅇ조ㅇ 들어앉았던 그 자리에 고층건물들이 우뚜ㄱ우뚜ㄱ 일떠섰고 바위들이 울투ㅇ불투ㅇ하던 거리들은 아쓰팔트로 반듯하게 포장되였다.
　　성준은 예스날에 서울 거리라고 부르던 거리끝까지 내려와 발걸음을 멈추었다. 예스날 이 왼쪽에는 약간 경사진 축구장이 펴ㄹ쳐졌는데 지금은 그 자리에 고층건물들이 꽈ㄱ'들어찼다.[69]

흐루쇼브가 집권한 이후 고려인의 이동이 자유로워졌지만 고려인들은 원동으로 돌아가지 않았다. 본래의 고향으로 회귀하지 않은 이유가 궁금하지 않을 수 없는데, 위 인용문에서 그 답을 유추해 볼 수도 있겠다. '제2의 고향'인 원동이 현재는 '사라지고 없었다'는 것이 그것이며, '고층건물'이 대신하고 있는 '신한촌'의 전경이 이를 방증한다. 결국 돌아갈 이유가 없어진 때문이나 더불어 그것만이 다는 아니었을 것이다. 40여 일을 기차를 타고 왔다는 충격이 주는 공간적 거리감을 극복해야 했을 것이며 그보다 중요했던 것은 이제는 모든 것이 에스엔게 지역에 있었다. 원동에서 일구었던 고려인의 모든 문화적 가치가 이젠 중앙아시아에 있었다. 학교와 신문사를 비롯해서 극단에 이르기까지 거의 전부라고 할 수 있는 고려인의 문화적 자산들이 에스엔게 지역으로 옮겨 왔다. 더 이상 원동으로 돌아갈 이유가 없었던 것이다.

중앙아시아 고려인들이 다시금 원동으로 회귀하는 결정을 내리고 실제로 이주를 감행하는 때는 소연방이 붕괴하면서부터인데, 그때는 "공식적 이데올로기의 위기 및 이것으로 야기된 정신적 진공상태는 결국 제 민족들로 하여금 민족정신의 가치 및 민족적 자의식을 최우선적으로 제기"[70]하게 함으로써 또 다른 민족 갈등이 시작되는 시점과 맞물려 있다.

V. 맺음말: 돌아오지 않을 권리

고려인의 삶과 문학을 고찰한 다수의 연구 성과들은 연구 방법론으로 고려인의 억압된 기억에 방점을 찍고 한국적 정서, 즉 한국적 민족주의에 기반하여 연구를 수행해 왔다. 그것은 일면 당연하며 의미 있는 결과를 도출할 수 있는 방법임에는 틀림이 없다. 그러다 보니 텍스트를 선정하는 것에서부터 열린 태도를 보이기보다는 닫힌 태도로 일관하는 경향이 없지 않았다(이러한 관점에 설 때 고려인이 쓴 상당수의 텍스트는 사회주의 이데올로기를 전면에 표방하기 때문에 일차적으로 고려조차 되지 못하고 사장되는 경우가 많았다). 스탈린을 비롯한 소비에트 체제하에서 이루어진 고려인의 삶은 공간적으로 제한적이었고 억압적이었으며 그 결과 사고 또한 자유로울 수 없었다. 그 때문에 소련이 해체된 이후 그동안 숨겨 왔던 진실을 토로하는 방향으로 문학적 형상화가 기울어질 것을 예상하는 일은 어려운 게 아니며 사실 그렇게 되는 것이 당연한 수순일 것이다. 그러나 그 속에서도 억압된 상태에서 행해진 글쓰기의 행간을 읽는 일을 간과해서는 안 된다. 모든 상황이 변한 이후 억압 속에서 해 왔던 것을 모조리 부인한다고 해서 통시적인 삶과 글쓰기의 흔적이 지워지는 것은 아니기 때문이다. 상황이 변한 이후 기술된 것은 그 자체로 의미가 있으며 그렇지 못했던 상황에서 이루어진 글쓰기는 또한 그 나름으로 의미가 있을 것이기 때문이다. 오히려 한국적 민족주의에 천착하는 경우 앞서 강조했던 대로 '디아스포라 주체를 문화적으로 통합된 집단으로 간주할 수 있는 위험을 내포'할 수도 있는 것이다.

결론적으로, 상황이 반전된 이후 수행했던 복원된 기억도 중요하지만 거기에 절대적 가치를 부여할 수만은 없다. 소연방이 붕괴하기까지 소비에트 체제에서 살아온 70여 년은 어떻게 설명할 것인가? 여기에 답할 수 있는 것은 이청준의 〈그곳을 다시 잊어야 했다〉(2007)에 있을지도 모르겠다. 이 작품에서 '그곳'은 '조국(조선 혹은 대한민국)'을 의미하며 소설 속에는 그 조국을 세 번 잊은 혹은 잊고자 하는, 즉 자신의 삶을 '거짓'이자 '버려진 삶'이라 표현하는 '유일승(유 세르게이)'이란 인물이 등장한다. '그곳'이란 낱말이 주는 공간적 거리만큼 그는 "한사코 내 모든 걸 잊고 소련 사람이 되려고 마음속이 피투성이가 되도록 싸운 게야. 오직 살아남기 위해서, 그 땅에서 살아남기 위해"[71] 언어까지도 잊어야 했다고 말한다. 또한 6·25전쟁을 두고서는 "그 전쟁을 용서하기 위해. 그 조국을 거꾸로 용서하기 위해서. 조국을 잃은 망국인에겐 지구 저편 한쪽에 그런 조국이나마 하나로 뭉쳐 남아 있는 게 나아 보였으니까. 가고 싶지는 않아도 용서해야 했"[72]기에, 즉 '망국인'으로서 하나였던 조국을 추억하기 위해서라도 분단된 현실을 인정할 수는 없었다는 것이다. 마지막으로는 "그 땅엘 가서 함께 대한민국을 외치진 못하지만 여기서나마 살아남아 끝내 종생을 해야 하는 여기 이곳에서의 내 버려진 삶을 위해서(이곳에 숨어서 그렇게나마 가는 명맥을 이어온 내 가엾은 삶을 위해서) 말이네. 그렇게 거짓 속에 허무히 낭비해온 내 하찮은 삶을 위해. 그러자니 그 조국도 다시 기억에서 지워 없애야 하"[73]겠기에 세 번째로 조국을 잊으려 한다는 것이다. 이처럼 조국을 다시 잊으려는 당위에는 자신의 삶을 위한 연민이 깃들어 있다. '하찮은 삶'이나 거기에도 가족이 있고 생활이 있고 터전이 있었던 셈이다.

다시 말해서, 우리는 디아스포라를 바라보는, 즉 우리 스스로를 속박하는 시선으로부터 자유로워질 필요가 있다. 떠났든 떠밀렸든 출향한 자에게는 그만이 살아냈던 시간이 있고 그 시간 속에서 '돌아오지 않을 권리'도 있을 것이기 때문이다. 결론적으로 민족을 초월하는 출향자만의 현실을 현실 그 자체로 인정하는 것도 디아스포라의 삶과 문학을 해석하는 의미 있는 시각일 것이다.

(임형모)

독일 다문화 사회의 터키인 이주와
커뮤니티의 형성

Ⅰ. 머리말

　세계화 시대 전 지구적으로 이루어지고 있는 자본과 노동의 이동과 유입은 지금까지 볼 수 없었던 다양한 문화적 요소들의 혼성성을 야기하며, 소위 민족과 국가라는 근대적 획일성의 개념에서 벗어나 "다문화주의(Multiculturalism)"라는 인식의 틀에서 사회통합을 이루려는 경향을 보이고 있다.[1] 그럼에도 불구하고, 최근 유럽 다문화사회를 조망할 때 두드러지는 특징은 국가 내에서 벌어지는 인종적·종교적 갈등과 문화충돌의 현상이다. 특히, 2004년에 있었던 스페인 마드리드에서의 열차 테러사건, 네덜란드 영화감독 테오 반 고흐 피살사건[2], 2005년 7월 영국 런던의 지하철 연쇄 폭탄테러사건, 동년 가을 프랑스 방리유(Banlieue)의 무슬림 소요사태, 2006년 2월 덴마크에서의 마호메트 풍자만평사건, 2006년 9월 교황 베네딕트 16세의 독일 방문 시 이슬람 폄하발언, 2011년 7월 반이슬람 성향의 브레이비크(Anders Behring Breivik)에 의해 발생한 노르웨이 테러사건 등, 21세기 초엽에 들어 발생한 이러한 일련의 사건들은 이슬람세계와 서구 문명 간의 대립구도를 더욱 격화시키고 있으며, 서구에 정착해서 살고 있는 무슬림 이민자들과 서구인들의 사회적 갈등이 얼마나 심각한 문제인가를 여실하게 보여주고 있다. 아울러, 9·11사건과 무슬림 테러조직의 위협은 유럽인들에게 유럽 내 무슬림 이민자들을 잠재적 테러범으로 보고, 무슬림에 대한 감시와 통제를 강화시키는 요소로도 작용하고 있다.

위와 같이 유럽 내 무슬림 이민자들과 유럽 주류 사회와의 갈등은 독일이라고 예외는 아니다. 특히, 독일 통일 이후에는 독일의 극우파 청년들이 터키인이 모여 사는 지역에 불을 지르고 주민을 살해하거나 폭행하는 일이 빈번히 일어났다. 외국인의 모국 송금에 의한 국부 유출도 심각한 상태에 이르렀고, 외국인 범죄율 증가, 외국인 혐오증 확산, 정치 불안, 특히 이슬람교를 믿고 있는 터키계 이민자들과의 문화충돌 등 독일 사회는 서로 이질적인 인종과 종교, 문화로 인하여 해결해야 할 많은 사회통합의 문제를 가지고 있다.[3] 이와 관련하여, 지난 2010년 10월 16일 독일 총리 앙겔라 메르켈은 포츠담에서 자신이 속한 기민당(CDU) 청년 당원들을 대상으로 한 연설에서 이후 독일 다문화 정책의 방향을 가늠해 볼 수 있는 중요한 언급을 한 바 있다.[4] 메르켈 총리는 다문화 사회를 이룩하려는 독일의 시도는 실패했다고 진단하고, 독일과 다른 문화적 배경을 가진 사람들이 독일 사회에 통합되지 않은 채 이웃해 살도록 허용하는 다문화 접근방식은 400만 무슬림이 살고 있는 독일에서 성공하지 못했다고 평가했다. 이는 독일 사회에 적응하려는 의지를 보이지 않는 이민자들에 대해 강경하게 대응하라는 독일 기민당 내부의 드센 요구에 직면해 자신에 대한 내부 비판의 목소리를 잠재우려는 시도로 해석되지만, 독일 총리의 그러한 언급은 향후 독일 사회에서 무슬림 이민자의 대다수를 차지하고 있는 터키인 공동체에 대한 정책적 전환이 필요하다는 의미로 받아들여지고 있다.[5] 최근 독일 내 이민자 문제를 둘러싼 논쟁은, 독일사회민주당(SPD) 소속인 전 독일연방은행 이사 틸로 사라친(Thilo Sarrazin)이 2010년 9월에 발간한 자신의 저서 *Deutschland schafft sich ab*(독일이 사라져 가고 있다)에서 무슬림 이민자들로 인해 독일 사회의 지적 수준이 저하되고 있다고 비난한 이후 새로운 양상을 띠기 시작했다. 사라친은 자신의 그러한 견해로 인해 비난을 받고 현직에서 해임되었지만, 그의 저서는 독일에서 120만 부가 팔린 베스트셀러가 될 정도로 커다란 인기를 끌었다. 이는 그의 주장에 동의하는 독일 국민들의 숫자가 적지 않다는 것을 의미한다. 또한 독일 기독교사회당(CSU) 당수 호르스트 제호퍼(Horst Seehofer)는 "터키, 아랍국 등 다른 문화권 출신의 이주자 대부분이 통합이 어렵다는 사실을 스스로 알고 있는 게 분명하다"며 "다문화는 사망했다"고까지 주장했다. 독일의 다문화 사회통합 정책은 아직 진행 중인 사안이기는 하지만, 이 논란과 관련해 분명해진 것은 독일이 그동안 추진해왔던 외국 이민자 출신들의 독일 사회에의 통합 정책이 성공하지 못했다는 것이다.[6] 그렇다면 터키계 이주민들은 독일사회의 영원한 이방인일 뿐인가?

2019년 현재 독일에 거주하는 외국인은 총 1,122만 8,000여 명으로 전체 인구의 13.5%인 것으로 나타났다. 그 중에서 터키인은 총 147만 명으로 전체 외국인의 13.1%를 차지한다. 국적과 상관없이 터키계 인구는 276만 명으로 집계된다. 1961년 10월 "초청노동자(Gastarbeiter)" 자격으로 독일로 이주하기 시작한 터키인들은 현재 독일 최대의 비유럽계 이주민이다.[7] 그럼에도 터키인들은 독일의 다른 외국인들과 달리 인종적·종교적·문화적으로 독일인과는 다른 뚜렷한 특징을 가지고 있으며, 독일 사회에 통합되는 데에 커다란 어려움을 겪고 있다.[8] 터키인의 독일 이민의 역사가 60년이 경과했음에도 불구하고 아직까지 독일사회에서 터키계 이주민 문제가 사회통합의 쟁점으로 많은 논란을 일으키는 이유는 무엇인가, 그리고 아직은 진행형이지만 독일 내에 거주하고 있는 외국인의 사회통합 문제, 특히 터키출신 이주민의 독일 사회로의 통합을 전망하는 것이 본 논문의 목적이다. 이를 위하여 터키인의 독일 이주의 역사를 살펴보고, 독일 내에서 터키인 공동체의 성격과 삶의 모습을 조망하는 가운데, 독일 정부의 다문화 사회통합 정책의 방향을 가늠해 보고자 한다.

II. 터키인의 독일 이주

제2차 세계대전 이후 독일(BRD)에서 공식적으로 외국인 노동자를 받아들이기 시작한 것은 1955년 12월 독일과 이탈리아 정부의 협약에서부터였다.[9] 독일에서는 1950년대 초반부터 농업부문에서 노동력 부족 현상이 나타났으며, 1953년부터 독일인 농부들은 외국인 노동자를 고용하기 시작하였다. 당시 '라인강의 기적'을 이룩했던 주역인 독일 경제부 장관 에르하르트(Ludwig Erhard)는 독일 경제의 지속적인 성장을 위해서는 외국인 노동자에 대한 문호개방이 불가피하다고 역설하였는데, 이는 노동시장의 최하층을 예비 인력집단의 성격을 가진 미숙련 외국인 노동자로 채우기 위한 것이었다. 이러한 정부의 입장에 독일 기업가들은 찬성 의사를 표시했지만, 독일 노조는 노동시장에서 독일 노동자에게 취업의 우선권이 보장되어야 한다는 점과 외국인 노동자들에게도 동일노동에 대한 동일임금을 지급해야 한다는 전제조건을 제시하였다. 이는 외국인 노동자들의 독일 노동시장으로의 유입으로 독일 노동자의 임금이 하락하는 현상을 방지하려는 의도에서 나온 것이었다.[10] 한편, 독일과 이탈리아 사이에 체결된 노동자 협약으로 독일에서 일하게 된 이탈리아인들은 주로 농업부문에서 일손이 필요한 계절에만 고용되는 임시고용자들이었고, 1959년까지만 해도 동독 지역에서 서독으로 지속적인 노동력의 유입이 있었기 때문에 그 숫자는 5만 명에도 미치지 못하였다.[11] 하지만 독일에서 '초청노동자(Gastarbeiter)'로 불렸던 이들 외국인 노동자들에게는 산업 현장의 예비 인력이면서 독일 노동시장에서 완충역할이 기대되었다. 그리고 독일로의 국제이주는 국가 간의 외국인노동자 고용을 위한 협정체결에 의해 이루어졌으며, 고용계약 만료 이후에는 본국으로의 귀환을 원칙으로 했다.[12]

그러면서 1960년을 전후한 시기에 독일 노동시장에는 중요한 전환점이 찾아오게 되었다. 그 첫 번째는, 이 시기에 처음으로 독일에서는 실업자 수

보다 일자리가 많아졌다는 점이다. 여기에는 1961년 '베를린 장벽'이 세워지면서 동독 노동자의 유입이 차단된 점이 크게 작용하였기 때문이며, 이제 부족한 일자리는 외국인 노동력으로 채울 수밖에 없게 된 것이다. 두 번째로, 이 시기는 출생률이 상당히 낮았던 제2차 대전 시기에 태어난 세대들이 노동시장에 진입하는 때와 일치하였기 때문에 신규 노동력이 부족했으며, 개선된 연금제도로 인하여 조기 퇴직자들이 크게 늘어난 점도 주효했다. 세 번째로는 주당 평균 근로시간이 줄어든 반면 — 44.4시간(1960)에서 41.4시간(1968)으로 — 신규 노동자 훈련 기간이 늘어남으로써 노동력 부족현상이 가속화되었기 때문이었다.[13] 그 결과, 독일 정부와 재계는 외국인 고용확대의 필요성을 절감하게 되었으며, 1960년 3월 독일 정부는 이탈리아와의 협약에 근거하여 스페인 및 그리스 정부와 노동력 수급 협약을 체결하게 된다. 아울러 1961년 10월에는 터키, 1964년 3월에는 포르투갈, 1968년에는 유고슬라비아와 각기 노동협약을 체결하였다.

독일 정부와 터키의 협약체결은 비유럽권 국가와의 협약이라는 점에서 특별한 경우에 해당된다. 사실상 터키 노동자들은 협약 이전부터 광산과 노동부문에서 고용되고 있었는데, 당시 터키 정부는 독일과의 공식적인 노동협약의 체결을 통하여 국내 남아도는 노동력을 독일에 수출하여 외화를 벌어들일 수 있다는 이유로 독일과의 협상에 임하였으며, 독일 정부 역시 지금까지의 경험으로 볼 때, 터키 노동자에 대한 독일 기업의 만족도가 높다는 점과 그들의 생산성이 이탈리아인들보다 뒤지지 않다는 점에서 긍정적인 평가를 하고 있었다. 1961년 체결된 독일과 터키 양국의 협약서에는 노동이주의 한시적인 성격을 강조하기 위하여 2년이라는 체류기한을 명문화 하였지만, 독일의 고용주들은 2년마다 새로운 노동자들을 받아들여 훈련시키는 것이 비효율적이라는 이유를 들어 체류기한 제한 조항을 삭제해 줄 것을 요청하였다. 그에 따라 1964년 개정된 터키와의 협약서에는 독일 정부의 터키인 노동자들에 대한 강제순환원칙이 적용되지 않았으며, 체류기한 및 가족 재결합을 제한하는 항목은 제외되었다.[14] 당시 독일 정부의 가장 큰 관심사는 경제를 지속적으로 성장시키면서도 물가를 안정시키는 일이었다. 외국인 고용은 그들이 소비를 극도로 자제하고 본국으로 소득을 송금하였기 때문에 자동적으로 인플레이션을 억제하는 효과가 있었으며, 독일 경영자의 입장에서도 미숙련 외국인 노동자의 확보가 보다 용이해지고 노동력 부족으로 인한 임금상승 압력을 피할 수 있다는 이점이 있었다. 뿐만 아니라 노조의 입장에서도 외국인 노동자의 고용은 근로시간 단축 협상에 있어서 보다 유리한 상황이 전개될 것이라고 전망하였다. 독일에서 터키인 노동자의 고용은 터키 경제에도 긍정적으로 작용하였다. 실업률은 대폭 낮아졌으며, 송금을 통한 국제수지의 향상 및 독일 산업현장에서의 경험을 통해 자국 노동자들의 기술 수준이 향상될 수 있기 때문이었다.

하지만, 터키인 노동자들은 1960년대 말에 이르면 아내와 아이들을 동반하여 독일에 들어오는 경우라든가, 고용 도중 본국으로 돌아가 결혼한 후 가족과 함께 독일로 들어오는 경우가 늘어나기 시작했다. 이는 터키 노동자들이 '초청노동자'가 아닌 '이민자'로 전환되었음을 보여주는 징후였음에도 이러한 추세의 변화가 의미하는 바를 감지한 이들은 거의 없었다. 독일 정부와 재계의 지도자들은 외국인 노동자 문제는 한시적이고 임시적인 현상이고, 결국 그들은 본국으로 돌아갈 사람들이며 독일의 경제발전에 있어서 과도기적 현상이라고 인식하였던 것이다. 따라서 독일에 들어오는 점점 더 많은 수의 외국인 고용이 초래하게 될 결과나 그에 대한 장기적인 대응방안은 정부 차원에서 마련되지 못했던 것이다.[15] 1966-67년에 있었던 독일의 경기 불황 기간 동안 약 40만 명에 이르는 외국인 노동자들이 독일을 떠났지만, 이는 독일 정부의 입장에서는 예비인력으로서의 외국인 노동자의 고용탄력성과 효용성을 입증하는 것이었다. 불황은 놀라울 정도로 빠르게 극복되었고 1968년부터 1973년까지 독일의 연 평균 경제성장을 8%대로 올라섰다. 그 결과 1968년 백만 명을 약간 웃돌았던 외국인 노동자의 숫자는 1973년에는 2백 5십만 명에 육박하게 되었다. 특히, 터키 노동자의 숫자는 급격하게 증가하여 1967년에는 13만 명이었던 것이 1973년에는 60만 명에 이르렀다.[16] 외국인 노동자의 수는 급격하게 증가했지만 그들이 일하는 분야는 여전히 3D 업종을 비롯한 미숙련 노동에 집중되어 있었다.[17]

1973년 초부터 외국인 노동자에 대한 독일 정부의 태도가 달라지기 시작했다. 1970년대에 접어들면서 외국인 노동자들의 지역적 유동성이 감소하고, 그들이 오히려 기업의 현대화에 걸림돌이 되어 사회 간접자본을 증가시키는 요인으로 작용하기 시작했기 때문이다. 이와 맞물려 발생한 전 세계적인 오일 쇼크와 그로 인한 경기침체는 1973년 12월 외국인 노동자 고용 중단으로 이어졌다. 모집 중지 이후 2년 사이에 독일 내 외국인 노동자 수는 50만 명 정도 줄어들었지만, 전체 외국인 수는 오히려 증가하였다. 증가 추세는 계속되어 1980년에는 1972년 보다 백만 명이나 증가하였다. 외국인 노동자의 모집중지(Anwerbestop) 이후 외국인 노동인구는 줄었지만, 거주 외국인 인구는 노동자 가족들의 합류로 급격히 늘어난 것이다.[18] 1973년 독일 거주 외국인은 4백만 명이었는데 그 중 60%인 2백 6십만 명이 노동인구에 속한 것에 반해, 2000년에는 7백 3십만의 외국인 중에서 27%인 2백만 명이 실제 노동인구였다. 이는 이미 독일사회가 1970년대를 정점으로 더 이상 노동수입국이 아닌 이민국으로 바뀌었다는 점을 시사한다.[19] 외국인 노동자들은 더 이상 한시적으로 체류하는 이들이 아니라 장기적으로 독일에 거주하는 이민자들이 된 것이다.

독일 정부와 기업, 그리고 일반 국민들에게 그와 같은 사태의 진전은 충격적일 수밖에 없었다. 노동력을 불렀는데 온 것은 사람이었기 때문이다. 그리고 독일 정부의 정책은 엄격한 이민제한과 국경봉쇄로 급선회하였다. 정부는 기존의 외국인 노동자에 대한 적극적인 귀국 장려정책을 추진하였던 것이다. 1982년 출범한 기민당과 자유당 연합정권은 독일이 이민국이 아님을 분명히 명문화하고 이전과는 다른 제한적인 외국인정책을 도입하였다. 1982년부터 1998년까지 기민당의 헬무트 콜 정권은 '보트는 꽉 찼다. 독일은 이민국이 아니다'라는 슬로건을 내세웠다. 1983년 〈외국인 귀환촉진법〉이 만들어지고, 독일 정부의 적극적인 귀환 독려에도 불구하고 이 법은 만족할 만한 성과를 거두지는 못하였다.[20] 1980년대부터 독일 대다수 국민들과 비유럽계 이민자들 사이의 인종적·종교적·문화적 갈등이 점차 악화되어 가고 독일사회의 이민자들에 대한 거부감이 확산되어 갔는데, 그 중심에는 언제나 터키인들이 있었다. 터키계 이주민들은 독일의 문화에 결코 동화될 수 없는 이질적인 존재의 전형으로 간주되었다.[21] 독일은 이미 1970년대 영국·프랑스와 마찬가지로 많은 외국인 이주민들이 거주하는 국가로 변모되었으며, 터키출신을 포함한 무슬림들이 가장 많이 거주하는 유럽 국가가 되었다. 독일정부는 독일사회에 정착한 외국인노동자들과 그 가족들을 통합의 대상이 아닌 귀환의 대상으로 간주했기 때문에 정부차원의 이주민통합정책은 부재했으며, 귀국을 목표로 한 차별적 배제정책을 진행하였다. 특히, 독일의 학교교육은 차별적 배제를 체계화한 대표적인 예라 할 수 있다. 1970년대 많은 외국인 이주민의 자녀들이 독일학교에 입학하자 교육당국은 그들이 독일에 체류하는 동안의 일시적 통합조처와 본국으로의 귀환을 독려하는 이중전략을 구사하였다.[22] 그러나 외국인 고용 중단조치 이후 외국인 노동자의 본국 귀환을 적극 추진했던 독일정부는 소기의 성과를 거두지 못했다. 뿐만 아니라 가족재결합과 자녀의 출산 등으로 1974년부터 1981년 사이 남성 이주민의 비율은 감소한 반면 여성이주자와 15세 이하 자녀의 수는 각각 12%, 52%로 증가했다.[23]

또한 독일은 1950년부터 1985년까지 동구권으로부터 약 130만 명에 달하는 독일혈통을 지닌 독일인(Aussiedler)을 받아들여 부족한 노동력을 대체하기도 하였으며, 다른 한편으로는 1989년 동구권의 붕괴와 제3세계로부터 정치적인 망명자가 유입되는 경우가 외국인 증가의 원인이 되었다.[24] 그러나 지금까지 독일에 정주한 많은 외국인 노동자와 그들의 2세들은 독일사회에 잘 적응하지 못하고 있으며, 정체성의 혼란을 겪고 있는 것으로 나타났다.[25] 독일사회는 외국인 노동자에 대한 문화적 다양성을 인정하기 보다는 그들의 문화적 습관이나 전통을 경시하는 경향이 강하였기 때문에, 이러한 사회문화적 환경 속에서 독일사회는 외국인과의 갈등이 계속되었고, 특히 이슬람을 믿고 있는 터키인들과의 문화충돌에서 발생하는 사회문화적 갈등이 심각한 것으로 조사되었다.[26] 특히 이민 2세들의 언어능력부족과 교육결핍은 사회통합에 가장 큰 장애요인으로 등장하였다. 정주 외국인 2, 3세들이 언어능력부족과 사회 문화적 갈등으로 독일사회에 적응이 어렵다면 이는 곧 바로 독일사회의 범죄와 실업문제로 연결될 것이기 때문이다.

1990년 독일 통일 이후 단일민족과 단일문화가 다시 독일민족 통합의 아젠다로 대두되면서 다문화주의는 뒷전으로 밀려나는 경향이 나타났다. 독일의 재통일은 독일인의 민족적 동질성을 회복하고 독일의 국력을 과시할 수 있는 계기로 작용할 것이라는 점이 사회의 저변에 파급되었다. 독일 다문화사회의 부정적인 요인들, 특히 터키계 이주민들의 높은 실업률과 터키인 밀집지역의 게토화, 독일어 구사능력의 저조함, 이슬람이라는 독일사회와는 이질적인 종교 등은 통일 이후 독일사회에서 터키인들에 대한 배제압력을 심화시키는 요인으로 작용하였다.[27] 특히, 독일 노동시장에서 외국인 고용의 안정성은 이제 옛말이 되었으며, 막대한 통일 비용과 직장에서의 대량 해고 사태에서 터키인들은 언제나 해고 1순위였다. 독일 내 터키인 2세들은 독일인들에 비해 학력도 낮았고 그로 인해 직업교육을 받을 기회도 적었기 때문에 노동시장에서의 경쟁력은 형편없었으며, 독일의 경제구조의 고도화로 인하여 터키인들이 주로 담당했던 미숙련 내지 반숙련 노동력에 대한 수요 또한 급감하였다. 그 결과 1990년대 터키인 이주민들의 실업률은 독일 전체 평균보다 두 배나 높아졌다. 그들 중에는 독일의 사회보장제도에 의존하는 숫자도 점차 증가했다. 이에 콜 정부는 터키로 영구 귀국하는 이들에게 보상을 제안하기도 했지만 터키로 완전히 돌아가려는 이들은 거의 없었다.[28]

독일 통일 이후 대규모 실업과 해고, 높은 세금은 정부에 대한 유권자들의 불만으로 나타났다. 이민자들과 난민들은 독일의 경제 악화와 사회불안의 표적이 되었으며, 일부 독일의 정치가들은 이민자들을 독일의 복지제도를 악용하고 있는 사회의 짐이라고 언급하였다. 아울러 과격한 보수주의자들과 네오나치(Neo-Nazi), 그리고 일부 젊은이들은 공공연하게 외국인 혐오증을 부추기고 있었다. 그 이면에는 새로운 인종주의가 자리 잡고 있었는데, 이는 기존의 의사과학적, 생물학적 인종주의가 아닌 '문화적 인종주의'로서, 이들 인종주의자들은 이질적인 문화로부터 국가와 민족의 정체성을 지키기 위하여 이방인들과의 차이를 지켜 갈 권리를 주장하였다.[29] 통일 이후 독일사회에서의 인종주의와 극우주의는 특히, 대량 실업과 상대적인 박탈감에 시달리고 있었던 구동독 지역의 젊은이들에게서 외국인 거주자들에 대한 혐오와 폭력사태로 나타나기 시작했다. 외국인 중에서 특히, 터키인들이 폭력의 주된 희생자들이었다.[30] 특히, 대외국인 테러의 대표적인 사례가 1993년 5월 졸링겐시에서 발생한 극우주의자들의 방화테러 사건이다. 이 사건은 1992년 11월 독일북부 쾰른시에서 빚어진 방화사건으로 3명의 터키인이 불에 타 숨진데 이어 발생한 것으로 사건 후 독일 내에서는 터키인의 항의시위 및 독일 극우주의자들에 대한 보복테러가 계속되었다.[31] 이러한 일련의 외국인에 대한 테러사건은 독일 국민들로 하여금 지난 나치정권의 과거를 상기시켰으며, 외국인에 대한 공격에 침묵을 지키던 사람들이 촛불시위 등을 통해 반대의사를 분명히 하게 되었다. 그럼으로써 독일 사회에서 외국 이민자들이나 난민들에 대한 태도도 배제에서 포용으로 돌아서기 시작했다. 터키계 이주민들 역시 자신들의 권리를 수호하고 사회적 소외를 해결하기 위한 집단적인 움직임을 보였다. 터키 이민자들은 불평등한 현실의 개선과 자신들의 이해관계를 대변하기 위해 여러 단체를 조직하였다. 베를린의 터키 이민자들은 폭력사태에 대한 독일 주류사회의 관심을 불러일으키기 위해 가두시위를 조직하였고, 터키 공동체는 독일 정부와의 대화 창구를 마련하기 위해 침묵하는 공공체가 아닌 정치적으로 깨어있는 공동체로 바뀌어 갔다.[32]

1998년 사민당과 녹색당 연합정권이 들어서면서 독일의 외국인 이주자 정책에는 변화가 시작되었다. 독일 정부는 마침내 독일이 이민국임을 인정하였고 이민자들에 대한 통합정책을 적극적으로 추진하겠다고 천명한 것이다. 독일 정부는 독일사회가 이미 다문화사회로 들어섰으며 이슬람은 외국인 이주민들만의 종교가 아닌 독일 사회와 문화의 일부임을 강조하면서, 다문화정책을 위한 제도 수정과 문화적 다양성을 인정해야 한다는 확고한 입장을 보였다. 시민-녹색 정권이 이룩한 가장 큰 성과는 국적법의 개정이었다. 개정된 법률에 따라 2000년 1월부터 독일에서 출생한 외국인 자녀들도 부모 중 한쪽이 8년 이상을 독일에 거주하거나 무기한 체류허가 및 영주권을 소유하고 있으면 자동적으로 독일 시민권이 부여되었다. 하지만 새로운 국적법은 외국인 자녀들이 만 24세 전에 두 국적 중 하나만 선택하도록 조건을 달았으며, 이 경우 부모의 국적을 선택하면 독일 국적은 상실하게 되는 것이다. 이로써 이전에 혈통을 기본으로 했던 독일 국적법은 출생지를 기본으로 하는 속지주의 원칙으로 바뀌게 되었다. 새로운 국적법에 의해 독일 국적을 취득한 터키인이 참정권을 부여받고 독일 시민으로서의 권리를 누릴 수 있다고 해서 사회적으로 만연한 사회적 차별과 편견이 사라질 것이라는 보장은 없었다. 하지만 독일 정부가 새로운 국적법에 의해 이민자들을 독일사회의 일원으로 받아들이고 속지주의를 채택한 것은 상당한 진전이었다. 그렇지만, 다른 한편으로 전 세계에 독일이 관용적이고 열린사회라는 인식을 심어 줄 과제를 떠안게 된 셈이다.

〈표 1〉 독일 국내 외국인 통계 (단위: 명)

국적	총수	남성	여성
총수	6,753,621	3,443,814	3,309,807
유럽	5,374,752	2,750,028	2,624,724
유럽연합 27개국	2,443,330	1,283,865	1,159,465
그리스	276,685	150,311	126,374
이탈리아	517,546	304,908	212,638
오스트리아	175,244	92,341	82,903
폴란드	419,435	203,463	215,972
유럽연합 후보국가들	1,928,607	1,001,166	927,441
크로아티아	220,199	106,984	113,215
터키	1,629,480	852,633	776,847
EWR-국가들/스위스	44,661	19,700	24,961
그 밖의 국가들	971,084	452,127	518,957
보스니아와 헤르체고비나	152,444	78,473	73,971
러시아 연방	191,270	73,113	118,157
아프리카	271,431	153,921	117,510
아메리카	215,213	98,699	116,514
아시아	824,351	402,118	422,233
오스트레일리아와 대양주	11,895	6,450	5,445
무국적, 불분명, 무응답	55,979	32,598	23,381

* 출처: Statistisches Bundesamt Deutschland(2010).

그러나 2001년 9월 미국 뉴욕에서 발생한 9.11 테러사태는 유럽 주류 사회의 무슬림에 대한 반감을 확산시켰고, 이민자 사회통합에 공감했던 여론을 급속히 냉각시키는 계기로 작용하였다. 독일인들 중에서 무슬림들은 잠재적 테러리스트라는 의식이 확산되었고, 이는 터키의 유럽연합 가입에도 부정적인 영향을 끼쳤다. 다른 한편, 9.11 사태는 독일 내 터키인 공동체를 정치적으로 각성시키는 기폭제가 되었다. 터키인 공동체는 더 이상 수동적으로 독일 정부의 정치적 결정을 받아들이는 존재가 아니라 독일 정부와의 대화를 통해 그들만의 독자적인 방식으로 독일 내 터키인 공동체의 위상과 독일사회로의 통합을 고민하게 된 것이다.

Ⅲ. 독일 사회에서 터키인 공동체

위에서 필자는 터키 노동자의 독일 이주와 터키공동체의 형성에 대하여 살펴보았다. 그렇다면 오늘날 독일 내에 거주하고 있는 터키 출신 이주자는 얼마나 되며 그들은 독일사회에서 어떠한 삶을 영위하고 있을까, 그리고 그들의 삶에 영향을 미치고 있는 2005년 〈이민법〉은 터키공동체에 어떠한 영향을 미치고 있을까? 독일연방 통계청은 2010년 독일에서 이민 가정 출신자는 1,570만 명으로 전체 독일 인구의 19.3%에 달했다고 밝혔다. 독일 내 이민 가정 중 터키 출신이 14.1%로 가장 많았고 폴란드(10.5%)와 러시아(9.2%)가 그 뒤를 이었다.[33] 터키 출신 이주자가 독일 외국인 사회의 주류를 형성하고 있는 것이다. 그렇다면 이들의 초기 독일 이주의 양상은 어떠했으며, 시간이 흐르면서 형성된 독일 내 터키공동체의 삶은 어떤 모습일까?

1960년대까지 터키인 노동자는 대부분 가족이 딸리지 않은 미혼 남성이었고, 1962년의 경우 그들 중 2/3 가량이 호스텔과 같은 임시 숙소에서 생활하였다. 여가 시간은 주로 같은 국적의 동료들과 보냈으며, 독일 여성과 결혼하는 외국인 노동자의 수는 극히 적었다. 그러나 1960년대 말에 이르면 가족(아내와 자녀)을 동반하고 독일로 들어오는 터키인의 수가 조금씩 늘기 시작했으며, 고용 도중 본국으로 돌아가 결혼하여 배우자와 함께 들어오는 경우도 증가했다. 1973년 오일쇼크 시기 독일 내 외국인 노동자는 2백 5십만 명에 육박하였는데, 특히, 터키 노동자의 수는 급격히 증가하여 1967년 13만 명이었던 것이 1973년에는 60만 명에 이르렀다. 이들은 호스텔에서 나와 저렴한 월세 아파트로 이주했고, 가족을 부양하는 사람들이 많아지면서 저축은 줄어들면서 소비는 증가하기 시작했다. 독일의 대도시에는 터키인들이 모여 사는 밀집지역이 생겨나기 시작했고, 터키 식당과 상점들, 그리고 종교 시설들이 들어섰다. 이렇게 독일에 정주하려는 터키인의 수가 증가하자 독일 사회에는 이민자들에 대한 거부감이 확산되었는데, 그 중심에는 항상 터키인이 있었다. 터키 출신 초정노동자 1세대는 낮은 학력과 문화수준, 시민의식의 결여, 독일어 구사능력의 부족 등으로 독일 문화나 정체성에 동화될 수 없는 이질적인 존재로 인식되었다. 독일인들에게 터키인들은 권위적이고 비민주적이며, 여성들을 억압하는 가부장적 전통에 집착하면서 변화를 거부하는 사람들로 비쳐졌다. 특히, 히잡(Kopftuch)을 쓴 터키 여성들의 모습은 서구식 생활방식을 고집스럽게 거부하는 터키인들의 태도를 상징적으로 보여주는 것으로 여겨지면서 독일인들에게 심각한 거부반응을 일으켰다. 그리고 도시의 특정 지역에 편중된 터키인의 거주공간은 그들의 생활반경을 자신들의 공동체 내로 축소시키는 결과를 초래하였다. 베를린을 비롯한 독일의 대도시 곳곳에는 터키 출신 이주자가 70%가 넘는 밀집지역도 나타났다. 독일어를 전혀 구사하지 않아도 생활에 불편함이 없는 '터키인 사회'가 형성된 것이다.[34] 이러한 터키인의 주거형태는 오히려 독일인들로 하여금 그들과 관계를 맺는 것을 꺼리게 하는 요인으로도 작용하였다. 터키 이주민 2세의 경우도 그와 같은 환경에서 성장해 독일어를 제대로 구사하지 못하는 경우가 많았고, 직업선택에 필요한 정규교육을 제대로 마치지 못하는 경우 독일 사회로의 통합에 많은 어려움을 겪기도 하였다. 부모 세대의 통합문제가 자녀들에게 대물림되는 현상이 나타난 것이다. 터키계 학생들의 학업성취도 또한 기타 독일 거주 외국인 학생들에 비해 낮은 편이다. 1994년의 조사에 따르면 외국인 가정의 자녀가운데 25%가 고등학교 졸업장이 없는 것으로 나타났다. 졸업장이 없으면 취업은 물론이고 직업교육을 받을 기회조차 주어지지 않기 때문에 당시 25세 이하 터키 젊은이들 가운데 65%가 직업훈련 기회를 얻지 못하는 처지에 있었다.[35] 빈곤계층 가운데 터키인들이 차지하는 비중 또한 높게 나타났다. 1984년 통계에 의하면, 독일 전체 가구 평균 수입의 50% 이하를 빈곤가구로 상정할 때, 터키인 가구의 30%가 빈곤가구로 분류되었다. 이는 독일인 가구의 13%, 비독일인 가구의 14%에 비해 2배 이상 높은 수치다. 1989년 독일인 빈곤가구는 11%로 감소한 반면, 터키인 빈곤가구는 38%로 증가했다. 빈곤은 일반적으로 열악한 주거환경으로 연결되는데, 독일 내에서 터키인의 거주 지역이나 주거 공간은 가장 열악한 상태에 속했다.[36] 베를린에는 외국 이주민들이 많이 산다. 베를린 총 인구수는 2007년 7월 기준 약 335만 명이다. 이중 '외국 국적'을 가진 사람이 약 466,300명이다. 전체 베를린 주민 중 13.9%에 이르는 수치다. 이 통계에는 이미 독일 국적을 가지고 있는 외국 이주민은 제외되었다. 베를린에 살고 있는 외국 이주민들 중 가장 많은 비중은 역시 '터키인'들이 차지하고 있다. 터키 국적 약 137,000명에, 독일 국적 터키인 약 2만 명을 합산하면 15만 명 이상의 터키인들이 베를린에 살고 있다. '뭐 그리 많은 숫자가 아니구나'라고 생각할 수 있지만, 이들이 많이 모여 사는 거리를 지나다 보면, 이곳이 독일인지 터키인지 혼란스러울 때가 있다. 베를린의 '크로이츠베르크 (Kreuzberg)' 같은 경우 주민의 70%가 터키계일 정도로 터키인 밀집지역을 형성하고 있다.

터키 출신이주민들은 독일사회에서 가장 큰 외국인 집단이지만 독일의 전통적 시민적 규범과 가치체계에 도전하는 이민자 집단의 전형으로 간주되면서 결코 독일사회에 동화될 수 없는 이방인으로 취급되었다. 아무리 독일어를 유창하게 구사하고 독일식 사고방식을 가지고 있다 하더라도 터키인은 터키인일 뿐이었다. 독일인 주류사회와 터키인 공동체 사이에는 눈에 보이지 않는 장벽이 놓여 있었고 그들은 독일이라는 하나의 공간에 살고 있지만 전혀 다른 사회 속에서 전혀 다른 문화를 가지고 다른 삶을 살아갔던 것이고 그것은 지금도 현재진행형이다. 더욱이 독일 정부의 외국인 정책도 규제위주로 추진되었고, 통합정책은 마지못한 고육지책으로 소극적인 수준에 머물러 있다.

〈표 2〉 연도별 독일 거주 터키 국적자 통계 (단위: 명)

연도	통계	연도	통계	연도	통계	연도	통계
1961	7,116	1974	910,500	1987	1,481,369	2000	1,998,536
1962	15,300	1975	1,077,100	1988	1,523,678	2001	1,998,534
1963	27,100	1976	1,079,300	1989	1,612,632	2004	1,764,318
1964	85,200	1977	1,118,000	1990	1,694,649	2006	1,738,831
1965	132,800	1978	1,165,100	1991	1,779,586	2007	1,713,551
1966	161,000	1979	1,268,300	1992	1,854,945	2008	1,688,370
1967	172,400	1980	1,462,400	1993	1,918,395	2009	1,658,083
1968	205,400	1981	1,546,300	1994	1,965,577	2010	1,629,480
1969	322,400	1982	1,580,700	1995	2,014,320		
1970	469,200	1983	1,552,300	1996	2,049,060		
1971	652,800	1984	1,425,800	1997	2,107,426		
1972	712,300	1984	1,400,400	1998	2,110,223		
1973	910,500	1986	1,425,721	1999	2,053,564		

* 출처: The Federal Bureau of Statistics, Wiesbaden(2010).

2005년 보수적인 기민당이 정국의 주도권을 장악하면서 사민-녹색 연정의 이민자 통합 정책에 새로운 변화가 일어났다.[37] 2004년 8월 독일은 외국인의 이민과 이주민들의 독일 문화에로의 융화를 규정하는 새로운 이민법(Zuwanderungsgesetz)을 공포하였으며, 동 법률은 2005년 1월 1일부터 시행된 것이다. 그 변화는 독일 정부의 외국인 정책이 배제에서 포용으로, 동화에서 통합으로의 전환으로 요약된다. 이제까지의 외국인 법, 망명절차법과 유럽연합국가 국민의 이주자유법 등을 포함하게 되는 새로운 이민법은 취업을 목적으로 하는 이민의 완화, 외국인 이민의 조절과 제한 그리고 현재 장기간 독일에 체류하고 있는 외국인의 독일사회로의 융합과 아울러 유럽연합국가 국민의 체류규정을 간소화하는 것을 그 핵심으로 하고 있다. 새로운 이민법에 따라 기존의 5가지 체류허가 종류들이 유기한의 체류허가(eine befristete Aufenthaltserlaubnis)와 무기한의 정착허가(eine unbefristete Niederlassungserlaubnis)로 단순화되면서 사실상의 이민을 통한 정착이 기정사실화 되었고, 여러 행정 기관들에 분리되었던 이민관련 업무를 통합적으로 관리하기 위한 이민청이 신설되었다. 또한, 이민법의 핵심으로 일컬어지는 이민자들의 독일 사회로의 동화정책은 연방정부 및 각 주정부가 그 경비를 부담하는 통합교육프로그램으로 이러한 언어 및 (문화)동화코스에 불참하거나 참여가 소극적일경우 10%의 사회보장비 감면과 체류허가의 연장 불가라는 극단적이라 할 수 있는 제재조치를 감행하고 있으며, 또한 이미 독일 내에 장기간 체류하고 있는 외국인들을 "특히 사회동화가 요구되는 대상"으로 구분하여 상기코스에 의무적으로 참가하도록 하고 있다. 자녀의 초청 또는 추후동반 가능연령은 기존 외국인법과 동일한 16세를 한계연령으로 그대로 유지하고 있으나, 구소련연방과 그 승계 국가, 그리고 독일에서 인정하는 독일계 유민으로 후기정착민(Spätaussiedler)의 가족들의 경우 '충분한 독일어능력'이 요구된다. 따라서 이민법이 규정한 통합정책은 문화적 다양성을 제도적으로 보장하기 보다는 독일어 교육과 독일의 가치, 문화의 전달에 여전히 큰 비중을 두고 있기 때문에 문화적 다원주의로의 완전한 전환이 이루어졌다고 할 수 없다.

그러한 상황에서 독일거주 무슬림의 경우 문화적 갈등과 대립의 양상은 종교적인 측면에서 두드러지게 나타나고 있다.[38] 특히 이슬람의 전통과 생활방식을 고수하고 있는 터키계 이민자들과의 문화충돌은 여러 가지 심각한 사회문제를 야기하고 있다. 그 단적인 예로, 현재 독일에서 무슬림 여성들은 그들의 종교적 전통에 의해 히잡(Hijab)을 쓰고 다니고 있는데 이는 프랑스와 같이 독일에서도 대표적인 문화충돌 현상이다. 무슬림 여성의 히잡 착용은 본인의 종교적 신념을 표시하는 것에서 그치지 않고 독일사회에 대한 사회적·정치적 상징성을 가지고 있다고 해석되기 때문이다. 그 하나의 사례로 1998년 바덴-뷔르템베르그(Baden-Würtemberg) 주정부가 아프가니스탄 출신 초등학교 교사 루딘(Fereshta Ludin)이 히잡을 쓰고 학교에서 수업하는 이유로 교사 자격을 박탈한 사건을 들 수 있다.[39] 히잡은 이슬람의 종교적 상징물로서 학생들의 종교의 자유를 침해할 수 있다는 것이다. 학교 측이 무슬림 여교사를 파면한 이유는 히잡 착용이 독일 공무원의 신분으로 국가의 종교적 중립성을 위반했다는 점이었다. 이후 루딘은 법원에 소송을 냈으며, 독일연방행정법원은 개인의 종교적 자유보다 국가의 종교적 중립성이 우선하기 때문에 학교 측의 해고는 정당하다고 판결하였다.[40] 독일 헌법재판소의 판결 이후 독일의 10개의 주정부는 히잡법을 제정해 공립학교에서 교사가 히잡을 쓰고 수업하는 것을 금지하고 있다.[41]

그러나 독일의 터키계 이민자의 사회통합 문제는 종교적인 이유에서만 문제가 되는 것은 아니다. 독일 바덴-뷔르템베르그(Baden-Würtemberg) 주정부는 2006년 1월부터 소위 '무슬림 테스트(Muslim Test)'라는 국적취득을 위한 심사설문지를 통한 심성테스트를 받도록 의무화했는데, 설문 내용은 서구 민주주의의 기본 이념에 대한 반응을 알아보기 위한 것이 대부분이다. 그러나 그 테스트가 문제시되는 것은 심사 대상이 이슬람 국가 출신의 외국인으로 제한되어 있다는 점과 테스트의 내용이 이슬람의 문화와 종교를 비하하는 인상을 준다는 데 있다. '무슬림테스트'에 내포되어 있는 반인권적 요소와 독일 기본법(Grundgesetz)의 정신에도 어긋나는 차별적인 성격에도 불구하고 바덴-부르텐베르크 주정부는 이 테스트가 독일 국적신청자들이 민주주의의 기본 원칙을 준수하고 독일사회에 통합되는데 필요한 조처라는 입장이다. 2006년 3월에는 헤센(Hessen) 주정부가 이 제도를 도입하였고, 이는 보수당 정권이 집권하고 있는 주로 확산될 것으로 예상된다. 위와 같은 사건과 논쟁들은 독일이라는 국가 내에서 독일과 이슬람이라는 두 문화권 사이의 사회적 갈등과 대립을 보여주는 단적인 사례들이다. 그러나 보다 중요한 문제는 독일 내 무슬림계 이민자와 그 2,3세들이 독일사회에 동화되지 못하고 있을 뿐만 아니라 심지어 동화를 거부하고 있다는 사실이다. 무슬림 이민 2,3세의 문화적 정체성의 혼돈과 사회부적응은 독일의 사회통합정책이 어떠한 방향으로 가야 하는가를 단적으로 보여주고 있다.

IV. 맺음말

주지하다시피 다문화주의가 지향하는 '다원적 통합'은 문화적 차이와 종교적·인종적 이질성을 인정하면서도 근대성의 원칙인 보편적 인권, 개인의 자유에 기인한 민주주의와 공동체에 대한 기본적 가치를 추구하는 것이다. 그러나 독일 정부가 추진하고 있는 외국인 이민자에 대한 사회통합정책은 '다원적 통합'이라기보다는 국적법과 이민법을 통해 외국인 이민자들의 독일 주류사회로의 편입을 목적으로 하고 있다. 그럼에도 이러한 독일의 외국인 이민자 통합정책은 인종적·종교적으로 이질적인 무슬림 이민자자들을 점차 배제시키기 위한 선택적 동화주의로 보인다.[42]

독일 사회의 다문화 사회로의 도전은 여전히 계속되고 있고, 아직도 해결해야 할 문제들이 산적해 있다. 그럼에도 독일은 이민자의 문화적 차이를 인정하기 보다는 2005년 발효된 〈이민법〉에서와 같이 이민자들이 주류 독일문화와 가치규범에 적응하는 것을 통합으로 보고 이를 관철하려 하고 있다. 이민자 사회통합의 모델로 소위 '독일문화 주도론(deutsche Leitkultur)'에 대한 사회적 동의가 주류 독일인들에게서 힘을 얻어 가는 것도 이와 무관하지 않다. 본 논문의 서두에서 앙겔라 메르켈 독일 총리의 '독일 다문화정책 실패' 선언을 인용한 바와 같이, 이제 독일 주류사회는 다문화주의를 접고 선택적 동화주의로 선회하는 것일까?

지금까지 독일 다문화사회에서의 터키인 공동체의 형성과 그들의 삶의 양상을 독일의 사회통합 정책적 시각에서 살펴보았다. 위에서 살펴 본 바와 같이, 독일 정부의 이주민 통합정책이 동화를 염두에 둔 통합정책으로 수렴되는 경향을 보이고 있는 주요한 원인중의 하나는 터키계 등 무슬림 이주민공동체의 조직화와도 깊은 관련이 있으며, 그들의 다양한 권리와 요구들은 서유럽 국가들내에서도 계속 증가하고 있다.[43] 무엇보다도 터키 이민자 2, 3세들의 문제는 사회통합의 차원에서 가장 민감한 사안이다. 그들이 독일 사회의 성숙한 구성원으로서 자신의 역할과 책임을 인식하고, 자신이 독일 속의 터키인 공동체에 속하면서도 독일의 전통적 가치와 문화를 존중하고 이를 자기 것으로 체득하여 여하히 스스로의 정체성을 확립하느냐는 매우 중요한 문제다. 바야흐로 얼마나 독일 내 터키 이민자들이 독일의 가치와 문화를 받아들이고, 얼마나 독일 사회의 주류 독일인들이 자신의 이웃인 무슬림 이민자들을 위해 스스로 변해야 하는가에 따라 독일사회에서 터키인 공동체의 성격이 규정될 것이다.

(박재영)

아프리카의 정치적 위기와 강제이주민

Ⅰ. 머리말

2018년 500명 이상의 예멘 인들이 자국의 내전을 피해 제주도에 입국하여 난민 신청을 하였다. 이 사태는 한국 사회의 주요 관심사로 등장하였다. 난민 수용에 관해 부정적 여론이 형성되기도 했지만 난민 문제에 대한 이해 제고에 기여하였다. 뿐만 아니라 예멘 난민 사태는 한국인들에게 멀고 생소한 지역의 정치 위기가 더 이상 남의 일이 아니라는 인식을 심어주는데 일조하였다.

본 연구는 아프리카의 정치적 위기와 강제이주민이라는 주제를 다루고자 한다. 아프리카 일부 국가들은 예멘처럼 심각한 내전을 겪고 있다. 뿐만 아니라 정치적, 종교적 억압, 심각한 인권유린으로 피해를 입은 이들이 아프리카 지역에 다수 존재한다. 전쟁, 박해, 억압, 인권유린으로 고향을 떠난 아프리카인들은 주로 인접국이나 유럽, 중동 국가들로 이주하는 경향이 있다. 하지만 선진국에 진입했고 정치, 경제적으로 안정된 한국도 이들이 희망하는 정착지 중 하나가 되고 있다. 이는 아프리카 강제이주민 현황과 정치적 위기에 대한 이해를 제고시키는 것이 필요함을 시사한다.

II. 강제이주민 개념 정의

1951년에 제정된 '유엔 난민의 지위에 관한 협약'에 따르면 난민 (refugee)은 "인종, 종교, 국적 또는 특정 사회 집단의 구성원 신분 또는 정치적 의견을 이유로 박해를 받을 수 있다는 충분한 근거가 있는 공포로 인하여 국적국으로 돌아갈 수 없거나 돌아갈 의지가 없는 국적국 밖에 있는 자"를 지칭한다.[1] 이 협약은 난민의 요건으로 1) 본국을 떠나 다른 국가로 이주함, 2) 전쟁, 박해, 심각한 인권유린 등으로 본국에서 생명의 위협을 받으면서 본국으로 돌아갈 수 없음을 강조한다. 이는 빈곤 탈출, 이직과 같은 경제적 이유로 이주한 자는 난민으로 간주하지 않음을 뜻한다.

반면 전쟁, 박해, 심각한 인권유린 등으로 인한 위협에 직면하여 고향을 떠났지만 다른 국가가 아닌 본국 내 좀 더 안전한 다른 지역으로 이주하는 경우가 있다. 난민과 구분하여 이런 사람들은 국내실향민(IDP: Internally Displaced Persons)으로 불린다. 2009년 아프리카연합이 제정한 캄팔라 협약(Kampala Convention)은 국내실향민을 다음과 같이 정의한다. 국내실향민은 무력분쟁, 일반화된 폭력상황, 인권유린 혹은 자연 혹은 인간이 만든 재해의 영향을 피하기 위해 혹은 그 결과로 집 혹은 거주지를 강제로 떠나 국경을 넘지 않고 다른 지역으로 이주한 사람을 뜻한다.[2]

난민과 국내실향민의 정의는 다른 국가로의 이주 여부를 제외하고 상당히 유사하다. 따라서 본 연구에서는 난민과 국내실향민을 묶어 강제 이주민(forced migrant)이라는 표현을 사용하고자 한다.

III. 아프리카 강제이주민 현황

유엔난민고등판무관실(UNHCR)은 2020년 말 전 세계 강제이주민 수가

8,240만 명에 이른다고 기록하였다.[3] 이 중 약 39%인 3,200만 명이 사하라 이남 아프리카 출신이다. 이 지역 강제 이주민 중 2,400만 명이 국내실향민(IDP)이며 800만 명이 난민(refugee)이다. 즉 사하라 이남 아프리카에서 국내실향민 수는 난민 수의 3배에 달한다.

사하라 이남 아프리카 출신 난민 중 약 85%는 자국을 떠나 인접국으로 이주, 정착하였다. 즉 유럽, 중동, 북미 등 역외 지역에 정착한 난민은 약 15%에 불과하다. 많은 사람들은 이를 다소 의외라고 생각하는 경향이 있다. 이는 언론매체들이 서구 세계의 관점에서 난민 문제를 보도한다는 점에 기인한다. 이들은 지중해를 건너 유럽으로의 이주를 시도하는 아프리카인들을 집중 조명하면서 유럽의 난민위기를 강조한다. 반면 아프리카 역내에서 이동하는 난민들의 상황은 상대적으로 주목을 덜 받고 있는 실정이다.

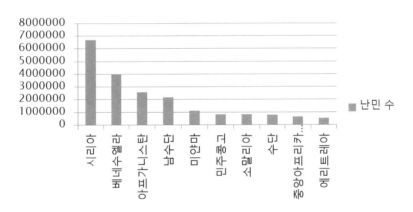

〈그림 1〉 난민 배출 수 상위 10개 국가 (2020년 말 기준)
출처: UNHCR Global Trends: Forced Displacement in 2020

〈그림 1〉은 전 세계 난민 배출 상위 10개 국가를 나타낸다. 남수단, 콩고민주공화국, 소말리아, 수단, 중앙아프리카공화국, 에리트레아 등 아프리카 지역 6개 국가가 대규모 난민 배출 국가로 꼽힌다. 2020년 말 기준으

로 2,189,000명의 난민을 배출한 남수단이 역내 최대 난민 배출 국가이다. 콩고민주공화국(840,000명), 소말리아(815,000명), 수단(788,000명), 중앙아프리카공화국(642,000명), 에리트레아(522,000명)가 남수단의 뒤를 잇는다. 남수단, 콩고민주공화국, 소말리아, 중앙아프리카공화국, 수단은 내전을 겪고 있다는 공통점을 지닌다. 즉 격렬한 내전으로 인한 생명의 위협 증가는 많은 국민들을 난민으로 전락시켰다. 반면 '아프리카의 북한'이라 불릴 정도로 억압적인 정치체제를 유지하고 있는 에리트레아의 국민들은 자국 정부의 정치적 탄압을 피해 다른 국가로 이주하였다.

아프리카 지역 난민 현황에서 주목할 점은 난민 배출국과 수용국의 중첩이다. 즉 한 국가가 난민을 배출함과 동시에 다른 국가로부터 오는 난민을 수용하기도 한다.

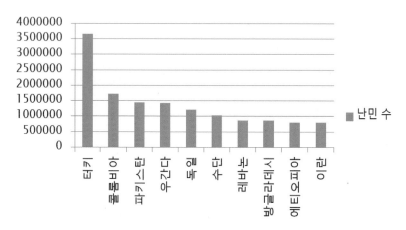

〈그림 2〉 난민 수용 상위 10개국 (2020년 말 기준)
출처: UNHCR Global Trends: Forced Displacement in 2020

〈그림 2〉에서 나타나듯이 전 세계 난민 수용 상위 10개국에 우간다, 수단, 에티오피아가 포함되어 있다. 수단은 역내 난민 최대 배출국 10위 안

에도 들어있다. 동시에 남수단, 에리트레아, 에티오피아 등에서 오는 난민을 수용하고 있다. 특히 최근 티그레이 내전을 피해 7만 명 이상의 에티오피아인들이 수단에 정착하였다. 우간다, 에티오피아의 경우 내전, 정치적 억압으로 많은 난민을 배출함과 동시에 정세가 불안한 남수단, 소말리아 등 인접국 출신 난민을 많이 수용하였다. 이외에도 콩고민주공화국, 중앙아프리카공화국 등도 난민 배출국이면서 동시에 수용국이다.

정치적, 경제적으로 불안정한 아프리카 국가들의 인접국 난민 수용은 정체성 공유라는 측면에서 설명될 수 있다. 아프리카 국가들은 식민지배의 산물이다. 식민지배자들이 경계선을 종족, 지역 특성을 고려하지 않고 긋는 바람에 한 종족이 여러 국가들에 거주하게 되었다. 따라서 한 국가에서의 정치 위기로 조국을 떠난 국민들은 자신과 같은 종족 혹은 민족이 있는 인접국을 피난처로 고려하는 경향이 있다. 뿐만 아니라 종교 정체성 혹은 아프리카 대륙 정체성 공유도 일부 아프리카 국가들이 경제적 어려움에도 불구하고 난민을 수용하는 현상의 원인으로 지목된다. 한 예로 수단은 같은 무슬림 형제라는 인식 하에 시리아, 예멘 등으로부터의 난민을 수용하고 있다. 우간다, 에티오피아, 르완다 등도 대륙 정체성 공유를 바탕으로 다른 아프리카 국가 출신 난민을 수용하고 있다.

아프리카 지역 강제이주민의 75%가 국내실향민이다. 전 세계 국내실향민 수 상위 10개국 중 아프리카 국가가 6개로 절반 이상을 차지한다. 콩고민주공화국의 국내실향민 수는 5,200,000명에 달한다. 소말리아(3,000,000명), 에티오피아(2,700,000명), 나이지리아(2,600,000명), 수단(2,600,000명), 남수단(1,600,000명)이 그 뒤를 잇는다. 콩고민주공화국, 소말리아, 수단, 남수단은 난민 수에 있어서도 전 세계 상위 10위에 들어간다. 이들 국가에서의 격렬한 내전, 테러 공격은 많은 국민들을 인접국뿐만 아니라 상대적으로 안전한 국내 다른 지역으로 피신하도록 유도하였다. 에티오피아에서는 독재 정권의 인권 유린, 내전, 종족 간 폭력사태 등이 국내실향민을 양산하였다. 나이지리아는 전국적인 내전을 겪고 있지 않지만, 지역 별 폭력 사태로 몸살을 앓고 있다. 북동부 지역의 폭력적 극단주의 단체 보코 하람 (Boko Haram) 및 이슬람국가서아프리카지부(ISWAP)에 의한 테러 공격, 중부 지역 유목 종족과 농경 종족 간 폭력사태, 남부 지역 석유 생산을 둘러싼 폭력사태 등으로 삶의 위협에 직면한 많은 국민들이 고향을 떠나 타(他)지역으로 이주하였다.

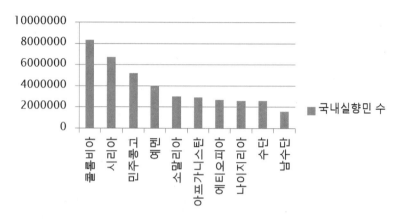

〈그림 3〉 전 세계 국내실향민 수 상위 10개국(2020년 말 기준)
출처: UNHCR Global Trends: Forced Displacement in 2020

IV. 아프리카 정치적 위기

아프리카 지역에서 강제이주민 양산을 초래하는 정치적 위기로는 내전, 폭력적 극단주의 무장활동, 정치적 억압, 종족 학살(genocide)을 들 수 있다. 이러한 위기는 생명의 위협을 증폭시켜 국내 다른 지역 혹은 국외로의 이주를 촉진한다.

1. 내전

내전(civil war)은 한 국가 내 정부와 반정부 조직 간 무력분쟁을 지칭한다. 탈식민 이후 아프리카 여러 국가들이 내전으로 몸살을 앓았다. 나이지리아, 에티오피아, 수단, 차드, 앙골라, 모잠비크, 르완다, 시에라리온, 알제리 등이 내전으로 상당한 인명 및 재산피해를 입었다. 1990년대에는 아프리카 국가들중 30% 이상이 내전에 시달렸다. 민주화, 거버넌스 개선, 경제 성장 등으로 인해 2000년대 중반 들어 내전을 겪고 있는 국가 수가 감소하였다. 현재 내전 상태인 국가는 중앙아프리카공화국, 남수단, 소말리아, 콩고민주공화국, 에티오피아 등 소수에 불과하다.

내전의 빈도는 감소했지만 내전으로 인한 피해는 줄지 않고 있다. 국가 간 전쟁과는 달리 내전은 전쟁 당사자 간 전선이 뚜렷하지 않다. 이와 더불어 상당수 내전이 게릴라(guerrilla) 전의 형태로 진행된다. 이로 인해 반군 조직원과 민간인을 구분하기 힘들어지면서 정부군은 무차별 폭력을 통해 반군 무력화를 시도하기도 한다. 즉 내전 중에 민간인을 대상으로 한 폭력 및 인권유린 사태가 종종 발생한다.

난민 혹은 국내실향민이 대규모로 발생한 국가들은 내전을 겪고 있거나 내전의 후유증을 앓고 있다. 수단, 남수단, 콩고민주공화국, 소말리아, 중앙아프리카공화국, 에티오피아에서는 정부와 반정부 세력 무력충돌이 격렬히 전개되었다. 수단은 1983년부터 2005년까지 정부와 남부지역 분리주의 세력 간 치열한 전쟁을 겪었다. 설상가상으로 2000년대에는 아랍 계통 정부의 차별, 소외 정책에 불만을 품은 다르푸르 지역민들이 정부를 상대로 무장투쟁을 전개하였다. 두 내전은 각각 100만 명, 30만 명 이상의 희생자를 배출하였다. 남수단에서는 독립한 지 2년 뒤 대통령이 속한 딩카(Dinka) 족과 부통령이 속한 누에르(Nuer) 족 간 권력투쟁이 내전으로 비화하였다. 콩고민주공화국에서는 1998년부터 2003년까지 '아프리카의 1

차 세계대전'이라고 불리는 대규모 내전이 발생하였다. 2003년 이후 르완
다, 우간다와 인접한 동부 지역에서 100여개가 넘는 무장조직들이 활동하
면서 폭력사태가 지속되고 있다. 소말리아에서는 2000년대 들어 지역 군
벌, 씨족 간 무력분쟁이 정부와 이슬람 극단주의를 추구하는 알-샤바브 간
내전으로 전환하였다. 정부는 수도 모가디슈, 키스마요 등 몇몇 주요 도시
를 통제하고 있으며, 나머지 지역은 알-샤바브의 영향력 하에 놓여있다.
중앙아프리카공화국에서는 2013년 무슬림이 주축을 이룬 셀레카(Seleka)
세력이 프랑스와 보지제(François Bozizé) 대통령을 축출한 이후 정부와
셀레카에 반대하는 안티 발라카(anti-Balaka), 지역 군벌 등 간 내전이 지
속되고 있다. 종족 연방제를 구축한 에티오피아에서는 여러 종족 간 무력
분쟁으로 많은 인명피해가 발생하였다. 최근 과거 지배세력인 티그레이 족
의 티그레이인민해방전선(TPLF: Tigray People's Liberation Front)과 연
방 정부 및 암하라 지역 동맹 세력 간 내전이 전개되고 있다.

식민지배의 유산, 정치·경제적 소외 및 차별, 외부세력의 개입 등은 아
프리카 내전의 주요 원인으로 꼽힌다. 아프리카 내전은 서구 식민지배의
유산이다. 19세기 서구 식민지배자들은 아프리카 대륙을 식민화하면서 식
민지 경계선을 종족, 지역 특성을 고려하지 않고 그었다. 따라서 한 종족이
여러 식민지에 거주함과 동시에 서로 다른 종족들이 한 식민지 안에 살게
되었다. 더구나 서구 식민지배자들은 식민지의 독립을 막기 위해 종족 간
분열정책을 펼쳤다. 이는 종족 간 적대감을 악화시켰고 탈식민 이후 일부
국가에서 이러한 반목이 폭력으로 표출하였다. 한 예로 많은 난민을 배출
한 수단 정부와 남수단 분리주의자 간 전쟁은 영국 식민지배의 유산이다.
영국이 언어, 종교 등이 상이한 아랍계통 무슬림과 비아랍계통 기독교, 토
착종교를 믿는 종족들을 하나의 식민지 안에 두고 독립시킨 것이 남수단
분리주의 전쟁의 씨앗을 뿌렸다.

특정 종족 혹은 공동체의 권력 독점은 권력에서 배제되고 차별받는 집

단의 반감을 초래한다. 차별받고 소외된 종족, 종교 집단이 평화적인 방법으로 자신들의 요구를 관철시킬 수 없다고 판단할 때 정부를 상대로 폭력을 조직하게 된다. 정부가 이를 폭력으로 대응할 때 내전이 발생한다. 수단에서 아랍계통 무슬림의 권력 독점과 이에 따른 남부지역 종족들 및 다르푸르 인들의 불만은 내전을 불러 일으켰다. 에티오피아 내전은 새로 권력을 잡은 오로모 족, 암하라 족 등이 과거 권력을 독점한 티그레이 족을 소외시키는 과정에서 발생하였다. 콩고민주공화국과 같은 자원이 풍부한 국가에서의 내전은 자원의 저주(resource curse)에서 비롯되었다는 인식이 존재한다. 하지만 자원을 둘러싼 내전은 자원의 존재 자체가 아닌 자원의 배분 혹은 운영을 둘러싼 불공정 및 불만에 기인한다. 외부 세력의 개입 또한 내전을 악화시켜 대규모 강제이주민 사태를 야기하였다. 1998년부터 벌어진 2003년까지 지속된 콩고민주공화국 내전 당시 우간다, 르완다, 앙골라, 짐바브웨 등 10개국이 반군 혹은 정부군 편에 서서 개입하였다. 이는 내전을 악화시켜 많은 국민들을 난민 혹은 국내 실향민으로 전락시켰다.

2. 폭력적 극단주의 무장활동

최근 아프리카의 모리타니에서 소말리아를 잇는 사헬(Sahel) 지역에서의 폭력적 극단주의 발호가 강제이주민 배출에 일조하였다. 말리, 부르키나파소, 니제르, 나이지리아 북동부 일대, 차드 등에서 이슬람 극단주의 무장 조직들의 활동은 정세 불안정을 야기하였다. 나이지리아에서는 보코 하람(Boko Haram)과 보코 하람에서 분리된 이슬람국가서아프리카지부(ISWAP)에 의한 테러 공격이 빈발하고 있다. 이들의 테러공격으로 인한 정세불안으로 240만 명이 난민 혹은 국내실향민이 되었다.[4]

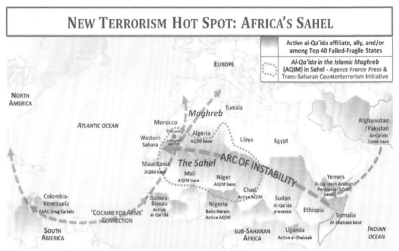

〈그림 4〉 사헬 지역 지도

말리에서는 2012년부터 안사르 디네(Ansar Dine), 알카에다 마그레브 지부(AQIM:Al-Qaeda in Islamic Maghreb), JNIM(Jama'at Nasr al-Islam wal Muslimin)과 같은 폭력적 극단주의 단체들과 정부 및 프랑스 군 간 충돌이 격화되면서 많은 국민들이 집을 떠나 안전한 지역 혹은 국가로 이주하였다. 말리의 정세불안은 인접국인 부르키나파소, 니제르로 확산되었다. 특히 2015년대 중반까지 테러 공격에 노출되지 않고 종교 간 화합을 이루던 부르키나파소에서 JNIM, ISGS(Islamic State in Greater Sahara)와 같은 이슬람 극단주의 무장단체들의 공격은 대량 이주민 사태를 촉발하였다. 유엔난민고등판무관실은 2022년 2월 기준으로 말리, 니제르, 부르키나파소, 차드 등 사헬 지역 국가 출신 강제이주민의 규모가 300만~400만 명에 이른다고 주장한다.[5]

사헬 지역 폭력적 극단주의 발호는 알제리, 리비아와의 지리적 인접성, 사헬 지역 국가의 취약한 역량, 소외된 지역민의 불만 팽배에 기인한다.

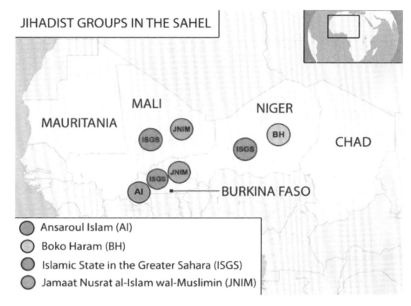

JIHADIST GROUPS IN THE SAHEL

MAURITANIA

MALI

JNIM

ISGS

NIGER

BH

ISGS

CHAD

AI

ISGS

JNIM

BURKINA FASO

⬤ Ansaroul Islam (AI)
⬤ Boko Haram (BH)
⬤ Islamic State in the Greater Sahara (ISGS)
⬤ Jamaat Nusrat al-Islam wal-Muslimin (JNIM)

〈그림 5〉 사헬 지역 폭력적 극단주의 단체 활동

알제리는 1990년대부터 2000년대 중반까지 세속 정부와 이슬람 극단주의 세력 간 격렬한 내전을 겪었다. 2000년대 중반 정부의 진압 작전 및 대규모 사면 정책으로 이슬람 극단주의 세력이 위축되었다. 따라서 잔여 세력이 인접국인 말리, 니제르 등으로 건너가 활동하게 되었다. 대표적인 이슬람 극단주의 단체인 AQIM은 알제리 출신 지도자가 이끌었다. 리비아 가다피 정권 붕괴 이후 말리, 니제르 출신 투아레그 족 용병들이 무기를 소지하고 귀국하였다. 이는 투아레그 족의 반란을 야기하였고, 이슬람 극단주의 단체들이 정세 혼란을 틈타 세를 확대하였다. 더구나 사헬 지역 국가들은 취약국가에 속한다. 이들 국가의 국경 통제가 허술하며 정부가 변방 지역을 제대로 통제하지 못하고 있다. 이는 폭력적 극단주의 조직원의 유입 및 정착을 용이하게 한다. 이와 더불어 말리, 니제르, 부르키나파소의 변방 지역에는 직업이 없고 가난하고 미래에 희망을 갖지 못하는 젊은이들이 다수 존재한다. 폭력적 극단주의 조직은 이들 젊은이들의 정부에 대한 불만을 이용하여 반정부 정서를 고취시킴으로써 이들을 폭력에 가담하게 유도한다.

폭력적 극단주의 활동은 서아프리카 해안지역 국가 및 콩고민주공화국, 모잠비크 등 중부, 동남부 아프리카 국가로 확산 중이다. 코트디부아르, 가나, 베냉, 토고에서 폭력적 극단주의 단체가 공격을 자행하거나 활동을 위한 은신처를 구축하는 사례가 늘고 있다. 특히 말리, 니제르, 부르키나파소와의 접경 지역은 이미 해안국가 정부가 위험지대로 인식하고 있다. 폭력적 극단주의 무장활동이 확산될 경우 코트디부아르, 가나 등으로부터의 강제이주민 수가 증가할 것으로 예상된다. 콩고민주공화국 동부 지역 및 우간다에서는 연합민주군(ADF: Allied Democratic Forces)이라는 다에쉬/IS 연계단체가 폭력을 자행하고 있다. 모잠비크에서는 가스가 풍부한 북부 카부 델가두(Cabo Delgado) 지역에서 2017년부터 다에쉬/IS와 연계된 토착 무장단체가 공세를 펼치고 있다. 이들의 활동은 콩고민주공화국 동부 및 모잠비크 북부에서 강제이주민 규모 증가에 일조하였다.

3. 정치적 억압

내전, 폭력적 극단주의 무장활동과 더불어 정치적 억압도 아프리카 지역 강제이주민 배출에 기여하였다. 냉전 시대에는 일당독재체제가 아프리카 정치체제의 주를 이루었다. 냉전이 종식되면서 아프리카 대륙에서 민주화가 진행되었다. 남아공, 세네갈, 나미비아, 나이지리아, 잠비아, 탄자니아 등에서는 민주주의 체제가 비교적 잘 구축되었다. 반면 일부 아프리카 지도자들은 다당제 선거와 같은 민주주의 요소를 수용하였지만 이를 장기집권 체제 유지를 위해 악용하였다. 헌법에 명시된 삼선금지 조항을 국민투표를 통해 폐지하였다. 언론 통제, 야당 선거운동 제한, 야당 지지자에 대한 협박 및 폭력 행사 등을 통해 대통령 선거 승리를 위한 환경을 조성하였다.

장기집권 혹은 독재체제 지도자들은 정권 유지를 위해 반대파를 탄압하는 정책을 펼친다. 정부의 혹독한 탄압은 일부 반대파 지도자와 국민들을 다른 국가로 이주하도록 유도한다. 아프리카의 상당수 내전 혹은 폭력적 극단주의 무장활동은 전체 영토에 영향을 미치지 않는다. 따라서 피해를 입은 국민들 중 일부는 상대적으로 안전한 지역으로 이주할 수 있다. 반면 권위주의적 지도자의 정치적 억압은 국가 전체에 펼쳐져 있는 경향이 있다. 이는 정치적 억압으로 고통받는 사람들이 국외 이주를 선호함을 시사한다.

아파르트헤이트 시절 많은 흑인 및 유색인종 출신 남아공 인들이 백인 정부의 탄압을 피해 짐바브웨, 보츠와나, 탄자니아와 같은 인접국 또는 영국, 미국 등 서구 국가로 피난을 떠났다. 최근 부룬디에서 2015년 피에르 은크룬지자(Pierre Nkrunziza) 대통령의 삼선 시도와 은쿠룬지자 정권 전복을 위한 쿠데타 시도로 반정부세력에 대한 탄압이 강화되자 30만 명 이상의 부룬디 인들이 국경을 넘어 르완다, 탄자니아 등으로 이주하였다.[6] 에리트레아는 1993년 독립 이후 이사이아스 아프웨르키(Isaias Afwerki) 대통령의 장기집권체제 하에 놓여있다. 독립 이후 선거가 한번도 열리지 않았으며 정권에 반대하는 인사들은 가혹한 탄압의 대상이 되었다. 또한 에티오피아와의 긴장관계를 이유로 무제한 징병제(indefinite conscription)를 유지하면서 많은 젊은이들을 군에 장기간 강제 복무시키고 있다. 이 제도를 통해 군과 연관된 기업들이 에리트레아 젊은이들의 노동력을 착취하고 있다. 이러한 억압 체제에 반발하여 50만 명 이상의 에리트레아 인들이 조국을 떠나 에티오피아, 수단과 같은 인접국으로 피난가거나 네덜란드, 스웨덴, 프랑스 등 유럽 국가들로 이주하였다. 특히 무제한 징병제의 희생양인 젊은이들의 에리트레아 탈출이 지속되고 있다.

4. 종족 학살(genocide)

내전, 폭력적 극단주의, 정치적 억압과 더불어 종족 학살(제노사이드)은 아프리카 지역 이주민 사태에 일조하였다. 종족 학살은 한 국가의 지도자가 특정 종족 전체 혹은 일부를 제거하기 위한 목적으로 취하는 여러 가지 조치를 뜻한다. 대량학살 뿐만 아니라 강제이주, 생활거점 파괴 등을 포괄한다. 아프리카에서 종족 학살은 서구 식민지배 및 독립 이후 특정 종족 출신 지도자의 권력독점 시도에 기인한다. 서구 식민지배자들은 종족 간 협력을 통한 독립운동 조직을 막기 위해 종족 간 분열통치 정책 (divide and rule)을 전개하였다. 이는 식민지배의 혜택을 입은 종족과 소외된 종족 간 적대감을 증폭시켰다. 탈식민 이후 권력을 잡은 종족은 적대적인 종족을 무력화시키기 위해 제노사이드를 자행하였다.

르완다의 종족 학살은 식민지배의 유산이다. 1920년대 르완다 식민지배를 시작한 벨기에는 투치 족과 후투 족 간 분열 정책을 통해 두 종족 간 적대감을 고취시켰다. 전체 인구에서 소수를 차지하는 투치족에게 경제, 정치적 혜택을 부여한 반면 다수를 차지하는 후투족을 철저히 소외시켰다. 1962년 독립 이후 정권을 잡은 후투 족 엘리트들은 투치 족을 학살하였고, 투치 족을 조직적으로 탄압하였다. 1994년 투치족이 주축을 이룬 르완다 애국전선(RPF: Rwandan Patriotic Front)과 전쟁을 치루면서 후투 지도자들은 투치족 및 온건 후투족을 상대로 제노사이드를 자행하여 반군과의 전쟁에서 승리를 꾀하였다. 하지만 RPF가 내전에서 승리하여 후투 족 정부를 몰아냈다. 이후 많은 후투 족 출신 르완다 인들이 국경을 넘어 콩고민주공화국 등으로 이주하였다.

2000년대 초반 수단 다르푸르 내전에서 정부 및 친정부 민병대가 자행한 인권유린이 종족학살에 해당한다는 주장이 제기되었다. 다르푸르인들은 아랍계통 엘리트들이 비아랍계통인 자신들을 소외시키고 차별한다고 주장하면서 무장투쟁을 전개하였다. 수단 정부는 아랍계통이 주축을 이룬 잔자위드(Janjaweed) 민병대를 동원하여 다르푸르 인들을 학살하였다. 뿐만 아니라 이들의 거주지를 파괴하였고, 여성에 대한 강간을 저질렀다는 비난을 받았다. 이로 인해 수백 만명의 다르푸르 인들이 같은 종족이 거주하는 차드 혹은 수단 내 다른 지역으로 이주하였다.

V. 맺음말: 한국에의 함의

한국 정부는 아프리카의 정치위기로 인한 이주민/난민 발생 문제 해결에 기여할 수 있다. 한국은 2012년 아시아에서 최초로 난민법을 제정하였다. 2013년 난민법 시행 이후 난민 신청자 수는 급증하였다. 2014년 2,896명, 2016년 7,541명, 2018년 16,173명, 2019년 15,451명을 기록하였다.[7] 하지만 한국의 난민 인정률은 4%에 불과하며, 이는 서구 선진국에 크게 뒤진다. 난민 인정자 수는 2016년 98명, 2018년 144명, 2019년 71명에 불과하다.[8]

한국은 개발도상국에서 선진국으로 발전한 소수의 국가 중 하나로 인정받고 있다. 선진국은 경제력이 풍부함만을 의미하지 않는다. 미국, 영국, 프랑스, 독일처럼 선진국의 국격에 맞는 의무를 다해야 함을 의미한다. 이러한 의무 중에 하나가 전 세계 고통에 공감하고 고통받는 사람들을 돕는 것이다. 특히 전쟁, 테러, 정치적 억압, 종족학살로 고국에서 생명의 위협을 느껴 탈출한 이들을 돕는 것은 선진국으로서 해야 할 의무에 해당한다.

한국이 아프리카 정치위기에서 비롯된 난민 문제 해결 혹은 완화에 다음과 같은 방식으로 기여할 수 있다. 첫째, 아프리카 국가 출신 난민의 국내 수용을 확대를 고려할 수 있다. 이는 단순히 더 많은 아프리카 출신 난민 수용에 그치지 않는다. 내전, 테러, 억압, 학살을 피해 온 이들이 문화가 완전히 다른 한국 사회에의 빠른 적응을 지원하는 정책을 강화해야 한다. 둘째, 아프리카 국가 출신 난민들의 대부분은 우간다, 에티오피아, 수단 등 역내 국가에 수용되어 있다. 하지만 이들 난민 수용국은 코로나19 확산, 경제위기, 정세 불안으로 인해 난민 지원에 어려움을 겪고 있다. 한국은 이들 아프리카 난민 수용국과의 교류를 강화하여 이들 국가가 난민 관련해서 필요한 점을 파악하여 이를 지원해 줄 수 있다.

마지막으로 한국은 아프리카 난민 문제를 야기하는 정치위기 해결에 기여하는 방안을 고려할 수 있다. 지금까지 한국의 대아프리카 외교는 경제교류, 원조 위주로 진행되어 왔음을 부인할 수 없다. 하지만 경제성장은 정치적 안정 없이는 이루어질 수 없다. 따라서 아프리카 국가들의 분쟁 해결 노력에 대한 지원 강화가 필요하다. 지금까지 한국은 아프리카연합 평화기금에 자금지원을 했고 남수단에 평화유지군을 파병하였다. 아프리카연합 혹은 서아프리카경제공동체 등 지역 기구의 분쟁해결 노력에 대한 지원 확대 방안을 고려할 수 있다. 또한 말리, 중앙아프리카공화국 등과 같은 분쟁지역 유엔평화유지활동에 파병하거나 혹은 병참지원을 하는 방안을 고려할 수 있다.

(김동석)

'우리'를 돌아보게 하는 타자의 이름, '난민'

I. 머리말: 난민, 이주와 이동에 부여된 '낯선' 이름

현대 사회이론은 우리 시대를 특징짓는 양상을 이주(migration), 이동성
(mobility), 고정되지 않은 흐름(flow)으로 특징짓는다. 포스트모던을 표방
했던 1970년대 반항아들이 근대세계가 조형해 놓은 굳어버린 체계를 비판
하면서 들고나온 화두이기도 하다.[1] 하지만 이동과 흐름은 포스트모던 시
대의 새로운 현상은 아니다. 40억 년이 넘는 시간 동안 지구생태계는 중단
없는 흐름과 이동을 통해 유지되어왔다. 그리고 인류의 삶은 처음부터 끊
임없는 이주의 역사였다. 국경과 민족의 경계가 느슨할 때 이동과 이주는
자연스러운 현상이었다. 물론 주기적인 파동의 사이클이 있었다. 상대적으
로 안정된 시기와 급격한 변동의 시기가 교차했다. 때로는 기후·생태적 이
유 때문에, 때로는 정치적 압박에 의해서 이주와 이동이 촉발되었다.[2] 시대
적인 차이와 지리적인 차이도 영향을 미쳤다. 중앙 집중화된 전제적 농업
국가에서 '신민'은 토지에 묶여서 통제되었다. 그런 사회에서 이동은 위험
한 것이었다. 하지만 그때라고 내적인 '난민'이 없었던 것은 아니다. 왕조
의 흥망성쇠의 주기를 따라 가혹해지는 수탈, 그리고 그것과 겹쳐지는 외
부로부터의 침략은 농민들을 유망민으로 만들었다. 한곳에 머물지 못하고
불안정하게 떠돌아다닐 수밖에 없는 '내부적' 난민이었다. 난민이라는 말
이 근대에 출현했기에 그 이름으로 불리지 않았을 뿐이다.

이주와 이동이 현대 세계의 새삼스러운 현상이 아니라는 것은 분명하다. 문제는 이러한 이주와 이동이 어떻게 정의되고 관리되는가에 있다. 이주의 정치적 정의와 기술적인 관리가 중요하다. 그리고 정의와 관리의 틀은 지배적인 권력에 따라 주조된다. 그리고 이러한 정의와 관리는 체계적 지식에 의해 뒷받침되었다. 시대마다 권력의 논리에 의해 익숙한 것을 생소한 단어로 다시 정의하고 그럼으로써 권력의 타깃을 예외적인 현상, '문제적' 현상으로 표상(representation)했다.[3] 그렇게 정의된 '문제'는 관리 가능한 '정보'들로 코드화되어야 했다. 문제를 얼마나 잘 해결하는가는 중요하지 않다. 처음부터 문제영역 표상의 목적은 해결이 아니라 '문제'를 '문제'로 관리하는 것이다.

이제 우리 시대 이주와 이동을 정의하는 권력의 시선은 삶의 터전을 떠난 사람들을 이주자(migrant)와 난민(refugee)으로 구분한다. 이주자가 난민보다는 더 포괄적인 개념일 텐데, 난민은 생명과 안전을 위협하는 위험으로부터 보호받기 위해 삶터로부터 떠난 이주자로 정의될 수 있다. 그러나 위험에서 벗어나기 위해 이주를 감행한 모든 사람들이 난민의 '지위'를 부여받는 것은 아니다. 현대사회에서 모든 사람은 국적이 있어야 하고 자신이 속한 국가를 벗어나 다른 국가로 이주하기 위해서는 적법한 절차를 거쳐 자신이 받아들여져야 하는 근거를 제시해야만 하는데 모두가 그것에 성공하는 것은 아니기 때문이다.[4]

이주자도 하위 범주로 나눌 수 있다. 숙련된 기술을 가지거나 지식을 가진 사람들은 대개 아무런 장벽도 없이 자유롭게 이동한다. 이들은 숙련기술을 가진 '개인'이지 특정한 집단으로 범주화되지 않는다. 이런 이동이 아무런 문제가 없는 것은 아니다. 심각한 두뇌 유출(brain drain)을 초래하기 때문이다. 예를 들어 저발전국에서 훈련받은 의사와 간호사가 더 좋은 조건을 좇아 소위 선진국으로 빠져나가는 것은 그 나라 의료체계의 근간을 흔든다.[5] 반면에 숙련기술과 지식을 가지지 못한 이주자는 종종 이주'노동자'로

분류된다. 이주노동자 앞에는 '불법' 또는 '등록되지 않은'(undocumented)
이라는 수식어가 따라붙을 가능성이 높다. 이들은 집중적으로 관리되어야
하는 대상이다. 관리의 체계는 '지식의 체계'다. 지식은 분류를 토대로 한
다. 이제 이주자는 '불법'과 '합법'으로 분류된다. 일자리를 찾기 위해 국경
을 넘는 사람들을 '불법'과 '합법'으로 나누는 것이다.[6]

지금의 국제적인 관리체계는 사람들이 이동하는 원인에 대해서는 무관
심하다. 대응해야 하는, 또는 관리해야 하는 '사실'이 있을 뿐이다. 만약 사
실을 따져 물어 '난민'으로 상징되는 커다란 문제의 근원이 질문 대상이 되
면 문제를 '관리하면서 영속화해야 하는' 기본임무를 벗어나게 된다. 소위
잘 사는 나라의 높은 생활 수준을 유지하기 위해 필요한 연료(석유와 천연
가스)와 자원을 확보하기 위한 경쟁은 아프리카와 중동의 수많은 나라들을
분쟁상태에 있게 했다. 서구 열강에 의한 식민지배는 그들의 삶의 양식과
는 조화되기 어려운 서구적인 근대국가를 강요했고 그럼으로써 정치구조
와 경제구조 모두를 왜곡시켰다. 식민지배의 파트너로 선택된 소수의 엘리
트를 제외하고 대다수 사람들은 생명과 안전의 위협을 받았다는 점에서 장
소를 떠나지 않았지만 이미 난민이었다. '내부적' 난민이었다고 할 수 있
다. 서구 열강은 이렇게 왜곡된 정치, 경제, 사회를 남겨둔 채 떠났다. 그러
나 독립 이후에도 국가 간 위계서열과 착취가 사라지지 않았다. 식민지배
가 이식한 왜곡된 정치구조는 곧 독재와 군벌들로 나타났고 초국적 자본과
연결된 독재자와 군벌 지도자들은 자원을 차지하려 서로 다투게 되었다.
내전은 일상이 되었다. 생명과 안전을 위협받는 사람들이 발생하는 것은
필연적이다. 아직 그 이름으로 불리지 않을 때조차 내부적 '난민'이었던 사
람들이 이제 삶터에서 쫓겨나 공식화된 '난민'으로 나타나게 된다.[7]

II. 난민을 만드는 세상, 난민을 적으로 규정하는 세계

유엔난민기구(United Nations High Commission for Refugees)의 2017년 연례보고서에 따르면 2017년 한 해 발생한 난민은 19,617,082명이다. 난민신청자 수도 3,090,898명이다.[8] 엄청난 규모다. 거의 지구적 수준의 재난이라 할만하다. 그러나 규모만으로 난민 문제를 제대로 파악할 수는 없다. 시리아, 아프가니스탄, 남수단, 미얀마처럼 대규모 난민을 발생시키고 있는 나라들뿐만 아니라 중앙아프리카공화국, 콩고민주공화국, 말리, 나이지리아, 소말리아, 콜롬비아, 베네수엘라, 이라크, 예멘, 리비아 등 많은 나라 사람들이 내전, 분쟁, 인종차별, 종교갈등 등 다양한 원인으로 삶터에서 쫓겨나고 있다. 이제 여기에 우크라이나가 더해졌다.[9] 분쟁의 씨앗은 식민지 시기 서구 제국주의 국가들이 자행한 분리통치, 그리고 열강들이 독립 이후에도 포기할 수 없었던 천연자원에 대한 탐욕이었다. 민주주의와 인권을 앞세웠지만 조지 부시(George W. Bush) 정권의 아프가니스탄 침공과 이라크 침공은 중동에서의 정치적 영향력 유지와 석유자원 확보를 목표로 했다. 수치로 확인할 수 있는 것처럼 아프가니스탄은 시리아와 함께 가장 많은 난민을 발생시키고 있는 나라가 되었으며 2021년 미군이 철수한 후 혼돈에 빠졌다. 이라크라고 나을 것도 없다.

이 나라들에서 지리적 위치와 천연자원은 축복이 아니라 '저주'였다. 식민통치 때문에 고통 받았고 그것의 영향으로 겪은 종족, 인종, 종교가 뒤섞인 내전 상황에 의해 피폐해졌다. 그리고 그들의 영토 안에 있는 자원을 둘러싼 국제적 갈등과 분쟁에 노출되었다.[10] 이러한 고통은 소위 신자유주의적 지구화(globalization)에 의해 더 나빠졌다. 고통은 종교적 박해와 인종청소(ethnic cleansing)에 의해 국경 밖으로 내몰리는 것에만 있는 것은 아니었다. 지구화된 세계 경제에서 초국적 농·식품기업의 압도적 힘은 많은 농민을 삶의 터전인 땅으로부터 축출했다. 그들은 살아남기 위해 도시로 몰려들었다. 하지만 그곳에도 일자리는 부족했다. 도시 빈민으로 살아갈 수밖에 없는 궁지로 내몰렸다. 미국의 지리학자 마이크 데이비스(Mike Davis)의 책(*Planet of Slums*)의 제목처럼 '슬럼이 지구를 뒤덮게' 된 것이다.[11] 여전히 국민국가 국적을 가지고 머물고 있지만, 이들은 글자 그대로 어려움에 직면한 난민(難民)이다.

난민은 문제영역이지만 우리가 알고 있는 자본주의 세계체제가 불가피하게 만들어낼 수밖에 없는 결과다. 앞에서도 지적했듯이 난민은 해결되어야 할 문제로 표상되지만 그들의 존재 자체가 세계적 통치의 일부다. 특정한 범주의 이주와 이동이 '난민 문제'로 표상된다. 그러나 결코 해결할 수 없다. 더 정확히 말하면 해결되어서는 안 된다. 기능주의적(functionalist)이라는 한계를 무릅쓰고 사회학자들이 말하는 체계 통합(system integration)과 사회 통합(social integration)의 관점에서 난민 문제에 접근해보도록 하자.[12] 지구화된 세계는 자원, 정보, 지식, 상품과 서비스가 순환하는 국가 간 체계다. 그런데 이러한 흐름과 이동의 체계가 통합을 유지하기 위해서는 노동, 즉 사람도 이동해야 한다. 하지만 지구화된 자본주의 체제 아래서 자원, 정보, 지식, 상품, 서비스가 순환하기 위해서는 노동(사람)은 국민국가의 틀 안에서 관리되어야 한다. 나머지와 달리 이동을 제한받아야 한다. 각각의 국민국가와 도시, 지역이 가지는 노동시장과 노동 관리체계의 격차가 자원, 정보, 지식, 상품, 서비스가 이동하는 방향과 강도를 결정하기 때문이다. 이러한 격차에 따른 자원, 정보, 지식, 상품, 서비스의 이동은 관련된 국가, 지역, 도시가 서로 경쟁하게 한다. 그러한 경쟁에서 최종목표는 자본의 유치이며 그 목표를 위해서 노동조건은 나빠져야 한다.[13]

세계체제 중심지역 경제의 임금수준이 높아지고 서비스와 첨단산업으로 옮겨가면서 허드렛일을 할 수 있는 노동력이 부족해진다. 반대편에서 나빠진 주변부 지역의 경제 사정이 노농자들을 밖으로 미는 힘으로 작용한다. 밀어내는 힘과 끌어당기는 힘이 균형을 이루지는 않지만 대규모 이주는 불가피하다. 그런데 이미 언급했듯이 노동은 완전히 자유롭게 이동해서는 안 된다. 한편으로 허드렛일을 할 노동력을 값싸게 유지할 수 있어야 한다. 다른 한편으로 지역 간 경쟁이 만들어낸 값싼 노동력과 낮은 노동기준은 자본이 이윤을 좇아 이동하게 한다. 노동(사람)의 이동은 '허용되어야 하지만' '허용되어서는 안 되는'데, 공식적으로는 (아주 엄격한 기준을 충족하는 경우만을 예외로 하고) 허용하지 않지만 실제로는 허용한다. 이런 맥락에서 본다면 이주노동자와 난민이라고 이름 붙여진 사람의 이동은 체계가 유지되고 통합되기 위한 기능적 요건(functional requirements)이다. 체계는 이주노동자와 난민을 발생시킬 수밖에 없으며, 그렇게 함으로써 유지되지만, 그것을 적절하게 통제해야만 하는 것이다.

체계 통합의 차원에서 난민을 자본과 권력의 순환이 가져오는 효과로서 이해할 수 있다면 사회적 차원의 난민의 효과는 개별 국민국가에서 노동을 통제하는 이데올로기적 기제로 작동한다. 난민과 이주노동자는 국민국가라는 공동체 구성원들이 가지는 제한된 자원과 권리를 잠식하는 침입자로 표상된다. '국민' 정체성에 도전하고 안정된 질서를 위협하는 '적'으로 나타난다. 물론 이런 인식은 이데올로기적으로 구성된 '환상'(fantasy) 또는 '신화'(myth)일 뿐이다.[14] 내적으로 완결적인 국민은 존재하지 않으며 국민이라고 표상된 사람들의 일자리를 빼앗고 노동조건을 악화시키며 삶을 고통스럽게 하는 것은 난민과 이주노동자가 아니라 지구적인 자원, 정보, 지식, 상품, 서비스의 이동으로 이익을 독점하는 집단의 착취이기 때문이다.

초국적 자본과 이를 지탱하고 있는 초국가 정치 엘리트는 한편으로 난민과 이주노동자를 위험한 존재로 낙인찍고 자국민 사이에서 공포를 조장한다. 정치적 선동과 언론을 통해 자신들의 행위를 외부의 '적'으로 돌리는 것이다. 다른 한편으로 선동의 대상이 된 노동계급을 인종주의적이라고 낙인찍는다. 계급착취의 효과를 인종주의적으로 치환하면서 동시에 일자리 불안과 빈곤에 시달리는 노동계급 사람들을 격리하고 배제할 수 있게 된다.

이러한 이데올로기적 관리는 온전한 의미에서의 사회통합이라고 부르기는 어렵다. 사회통합은 구성원의 자발적 동의에 근거한 정당성(legitimacy) 위에 있을 때에만 안정적이다. 지구화된 자본주의 시대 국민국가 안에서 그런 정당성이 확보되기에는 너무나 노골적인 계급착취가 횡횡하고 있다. 서구 사회에서 일시적으로 정당성을 가졌던 사회통합, 즉 케인스주의적 타협은 신자유주의 물결 속에서 허물어졌다. 따라서 난민의 '정치적 구성'과 '공포의 조장', 그리고 인종주의의 '포퓰리즘적 동원'은 위기에 빠진 체계를 유지하기 위한 이데올로기적 실천이다. 핵심은 내적 불만을 치환하고 갈등을 엉뚱한 방향으로 돌리는 것이다. 그러나 그런 방식의 통합은 안정된 타협과 헤게모니를 만들어 낼 수 없다. 이러한 이데올로기적 실천은 위기를 해결하지 못하고 증폭시킬 뿐이다.

III. 우리 모두가 난민이다!

난민 문제에서 소위 서구 선진국, 그리고 OECD에 속한 부국들의 역사적 책임이 크다는 사실을 확인했다. 그런데 현재 난민을 받아들이고 있는 나라들은 대부분 부자 나라들이 아니다. 터키, 파키스탄, 우간다가 31%를 수용하고 있으며 독일을 제외한 선진국들은 난민을 향해 벽을 쌓고 국경의 문을 걸어 잠그고 있다. 선진국들이 직접 난민을 수용하는 대신 정부와 민간부문 모두로부터 재정적 후원을 하고 있으니 일방적으로 비난받아서는 안 된다고 주장할 수도 있다. 남의 나라 사람들의 고통에 그 정도의 성의 표시면 충분하다고 할 수도 있다. 그리고 국경을 닫고 난민에 의해 초래될 혼란을 최소화하려는 노력은 국민국가 정부가 마땅히 수행해야 할 의무라는 반론도 제기될 수 있다. 그러나 '문명'과 '미개'의 이분법으로 무장한 채 지구촌 수많은 사람의 삶을 파괴하고 폭력과 착취에 제물로 삼았던 제국주의 국가들의 변명치고는 궁색하다. 문제는 이러한 폭력과 착취가 지나간 옛날의 일이 아니라는 것에 있다. 냉전 시기까지는 그나마 보존되었던 지구촌 곳곳의 다양한 삶의 양식은 '시장의 원리'를 앞세운 신자유주의의 물결 속에 파괴되었다. 그리고 이렇게 시장의 원리에 의해 평정된 세상에서 자본과 상품은 국민국가의 경계를 넘어 자유롭게 이동할 수 있게 되었다.

자본은 자유로운 이동을 넘어 시장의 원리에 저항하는 국민국가 정부를 길들이는 힘까지 갖게 되었다. 국민의 필요를 충족시키기 위한 국가의 정책이 초국적 자본의 이해관계와 어긋날 때 '비용을 발생시키는 무분별한' 공적 지출로 비난받는다. 종종 기업의 이윤 활동을 방해하는 '반칙'이라고 공격받는다. 일단 (강제적으로) 금융화된 세계 경제에 깊숙이 연루되고 나면 국제적 기준(시장의 논리)을 벗어나는 국가정책은 자본 철수의 '협박'을 받게 되고 결국은 초국적 금융자본의 이해관계가 관철된다. 국가의 존재 이유는 자국민을 보호하는 것에 있지 않고 초국적 자본에 최대한의 이윤과 기업 활동의 자유를 보장하는 것에 맞추어진다. 자본의 논리에 따른 양적 성장이 없으면 삶의 질이 떨어진다고 주장하지만, 삶의 질을 높이는 분배의 순간은 오지 않을 미래의 시간으로 지연된다.[15]

이러한 신자유주의의 물결은 선진국 내부에서도 문제를 발생시켰다. 선진국에서조차 국가는 국민의 삶의 질을 보장하는 역할에서 후퇴하기 시작했다. 정부의 개입이 약해지면서 노동자들은 불안정한 노동시장과 강화된 노동강도에 시달리게 되었다. 빈부격차가 심각해졌고 살림살이는 갈수록 팍팍해졌다. 그런데 2008-9년 세계적 금융위기로 시장이 가장 민주적이고 시장의 힘이 가장 효과적으로 자원을 배분한다는 신자유주의자들의 믿음이 파탄 났을 때, 시장을 맹목적으로 추종하던 선진국 정부들은 국고를 열어 기꺼이 파산 직전의 은행을 '국유화'했다. 금융시장의 투기 때문에 파산하게 된 시중은행을 구하는데 국민의 세금을 쏟아부은 것이었다.[16] 이것은 신자유주의적 시장 맹신주의를 스스로 부정하는 것이었다. 당연히 신자유주의에 대한 근본적인 반성이 있어야 했다. 그러나 각국의 정부들은 구제금융으로 생겨난 정부의 재정적자를 메꾸기 위해 강력한 긴축(austerity)을 추진했다. 안정된 일자리는 더욱 찾기 어려웠고, 복지 축소에는 가속도가 붙게 되었다.[17] 부자들에게는 사회주의 정부였지만 가난한 자들에게는 자본주의적 정부였다.

선진국 내부의 이런 파국적 상황은 난민과 별개의 문제처럼 보인다. 하지만 찬찬히 들여다보면 매우 밀접히 관련되어 있다. 팍팍해진 삶이 주류 정치인들이 방관하고 극우파들에 의해 조장된 인종주의가 자라날 수 있는 토대이기 때문이다. 한편에서 자본의 힘은 난민을 발생시키는 나라들에서 삶의 토대를 파괴한다. 다른 한편에서 맹목적인 자본주의 이윤추구의 희생자인 선진국의 인민은 난민을 자신들의 적으로 오인하도록 이끄는 파시즘적 선동에 노출된다. 지배계급은 신자유주의자들의 희생자들 사이의 혐오와 대결을 조장한다.[18]

차라리 우리 모두가 난민임을, 현재의 사회체제 안에서 고통받는 사람들이라는 것을 인정해야만 하는 것은 아닐까! 우리 모두가 난민이라고 선언해야 할 것을 아닐까?

IV. 난민 '문제'와 마주한 한국

1. 2018년 예멘 난민: 갑작스러운 타자의 출현

한국에서 난민은 아예 '비가시적'인 존재였다고 하는 것이 진실에 가깝다. 까다로운 난민 심사설차로는 다 표현될 수 없다. 그런데 갑작스러운 사건 하나가 그들의 존재를 '가시적'으로 만들었다. 무사증 제도로 말레이시아를 통해 제주도로 입국한 예멘 난민의 출현이 '있지만 보이지 않았던' 난민을 볼 수 있게 했다. 예멘 난민 이전에도 한국을 찾은 난민들은 있었다. 그런데 지금까지 지나치게 까다로운 한국 정부의 난민 대우는 논란이 되지 않았다. 〈난민의 지위에 관한 협약〉 가입국인 한국은 이들을 받아들이고 국내법에 따른 '적법한' 절차를 따르고 있다고 생각했고 대부분 국민은 무관심했다. 우리에게는 '없는 문제'였고 있더라도 '사소한 문제'였을 뿐이었다. 그런데 2018년 5월 500여 명의 예멘 난민들이 갑자기 한국인들의 시야에 나타났다.

2022년 지금도 그렇지만 2018년에도 난민은 지구촌 최대의 현안 중 하나였다. 한국도 더이상 회피할 수 없는 문제였다. 그런데 그동안 '비가시적'으로 남아 있었기 때문에 우리 사회는 난민 문제를 본격적으로 논의하지 못했고 그 결과 제도조차 제대로 갖추지 못했다. 난민을 심사하는 절차는 가지고 있었지만 극히 예외적으로 나타나는 '타자'로 생각했을 뿐 우리 삶의 일부로 고민한 적은 없었다. 엄밀하게 말하면 난민신청자에게 요구되는 자격이 무엇인지 '난민 시각에서' 체계적으로 정비되지 못했으며, 심사 과정에서 그들이 마땅히 누려야 하는 권리조차 분명하지 않았다.

지금까지 겪지 못했던 사건과 마주치면 그것으로부터 새로운 정보를 얻고 자신을 되돌아보는 기회를 갖게 된다. 그래서 그동안 우리 안에 있었지만 자각하지 못했던 난민 문제가 갑작스럽게 불거져 나온 것은 우리 사회를 반성할 수 있는 기회였다. 지구화와 세계시민의 현란한 구호들이 등장했지만 우리는 여전히 편협한 민족주의, 더 나쁘게는 인종주의에 사로잡혀 공존을 준비하지 못했다. 피부색과 말, 그리고 종교가 다른 사람들과 공존하는 방법만 몰랐던 것이 아니라 낡은 관행과 이데올로기가 '정상'과 '보편'이라고 지정해준 것 외부에 존재하는 우리 안의 다양성조차 용인하지 못했다. 전체주의적 사고의 잔재에 붙들려 있었다고도 할 수 있다. 그래서 예멘 난민의 갑작스러운 출현은 민주주의와 인권이라는 보편적 가치를 앞세웠지만, 여전히 편협한 민족주의적 감정에 붙들려 있고, 타자의 고통에 둔감한 채 '시장이라는 정글'의 이기적 경쟁을 '선'으로 받아들이고 사는 우리 사회를 되돌아볼 수 있는 외부적 충격이었다.

조금 다른 관점에서 사태에 접근할 수도 있다. 하나의 공동체적 질서에 이방인이 들어오는 것은 불안감을 초래한다. 이방인을 받아들이는 공동체의 구성원들이 유난히 인종주의적이거나 자문화 중심주의에 사로잡혀 있어서 그런 것은 아니다. 갑작스러운 '타자'의 방문은 충분히 '침입'으로 느껴질 수 있고 질서에 대한 '위협'으로 해석될 수 있다. 그래서 예멘 난민으로 드러난 한국 사회의 문제를 인종주의적 혐오로 몰아붙이는 것은 사태의 본질을 제대로 파악하지 못하게 할 수도 있다. 균형 잡힌 접근이 필요하다. 우리 사회의 인종주의적 편견과 직면하기 위해서도 이런 우회가 있어야 한다. 아무리 보편적 인권과 도덕적 의무에 호소한다고 해도 다음과 같은 질문을 피할 수는 없기 때문이다.

우리의 문화적 습속을 해칠 수 있다는 이유로 가난한 사람들을 외면하는 것이 도덕적으로 허용될 수 있는 것인가? 문화 보존이 자기 보존의 합법적 기초 가운데 하나인가? 많은 수의 가난한 사람들을 자국 영토에 받아들이는 것이 자신의 생활수준을 하락시킬 우려가 있는 경우, 망명객을 거부하는 것이 도덕적으로 허용될 수 있는가? 어느 정도까지의 복지 하락이 박해나 가난, 억압을 피해 온 사람들의 입국을 거부할 수 있는 정당한 명분으로 도덕적으로 용납될 수 있는가?[19]

위의 질문은 합리적 토론을 요청한다. 그런데 한국 사회는 합리적 토론을 위한 준비가 없었다. 정부도 문제였다. 예멘 난민 때문에 드러난 사회적 문제는 타자에 '침입' 자체보다는 국제적 위상에 맞는 절차와 제도를 만들지 못하고 난민을 인종주의적 태도로 대해 왔던 정부의 방관에 기인한 바가 더 컸기 때문이다. 이방인의 갑작스러운 출현이 불러일으키는 불안을 인종주의적 혐오의 언어로 표현하고 있는 상당수의 사람들에게 합리적인 토론장을 만들어 주지 못한 정부의 무능이 문제였던 것이다. 낯선 타자는 혐오가 아닌 이해와 대화의 상대이며, 민주적인 정부는 이해와 대화를 가능하게 하는 공론장을 마련해야 한다. 우리에게는 그런 합리적 태도도 민주적인 정부도 없었다.

철학자 세일라 벤하비브(Seyla Benhabib)의 주장이 도움이 된다. 그녀가 『타자의 권리-외국인, 거류민, 그리고 시민』에서 제기하는 핵심은 타자를 통한 우리 자신에 대한 끊임없는 문제 제기다. 그녀는 '우리'가 겪게 되는(겪을 수밖에 없는) 이질적인 요소들과의 접촉을 통해 기실 '우리' 또한 동질적이지 않다는 사실을 깨달아야 한다고 주장한다. '우리' 안에 이질성을 부정하기 위해 외부의 타자(적)를 '구성'할 때 사회는 파시즘에 한발 다가간다. 벤하비브가 지적하고 있듯이 "'우리, 국민'이라는 자기입법[자기구성-인용자]이 마치 동질적 시민의 단선적 행위인 양 이해되면" 특정한 정치공동체의 구성원에게 한정될 수밖에 없는 민주적 권리도 왜곡된다[20]. 예멘 난민의 출현은 그동안 암묵적인 동질성의 신화 속에 감추어져 왔던 이질성과 대면하게 했다. 이러한 대면은 중대한 질문을 제기한다. 외부의 적을 통해 내부적 동질성을 강화하는 퇴행의 길에 들어설지 아니면 그들의 수용을 통해 우리 안의 이질성을 인정하고 보다 깊은 인권과 다양성의 길로 전진할지의 문제가 대두된 것이다.

벤하비브의 논의를 조금 더 따라가 보자. 그녀 주장의 출발점은 '보편적 인권' 개념과 '민주주의' 개념 사이의 긴장이다. "한편으로는 맥락과 공동체를 초월해 타당한 인권 영역과 다른 한편으로는 역사적으로 형성되고 문화적으로 구성되었으며 사회적으로 만들어진 현존하는 사법적-시민적 공동체의 특수성 사이에 조성되는 긴장을 피할 수 없다".[21] 이러한 긴장은 정치적 공동체 안에 속할 권리와 보편적인 도덕적 의무 사이에 충돌을 불러

온다. 우리가 처한 곤란은 보편적 인권은 유명무실해지고 사법적-시민적 공동체의 특수성만 강조하면서 나타나는 혼란이다. 벤하비브가 지적한 것처럼 "근대 자유민주주의는, 국민을 주권자로 만듦과 동시에 이런 국민주권의 정당성을 기본적 인권원칙의 고수에서 찾는 면에서 스스로를 한계 짓는 집합체이다. '우리, 국민'이라는 말은 바로 그 말 자체 속에 보편적 인권에 대한 존중과 국가적으로 경계 지어진 주권적 요청이라는 입헌적 모순을 담고 있는 내재적으로 위험한 문구다".[22] 그런데 '우리, 국민'을 넘어선 권리 주장은 매우 어렵다. 여기서 벤하비브는 보편성과 특수성 사이의 모순을 열린 질문으로 받아들이고 끊임없이 그 경계를 갱신하라고 주문한다. 타자의 출현은 특수한 공동체의 한계로만 나타나는 민주주의를 위협하지 않으며 오히려 "'타자의 권리는 민주주의적 기획을 더욱 포괄적이고 역동적이며 또한 숙고된 형태로 성숙시킨다".[23]

민주적 질서 그 자체는 결코 고정되거나 완성될 수 없다. 심지어 퇴행할 수도 있다. 그래서 민주주의의 퇴행을 막으려면 현재의 민주주의를 완성된 것으로 생각하면서 주저앉아서는 안 된다. 민주적 질서는 외부적 충격에 직면해서 내부적 동질성을 주장하는 순간 위태로워진다. 그리고 혼란을 피하려 현재의 질서를 민주주의의 완성으로 선언하는 바로 그 순간 무너지기 시작한다. 민주주의는 항상 퇴행과 전진의 기로 위에 위태롭게 서 있다. 그 위태로움을 회피하려는 순간 민주주의는 무너진다. 따라서 만약 우리가 전진을 원한다면 "다수 대중과 문화적 정체성을 달리하는 개인들"을 환영해야 한다. 타자는 "우리의 제도와 문화적 전통을 재전유하고 재해석하게 해주는 해석학적 동반자 역할을"할 수 있기 때문이다.[24]

2. 비난과 비판 사이

타자에 대한 혐오는 '비난' 받기보다는 '비판'되고 교정되어야 한다. 한편에 근거 없는 혐오가, 다른 한편에는 그런 혐오에 대한 비난만 있다면 비판과 교정의 기회는 없다. 또 다른 혐오가 만들어질 뿐이다. 벤하비브는 이러한 비판과 교정의 계기를 '담론적 절차'라고 이름 붙인다. 한 국가에 속한 구성원이 그 국가의 구성원 되기를 원하는 사람을 거부하기 위해서는 양자가 모두 수용할 수 있는 합당한 이유를 제시해야 한다. 거부의 이유가 타고난 특성이나 속성, 스스로가 선택하지 않은 종족, 성, 종교, 인종, 언어, 성차 등이라면 합당한 이유가 될 수 없다. 그렇다고 무조건 타자를 받아들일 수는 없다. "체류기간이나 언어소통능력, 일정 정도의 시민 교양, 물질적 자원의 입장, 시장성 있는 기술 소지 등"은 자유민주주의의 기본적인 규범 안에서 제기 가능한 질문이다. 물론 항상 이런 기준이 남용될 위험은 남는다.[25]

벤하비브는 타자와의 대면이 스스로를 반추해 볼 수 있는 성찰의 과정이라고 주장한다. 이런 생각에 비추어 보면 난민 문제로 드러난 한국의 문제는 타자와 대면하는 것 자체를 거부한 것이었다. 사람들은 예멘 난민을 잠재적인 범죄자로 간주했다. 그들의 종교를 문제 삼았으며 성별을 근거로 잠재적인 성범죄자로 몰아갔다. 역사적 맥락과 정치적 상황에 대한 고려 없이 그들 모두를 테러리스트로 규정했다. 그리고 그러한 혐오 감정을 '우리'의 안전을 위협한다는 불안 뒤에 숨겼다. 예멘 난민과 안전 위협 사이 어떤 연관도 증명할 수 없었지만, 그들은 안전을 위협하는 존재가 되었다. 여기에서 그치지 않았다. 이런 근거 없는 혐오 감정을 자유로운 자기표현이라고 옹호했다. 왜 우리는 환대가 아니라, 이유 있는 질문이 아니라, 그리고 합리적인 이해와 대화가 아니라 근거 없는 혐오로 타자를 대하게 되었을까?

우선 난민과 무관하게 우리 삶 속의 불안에 주목해야 한다. 거리에서 마주친 누군가가 어두운 골목 모퉁이에서 나를 이유 없이 공격할지도 모른다는 공포가 팽배해 있다. 학교에서 유대와 연대를 내팽개친 채 승자가 되라고 가르친다. 무한경쟁에서 뒤처지는 것은 패자가 되는 것이고 한 번의 패배는 모든 것을 잃게 한다는 공포가 짓누른다. 적자생존과 승자독식의 게임이다. 삶은 불안하고 그에 따른 불안도 커진다. 불안은 두려움으로 자란다. 내 안에서 자라난 불안은 외부 세계에 대한 공포가 되고, 그것을 견디기 위해 무엇인가에 집착하고 중독된다. 능력주의 게임에서 패자가 되는 다수에게 이제 불안보다 좌절과 불만이 차오른다. 청년 남성은 페미니즘을 증오하고, 청년 여성은 모든 남자를 '한남'이라고 경멸적으로 부른다.

이런 감정의 과잉은 그렇지 않아도 민주적 토론이 익숙하지 않은 우리 사회의 소통을 심각하게 왜곡한다. 민주적 토론은 합리적 절차에 따라 주장을 검증하고, 그것을 견디지 못하는 생각을 수정하는 것이다. 표현의 자유라는 이름으로 타자에게 모욕을 주고 존재 자체를 부정하는 것은 민주주의와 공존하기 어렵다. 근거도 없이 타자의 존재를 부정하고, 합리적 토론을 견뎌내지 못할 억측을 진실로 착각할 때 민주주의는 송두리째 뿌리 뽑힌다. 모든 생각, 모든 주장, 모든 행동이 허용되는 것은 민주주의가 아니다. 민주주의는 항상 인권과 정의의 원리에 의해 도전받고 갱신되어야 한다. 민주주의 안에서 합의된 인권과 정의도 언제나 잠정적인 규범이다. 잠정적으로 타자에게 위해를 가하지 않는 성적지향의 차이는 인정될 수 있지만 소아성애(paedophilia)는 용인될 수 없다. 낯선 이방인의 '침입'을 경계할 수는 있지만 그것이 종교와 인종을 빌미로 한 혐오가 되어서는 안 된다. 낯선 타자에 대한 경계와 우려는 현실적 근거가 있으며 현실적이기에 타자와 '함께 있음', '함께 살아감'을 통해 해소될 수 있다. 하지만 근거 없는 편견으로부터 나온 혐오는 현실적이지 않기에 체험을 통해 교정되기 어렵다. 비합리적 감정은 또 다른 감정에 의해 증폭될 뿐이다.

보편적 인권과 도덕적 의무에 대한 성찰과 국민국가 안의 민주주의는 신장 상태에 두어져야 한다. 그런 긴장이 인정되지 않을 때 민주주의는 허약해지고 인권은 형식에 그친다. 타자를 이해하려고 하지 않고 오직 경쟁

의 상대로만 생각하는 능력주의 사회의 경쟁적 심성이 민주주의와 인권을
모두 위험에 빠트린다.

V. 유적 존재, 인권, 그리고 난민

1844년 26세의 카를 마르크스(Karl Marx)는 철학과 경제학을 공부하며
노트를 남겨 놓았다. 20세기 초에야 세상에 나오게 되는 이 수고에서 가
장 잘 알려진 개념은 소외(alienation)다. 사적 소유는 인간을 노동과정과
노동생산물로부터 소외시키고 그럼으로써 동료 인간으로부터 소외시킨다
고 했다.[26] 자연적 존재(natural being)인 인간이 자신의 '비유기체적 신체
(inorganic body)'인 자연으로부터 소외된다고도 말했다.[27] 그리고 종국에
는 '유적 존재'(species being)로부터 소외된다고 주장했다.[28] 이것은 보편
적으로 주어진 인간 본성으로부터의 소외다. 마르크스는 이렇게 소외된 상
태를 동물의 상태로 떨어지는 것으로 묘사했다.[29] 이 책의 출간 이후 오랫
동안 소외되지 않은 상태의 유적 존재를 상정하는 것은 성숙기 마르크스가
주장한 역사적, 문화적, 사회적 결과로서의 인간이라는 유물론적 테제와
공존하기 어려운 철학적 인간주의의 잔재라는 비판을 들어야 했다. 그럴
수도 있다. 하지만 21세기를 사는 우리에게는 구조주의적 마르크스주의와
인간주의적 마르크스주의 중 어느 한편에 서야 할 이유는 없다.

이렇게 생각해 보자. 유적 존재로서의 인간은 근대민주주의 혁명에서
인류가 도달한 최소한의 '합의'라고 말이다. 이 합의에서 유적 존재의 보편
적 특성은 우리가 인권이라고 부르는 근대의 성취물이다. 인권은 보편적이
다. "모든 인간은 인종, 피부색, 성, 언어, 종교, 정치 또는 그 밖의 견해,
민족 또는 사회적 출신, 재산, 출생 또는 다른 지위 등과 같은 그 어떤 종
류의 구별도 없이" 기본적인 권리와 자유를 누릴 수 있어야 한다는 의미에

서 보편적이다(〈세계인권선언〉 2조). 이런 의미에서 〈세계인권선언〉은 근대민주주의 체계가 도출한 '유적 인간'의 정의를 담고 있다고 할 수 있다. 난민이건, 등록되지 않은 이주노동자이건 상관없이 모든 사람은 〈세계인권선언〉이 담고 있는 권리를 보장받아야 한다. 하지만 이 보편적 권리는 수많은 피와 땀에 의해 성취된 근대민주주의 체제의 성취물이다. 역사적으로 얻어진 사회적 결과라는 것이다.

하지만 문제가 그렇게 간단하지만은 않다. 〈세계인권선언〉의 보편적인 성격은 추상적인 서술로 표현되었으며, 그래서 다양한 정치적, 문화적 조건에 처해 있는 나라들에 구체성을 제대로 설명할 수 없었다. 그리고 인권의 보편성은 정치적 공동체 역시 보편적인 것으로 정의했다. 인권은 보편적이지만 국민국가의 구성원들에게게만 적용될 수 있었다. 보편적 권리는 언제나 구체적 시민권으로서만 실현될 수 있었다. 따라서 국민국가에 속하지 않은 사람들, 그 경계 밖에 있는 사람들은 인권의 보호를 받을 수 없었다. 공백 지대 또는 사각지대가 있게 된다.[30] 또 한 가지, 인권은 사법적 담론으로 인권의 구제를 제도적 '절차'로만 한정하기 때문에 실제로 인권이 침해되었더라도 제도 안에서 사법적 담론을 이용할 역량을 갖지 못한 사람들에게는 무용지물이었다. 이것은 인권체제에 의해서 견제되어야 할 권력자들이 인권을 자신들에 대한 도전을 '관리 가능한' 문제들로 한정하도록 하는 여지를 만들어 주었다.[31]

어쨌든 〈세계인권선언〉으로 명시된 우리 시대의 '유적 존재'의 기준은 모든 인간의 "생명권과 신체의 자유와 안전" 대한 권리를 명확히 밝히고 있다(3조). 그렇다면 난민은 보편적 인권 담론이 정의한 인간으로부터 소외된 상태에 있다고 할 수 있다. 〈세계인권선언〉이 금지하고 있는 "고문이나 가혹하거나 비인도적이거나 모욕적인 처우 또는 형벌"(5조)은 난민들이 일상적으로 식면하는 현실이다. 〈세계인권선언〉은 "모든 이는 어디에서나 한 인격체로 인정받을 권리를 갖는다"고 규정하면서도 "법 앞에서"라고 한

정하고 있다(6조). 모든 인간의 평등도 법 앞의 평등이며, 차별에서 보호받는 것도 법을 통해서일 뿐이다(7조). 기본권은 국민국가의 헌법과 법률이 부여하는 것이며 이것의 침해는 국가 법정에서만 구제받을 수 있다(8조).

결과적으로 난민은 보편적 인권 담론 바깥에 있는 예외적 존재가 될 수밖에 없다. 난민들은 "자신의 사생활, 가족, 집 또는 통신에 대하여 자의적인 간섭을" 받고, "자신의 명예와 신용에 대하여 공격당하지"만, "그러한 간섭과 공격"에 대항하게 하는 "법률의 보호를 받을 권리"를 갖고 있지 못하다(12조). 이런 내적 모순 때문에 "모든 인간은 박해를 피해 타국에서 피난처를 구하고 또 누릴 권리를 갖는다"는 조항(14조 1항) 또한 형식적인 것에 그친다. "비정치적 범죄 또는 유엔의 목적과 원칙에 반하는 행위가 진정한 원인이 되어 발생하는 소추의 경우에는 호소될 수 없다"는 단서조항은 법률의 보호를 받지 못하는 난민들이 이동의 정당성을 증명해야 하는 어렵고 고단한 과제에 직면하게 만든다.

만약 〈세계인권선언〉이 담고 있는 내용을 '유적 존재'의 정의로 이해하고 난민을 여기에서 소외된 상태로 본다면 이러한 소외 상태에 있는 것은 외부적 난민뿐만이 아니다. 〈세계인권선언〉은 22조부터 자유권과 정치적 참여의 권리를 넘어선 사회적 권리를 명시하고 있는데, 소외 상태에 있지 않기 위해서는 사회보장제도에 의해 "자신의 존엄성과 인격의 자유로운 발전을 위해 불가결한 경제, 사회, 문화적 권리들을 실현할 권리"를 행사해야만 했다(22조). 노동의 권리, 직업선택의 권리, 노동조건에 대한 권리, 실업으로부터의 보호, 공정한 임금, 적절한 노동시간과 유급휴가와 여가, 그리고 건강과 교육에 대한 권리도 마찬가지였다(23-26조).

이러한 사회·문화적 권리를 유적 존재의 특징으로 받아들인다면 내전 상태에 있는 난민 발생 국가의 사람들뿐만 아니라 난민 목적 국가의 사람들도 소외의 상태로 떨어져 있다. 초국적 금융자본의 놀이터가 되어 버린 구사회주의권 동유럽과 라틴아메리카, 아시아, 아프리카의 저발전국가의 인민들의 삶이 피폐해진 것은 두말할 필요가 없는 현실이다. 소위 선진국이라고 불리는 나라들도 부의 독점이 강화되고 빈부격차가 심각해지고 있다. 자본의 논리에 따라 노동시장 내 경쟁이 격화되었다. 일자리는 불안정하고 소득 수준은 낮아졌다. 축소된 정부지출은 최소한의 기초 서비스 제공조차 어렵게 만들었다. 내부적 난민의 숫자가 폭증한다.

이제 신자유주의적 세계체계는 사람들 마음을 '난민의 상태'로 몰아넣는다. 삶을 지탱하는 '노동'은 가치 없는 것으로 치부되고 부동산과 금융상품에 투자해 '불로소득'을 얻는 것이 최고의 능력으로 평가받는 사회가 되어 버렸다. 노동은 무능하고 능력 없는 자들이나 하는 것이라는 생각이 팽배한다. 유적 존재로서의 인간은 노동하는 인간이다. 인간은 노동으로 협력한다. 돌봄과 배려도 노동이다. 노동하기 위해, 노동의 결과를 나누기 위해 소통하고 연대하는 것이다. 그런데 현대인은 자본의 논리를 충실하게 이행하고 실천하고 수행하면서 몸에 자본의 통치성을 새겨넣는다. 노동, 협력, 소통, 연대는 옅어진다. 근대민주주의가 합의한 유적 존재로서의 보편성을 잃어가고 있다. 그래서 우리 모두는 '마음의 난민'이 되어가고 있다.

VI. 맺음말: 근대성 넘어 새로운 합리성

서로가 서로를 혐오하면서 모두를 난민의 상태로 몰아넣을 때 정치는 퇴행의 길로 접어든다. 강제적 힘에 의해 나라를 떠나게 되는 외부적 난민이 된 사람들과, 비록 나라를 떠나지는 않았지만 생존을 위해 떠돌아야 하는 내부적 난민은 모두가 어려움에 처한 사람들이다. 외부적 난민들은 난민 발생 국가의 비인도주의적 상황이 밀어내는 힘 때문에 자신의 삶터를 버리지만, 난민 목적 국가의 내부적 난민은 이등 시민으로 낙인찍힌다. 연대의 감정을 버리고 무한경쟁의 시장 논리를 받아들일 때, 그래서 타자를 이겨야 하는 게임의 상대로만 인식할 때 이들 모두는 마음의 난민이 된다. 각자의 마음은 분노와 좌절의 감정으로 가득 찬다. 이러한 분노와 좌절을 쉽게 파고드는 것은 종교적 근본주의와 인종주의로 무장한 폭력선동이다. 상식적으로는 도저히 수용하기 어려운 무차별적인 폭력이 '평범해 보이는' 사람들에 의해 자행된다. 다른 한편에서 그런 폭력을 자양분 삼아 불특정 다수를 향한 테러가 정당화된다. 그리고 테러는 원래도 강력했던 난민 목적 국가의 인종주의적 편견을 강화한다. 난민 목적 국가의 내부적 난민은 자신들이 겪고 있는 경제적 곤란에 대한 불만과 분노를 마음속에 쌓아가고 있다. 그런데 비판적 담론의 결핍은 인종주의적 선동이 그러한 불만과 분노가 체계를 비껴가 외국인, 특히 이주노동자와 난민에 대한 공포로 치환되도록 한다. 처음에는 공포였지만 시간이 갈수록 적대적 감정이 강해진다. 불특정 다수를 향한 테러가 그런 만큼 인종주의에 근거한 파시즘도 합리적인 근거가 없기는 마찬가지다. 오직 내부적 모순을 치환하는 원한과 증오의 대상에 대한 끊임없는 비난이 있을 뿐이다. 외부적 난민의 좌절과 분노를 먹고 자라는 (극히 일부의) 폭력은 이러한 원한과 증오에 기름을 붓는다.[32]

외부적 난민과 내부적 난민 모두 신자유주의적 세계체계의 희생자들이다. 그런데 난민들이 서로 대립하고 갈등한다. 그 대립의 형식은 '혐오'와 '폭력'이고 내용은 '인종주의'와 '종교적 근본주의'다. 여기에서 아주 세련된 이데올로기적 개입이 실현된다. 세계체계를 떠받치고 있는 지배세력은 인종주의와 종교적 근본주의가 띠고 있는 '비합리적' 성격을 집요하게 파고든다. 한편으로는 은밀하게 이러한 비합리주의를 선동하면서 다른 한편으로는 합리성의 이름으로 비합리성을 규탄하는 것이다. 지배세력은 자신들이 부를 독점하고 대다수 인민을 좌절의 구렁텅이로 몰아넣고 있는 체계를 합리적이라고 강변할 만큼 멍청하지는 않다. 하지만 '비합리적인' 증오, 원한, 폭력, 인종주의, 종교적 근본주의가 상대편에 있다면 충분히 '합리적일 수' 있다.

이렇게 이데올로기적으로 합리성의 근거를 마련하고 나면 이것을 강화할 수 있는 이데올로기적 실천들이 뒤따라야만 한다. '난민'을 체계의 문제와 분리해 관리되어야 할 것으로 고립시킨다. 이것은 그들이 신봉하는 아주 좁게 정의된 과학, 경험적 지표들 사이의 가설적 인과관계를 설정하고 그것을 경험적으로 측정하는 과학주의적 태도에 부합한다. 과학주의적 태도는 '난민'이 가지는 정치적 성격과 사회적 측면을 최소화하고 경제적 비용의 문제로 계산한다. 과학주의적 태도는 경제학적 논리와 아주 잘 어울리는 한 조를 구성한다. 그렇게 해서 얻어진 데이터들은 '난민'의 근본적 원인을 보여주지 못한다. 원인을 드러내지 않지만 데이터의 꼴을 갖추고 있기에 지배 세력에게는 훌륭한 정보다. 체계를 건드리지 않고 '난민' 문제를 관리하지만 결코 해결하지는 않는 기술적 조정에 부합하기 때문이다. 그리고 기술적 조정은 과학주의적 태도를 체화하고 경제학적 논리에 의해 만들어진 데이터에 익숙한 사람들의 몫이다. 난민의 상태를 체험하고 그것으로부터 고통받는 사람들의 몸부림, 절규, 웅성거림은 반영되지 않는다. 과학적이지 않고, 그래서 경제학적 논리에 의해 데이터로 만들어질 수 없으며, 기술적 조정 과정에 반영되기 어렵기 때문이다.[33]

하지만 과학주의적 태도-경제학적 논리-기술적 조정-전문가 담론에 국한된 협소한 합리성의 체계가 완전무결한 것은 아니다. 합리성의 체계는 사람들의 몸부림, 절규, 웅성거림을 비합리적이라고 판정하면서 밀어내기 때문에 유지되는 것이지만 바로 그런 이유 때문에 비판받는다. 몸부림, 절규, 웅성거림은 합리성의 기준을 의심하고, 비판하고, 도전하고, 공격하게 한다. 수많은 몸부림, 절규, 웅성거림이 요구하는 것은 앞에서 확인한 '유적 존재'로서 누려야 할 인간다움의 상태다. 계속해서 부정당하고 있는 '보편성'이 자신의 삶 속에서 실존문제로 체험될 때 사람들은 수어진 합리성이 사실은 이데올로기적이라는 것을 깨닫게 된다. 이러한 체험은 실재와 이데올로기를 파열시킨다. 실재와 이데올로기가 탈구(dislocation)된다.[34] 개인적으로 체험되는 탈구는 순간적이고 단속적인 불만의 표현, 배설의 행위로 나타날 수도 있다. 정확한 적대의 대상을 찾지 못하면 오인에 따른 가상의 적을 향한 원한으로 치달을 수도 있다. 우리가 목도하고 있는 외부적 난민과 내부적 난민, 그리고 같은 난민들 사이에서 약자를 향해 나타나는 일상의 파시즘이 바로 그런 모습이다. 그래서 탈구는 개별적인 것을 넘어설 수 있는 계기들을 필요로 한다. 그런데 여기부터는 자생적인(spontaneous) 수준을 넘어서는 정치의 영역이다. 자생적인 수준을 넘어서는 정치는 '형식뿐인' 인도주의나 담론에 갇혀 있는 인권에 호소하는 것에 멈추어서는 안 된다. 이미 결정된 보편적 기준에 맞추려고 시도해서도 안 된다. 유적 존재로 주어져 있는 보편성은 이미 사회적 투쟁의 결과이기 때문에, '보편을 구성하려는' 또 다른 사회적 투쟁의 현재적 계기로서만 의미가 있다. '유적 존재'라는 보편성은 생명과 안전이 위협받는 구체적인 체험들로 다시 읽힐 때 진보의 힘이 된다. 위협의 공통 원인을 인식하고 논의할 때 보편성은 대화의 기준이 될 수 있다. 여기에서 몸부림, 절규, 웅성거림은 정치적 실천을 가능하게 하는 에너지다. 의식적 정치실천은 우리가 잃어가고 있는 노동, 협력, 소통, 연대의 가치를 되살리는 것이다.

(서영표)

혐오를 중심으로 본 유가 도덕 감정론

Ⅰ. 머리말: 혐오의 일상화와 도덕 감정론

혐오의 시대라고 불릴 만큼, 혐오가 다양한 양상으로 일상화되어 있다. 이러한 상황을 반영이라도 하듯이 지난 2019년에는 스티븐 스필버그가 〈Why We Hate〉라는 6부작 다큐멘터리를 기획 제작하기도 했다. 이 다큐멘터리의 최종회가 디스커버리 채널에서 방송된 지 한 달이 채 지나지 않아서 KBS가 〈우리는 왜 증오하는가〉를 특집 편성하여 방송하였다는 점은 우리나라에서도 혐오가 사회 문제로 여겨지고 있다는 것을 보여준다. 우리나라 시청자들이 보인 양극단의 반응에서도 이러한 상황이 확인된다.[1]

"혐오는 변수가 아니라 상수처럼 느껴진다."[2]는 말을 들으면 호사가의 과장된 표현으로 치부하고 싶어진다. 하지만 그러기에는 곤란할 만큼 혐오가 일상화되고 있다는 것도 현실이다. 혐오에 대한 체계적인 접근보다는 다양한 혐오 현상에 이목이 쏠려 있는 것도 혐오가 만연된 상황을 잘 보여준다. 우리는 증오와 혐오, 미움, 역겨움, 분노 등의 감정을 "혐오"라는 하나의 개념으로 환원하고, 소수자 또는 정치적 반대자를 포용하지 못하는 현실의 다양한 상황을 뭉뚱그려 "혐오 현상"이라고 표현하고 있다. 이렇게 복잡한 양상을 띠는 혐오가 만연하기 때문에 "민주주의의 위기"와 함께 지금껏 인류가 추구해온 가치가 사실상 실종되고 있다는 우려도 팽배하고 있다.

민주화 이후에도 여전히, 그리고 오히려 보수와 진보가 극단적으로 대립하고 있는 우리로서는 혐오 문제가 세계 어느 국가, 사회보다도 심각할 수밖에 없다. 빨갱이, 종북, 전라도 등 과거 냉전시대 이데올로기에 기초했던 혐오가 오늘날에는 여성, 장애인, 노인, 외국인 등 생물학적 조건은 물론, 페미니즘, 보편복지, 성소수자, 다문화 등 인권, 문화, 가치 등의 문제로 확장되고 있을 뿐 아니라, 불특정한 타자에 대한 무차별적이고 극단적인 폭력까지 양산하는 상황에 이르렀다. 그리고 무엇보다도 세계 최첨단을 자랑한다는 매체 환경이 이러한 상황을 부추기고 있다는 것이 우리가 당면한 문제이다.

다양한 인종과 문화 융합을 겪은 서구사회에서는 오래전부터 혐오에 대한 분석과 성찰이 있었고, 지금도 활발히 논의되고 있다. 철학에서는 도덕철학과 법철학, 심리철학, 그리고 미학 등 다양한 분야에서 혐오의 양상과 기원에 대한 분석과 해결 방안이 모색되고 있다.[3] 오늘날에는 혐오가 감정의 일종으로서, 생물학적 기원을 가지지만 동시에 문화적 감정이라고 주장하기도 한다. 예컨대 콜나이(Aurel Kolnai)와 누스바움(Martha Nussbaum)의 연구에서 확인되듯이 감정이 이성의 합리성과 지향성에 입각한 인지적 성격을 지니는지 등에 대한 논의로 확장되고 있다.

이에 비해 동아시아, 특히 유가 전통에서는 혐오라는 감정이 개별적인 철학적 주제로 주목받지 못했다. 맹자 이후로 사단칠정론을 통해 성(性)과 정(情)에 대한 논의가 주요한 의제로 다루어지면서 도덕 감정에 대한 다양한 논쟁이 촉발되기는 했다. 예컨대 사덕(四德)과 그 근거로 제시된 사단(四端)에 관한 논의는, 조선 유학 논쟁사에서 확인되듯이, 태극, 인심도심, 사단칠정 등 도덕 감정과 관련된 논쟁에서 다양한 이견과 주장을 촉발시키는 의제가 되었다. 물론 유가 개념인 "성정(性情)"을 서양철학 개념인 이성과 감정으로 치환할 수는 없다. 더구나 "수오"나 "공적 분노"라는 감정을 사단과 별개로 다루지 않았으므로 인지주의를 비롯한 서양 전통의 혐오 담론과는 당연히 결이 다를 수밖에 없다. 하지만 이성의 통제를 받아야 하는 생물학적 감정과 그것과 구별되는 것인 도덕 감정의 관계는 풍부하게 논의된 것으로 볼 수 있다.

이 글에서는 이러한 논의를 바탕으로 하여, 최근 극단적 혐오의 대표적 양상으로 손꼽히는 난민혐오 양상과 이와 관련된 동·서양의 도덕 감정론을 살펴봄으로써, 우리 사회에 만연한 혐오의 문제점과 그 해결 방안을 모색하고자 한다. 우선 예멘 난민 입국으로 촉발되었고 부추겨진 혐오의 양상을 따라가면서 이와 관련된 서구의 혐오 담론을 검토해보겠다. 다음으로는 인지주의 감정론과 맹자의 심설이 "공통지대"를 형성할 수 있는지 살펴보고자 한다.[4] 이에 대해서는 비교철학적 관점에서 이미 비판이 제기되기도 했지만, 인지주의와 유가의 유사성을 확인하는 것이 아니라 인지주의의 개념으로 유가의 도덕 감정론을 풀어낼 수 있는가에 초점을 맞출 것이다. 이를 바탕으로 도덕 감정으로 포장되고 있는 우리 시대 혐오의 문제점과 그 출발점인 동시에 해결 방안으로서 감정의 공적 전환에 대한 논의를 제안고자 한다.

II. 난민혐오로 보는 혐오의 양상

2018년 제주에 예멘 난민이 입국하면서 우리 사회 기저에 깔려 있던 다양한 양상의 혐오 문제가 수면 위로 다시 떠올랐다. 그 이전에도 혐오에 대한 사회적 논의는 간헐적으로나마 제기되고 있었다. 카롤린 엠케(Carolin Emcke)의 저서 "Gegen Den Hass"(2016)가 나오자마자, 이례적으로 『혐오 사회』(2017)라는 제목으로 번역 출판된 것은 그 좋은 예이다. 세계 최악의 난민 위기와 마주했던 2015년을 지나면서 세계적으로 광범위하게 자리 잡은 "혐오의 시대와 사회"를 살고 있다는 인식을 우리도 공유하고 있다는 증거로 볼 수 있기 때문이다. 그 이전에는 유럽 난민 문제가 우리와는 먼 이야기로 여겨졌다. 하지만 2017년 벽두부터 보수정치권 출신 대통령의 탄핵에 이은 대통령선거를 통해 진보정권이 출범하면서 진영 간 갈등이 증폭되고 있었기 때문에 혐오 문제에 대한 관심이 뜨거울 수밖에 없었다.

이른바 "청와대 정치의 실패"를 심판한 "광화문 정치의 승리"는 "여의도 정치의 과제"를 산더미처럼 남겼고, 그만큼 많은 기대와 혐오가 교차했다.[5] 이런 상황에도 불구하고 탄핵이 진행되는 동안은 물론, 새로운 정부 출범 이후에도 정치권과 광장정치는 진영별로 첨예하게, 그리고 지속적으로 대립했다. 여기에는 탄핵에 이어 새로운 정부가 출범했음에도 불구하고, 인적 구성을 비롯한 대부분에서 탄핵 이전으로 회귀한 "여의도 정치"가 큰 역할을 했다. 진보 보수를 가릴 것 없이 "여의도 정치"는 "광화문 정치"가 남긴 과제를 해결하는 대신 주도권 경쟁에 몰두하면서, 탄핵으로 일단락된 광화문 정치가 탄핵 무효를 외치는 "태극기"로 이어지는 계기를 제공했다.

정치 영역에서 체감되는 이러한 "혐오" 문제가 일상이나 개인의 감정적, 정서적 혐오 문제를 넘어선다는 점은 의미심장하다. 왜냐하면 난민 문제와 마찬가지로 인간 존엄성과 권리 등 보편적인 가치와 연동하기 때문이다. 제주에 입국한 500여 명의 예멘 난민은 "출현" 그 자체만으로도 여론의 집중을 받을 수밖에 없었다. 그 이유 가운데 하나는 '청와대 정치'가 이들을 어떻게 대할 것인가에 대한 기대였다. 그런데 유럽 난민 위기에서 확인되듯이, 현실에서는 이런 기대가 "개인적인 두려움"을 오히려 부추긴다. 제주 예멘 난민 사태에서 청년과 여성들이 "진보가 아닌" 보수 정치인, 근본주의 기독교와 감정적 연합을 형성하게 된 이유도 이렇게 해서 "개인적인 두려움"이 부추겨졌기 때문이다.[6]

콜나이에 따르면, 이러한 개인적인 두려움은 생존적 혐오감에 속한다. 홉스(Thomas Hobbes)는 이러한 생존적 혐오가 윤리나 평화를 지향하게 하는 실마리가 된다고 주장했다. 자연 상태의 인간은 욕구 대상을 선, 혐오 대상을 악이라고 인식하기 때문이다. 그런데 욕구 대상이 끊임없이 옮겨가기 때문에 최고선은 존재할 수 없지만, 죽음이라는 최고악과 그것에 대한 두려움이라는 정념(passion)은 실재한다.[7] "예멘난민사태"에서 청년과 여성들이 인간 존엄성이라는 보편적 가치보다는 우익적 불안감과 위기감에 더 공감했던 이유도 이러한 맥락에서 이해할 수 있다. 개인적 감정 수준인 "생존적 혐오감"이 평소에는 반대하던 반다문화(反多文化)와 반난민의 기저에 깔린 사회적 현상으로서 혐오와 공조하게 된 것이다.

혐오란 자신에게 해로울 것으로 판단되는 것을 배척하는 감정으로 정의할 수 있다. 상한 음식 냄새나 모양 등은 "감각적 혐오"를 불러일으키고, 그런데도 그런 것들을 먹는 모습은 "생존적 혐오"를 불러일으킨다. 진화생물학과 진화심리학의 설명에 따르면 이러한 혐오는 신체를 질병으로부터 보호하는 역할을 한다. 그런데 감각적 혐오나 생존적 혐오와는 무관하게 자신이 속한 사회의 관습이나 문화와 다르다는 이유만으로 느끼는 "문화적 혐오"도 있다. 그리고 자신이 속한 집단의 신념에 위배 된다고 여기는 사람 또는 행위에 대해서 느끼는 "권력적 혐오"가 있다. 감각적 혐오와 생존적 혐오가 개인적 감정에 기초한다면, 문화적 혐오와 권력적 혐오는 윤리나 문화로 확산한 유형이다.[8]

콜나이는 개인적 감정에 기초한 혐오가 윤리나 문화로 확산하는 데 가장 큰 힘을 발휘한다고 주장하면서 "역겨움(disgust)"이라는 개념을 활용하였다. 교육 심리학적 개념으로서 역겨움이란 감각적 혐오나 생물학적 혐오와 관련된 정서로서, 그것을 배설하거나 토하려고 하는 행동을 보이는 것을 가리킨다. 그런데 도덕 심리학자 하이트(J. Haidt)는 감각적 혐오나 생물학적 혐오와는 무관한 부도덕한 행위에 대한 혐오의 이유도 '역겨움'이라고 답변하는 사례를 활용하여, 개인적 감정에 기초한 혐오가 사회적으로 확산하는 데 가장 큰 힘을 발휘한다는 주장을 뒷받침하였다. 콜나이와 하이트의 주장 덕분에 그동안 주류를 차지해오던 도덕적 판단에 대한 이성주의적 접근과는 다른 '감정과 직관주의적 접근'이 가능해졌다.[9]

이들의 주장은 '옳고 그름을 감정적으로 느낀다'고 주장한 흄(David Hume)의 주장을 상기시킨다. 흄은 어떤 대상에 대한 혐오나 선호가 이성이 아니라, 고통이나 쾌락에 대한 전망 때문에 일어나는 것이라고 하면서, 이성은 그러한 의지를 돕는 차원에 머물러 있다고 주장했다.[10] 도덕 판단이 행위자의 감각적이고 생리적인 감정 판단에 기초한다는 흄의 정념주의는 플라톤은 물론 칸트(Immanuel Kant) 등, 이성의 작용이 인간의 도덕적 행위의 보편성을 뒷받침한다는 일반적인 설명에서 비켜나 있다. 그런데 그렇다고 해서 하이트가 인용한 "역겨움"이 감각적 혐오에 바탕을 두고 있다는 점을 확대해석하면 안 된다. 왜냐하면 그것이 문화적 혐오로 확산하였다는 점에 더 주목해야하기 때문이다.

콜나이가 문화적 혐오의 전형적인 양태를 증오(hatred)라고 주장한 것도 같은 맥락에서 이해할 수 있다. 이 주장에 따르면, 증오는 개인적 감정에 머물러 있지 않고 보편적이고 이성적인 영역으로 쉽게 확산하여 경멸이나 적대로 이어진다. 오늘날 우리가 난민혐오 등과 같은 문화적이고 권력적인 혐오를 염려하는 이유는 바로 여기에 있다. 이러한 혐오는 개인적 수준에서 대상이나 행위에 대해서 단순히 두렵고 불쾌한 감정을 느끼는 데서 한 걸음 더 나아가 그러한 감정은 물론, 그것을 정당화하기 위해 대상이나 사실을 왜곡 조작하기까지 하기 때문이다. 이러한 사례는 예멘 난민 문제에서도 발견된다.

예멘 난민이 입국하기 전에도 우리 정부의 까다로운 난민심사 기준이나 주목을 끌만한 인생 역정을 가진 난민의 사정이 언론에 보도된 일이 있었다. 그런데 그동안 그런 특별한 사정을 가진 난민은 "있지만 '보이지 않는' 사람들"로 규정되었다. 사회적 이목을 끌지 못하는 개인적인 문제로 여겨지고 취급되었기 때문이다. 그러던 것이 2018년을 기점으로 "가시화" 된 이유는 앞서 언급했듯이 새로운 '청와대 정치'에 대한 기대와 500여 명에 달하는 "대거 입국한 난민 수"가 불러일으킨 두려움이 증폭된 데서 찾을 수 있다.[11] 이 점은 "청와대 정치"가 "광화문 정치" 몫으로 열어둔 청와대 국민청원에 올라온 난민혐오 게시글에 62만 명이 넘는 사람이 찬성 의견을 표출했다는 데서 시작해야 한다. 청와대 국민청원이 개인적인 두려움을 정당화하는 데 활용된 것으로 볼 여지가 있기 때문이다.

2017년 8월 청와대 공식 홈페이지에 국민청원 페이지가 개설되면서, 청와대 국민청원이 공식적으로 운영되기 시작했다. '국민이 물으면 정부가 답한다'는 구호에서도 확인되듯이, 국민이 직접 참여하는 공론장으로 기획된 것이다. 긍정적인 취지에도 불구하고 비판이 만만치 않게 제기된 까닭은 청와대 국민청원의 절차적 문제 때문이기도 하지만, 오늘날 세계적으로 당면하고 있는 "민주주의의 위기"와 무관하지 않다.[12] 정치가 대중의 기대에 미치지 못하면 분노나 혐오와 같은 부정적인 감정이 자극되고, 합리적인 의사결정이 이루어지지 않는다. 이러한 문제점 때문에 진영을 가리지 않고 민주주의에 대한 지지가 하락하면서 권위주의적 지배를 선호하는 시민 수가 증가하는 현상이 발생한다.

물론, 이러한 부정적 감정이 부정의(不正義)에 반응하는 동인(動因)이 되기 때문에 역설적으로 민주주의를 심화하는 데 도움이 된다고 주장할 수도 있다. 하지만 이런 부정적 감정은 콜나이의 분석처럼 "어떤 것을 파괴하는 것"에로 귀결되기 마련이다. 불만과 분노, 증오는 "자기 옹호적인 합리화를 동반"하기 때문이다.[13] 예멘 난민혐오 게시글을 포함한 청와대 국민청원 사례 분석에서도 이러한 점이 확인된다. '다양한 정책적 의제의 표출 못지않게 단순한 감정의 표출도 많았는데, 특히 생활 밀착적 의제가 분노와 같은 부정적 감정과 결합할 때 효과가 더 크게 나타났다'[14]는 분석은 주관적 분노와 객관적 분노를 혼동하거나, 자신 감정을 정당화한 사례가 많았음을 의미한다.

"'성범죄자로서의 이주 노동사'와 이에 대한 상호구성적 대립항으로 '겁탈당하는 한국여성'을 동원함으로써 꾸준히 형성해온 우익적 불안과 위기감을 2018년 예멘 난민에 그대로 투사했을 뿐만 아니라 이를 다양한 방식으로 강화하면서 더 광범위하게 확산"[15]시켰다는 분석은, 사실에 기초한 객관적 분노를 가장하고 있지만 사실상 자신의 감정을 합리화하려는 의도가 작동하였다는 점을 전제로 하고 있다. 모든 이주 노동자가 자신의 일자리를 빼앗거나 안전을 위협하지 않을뿐더러, 난민은 이주 노동자가 아닌데도 그것이 사실인 것처럼 공격하였기 때문이다. 이것은 우월적 지위에 있는 대상에 대한 증오가 아니라, 소수자 또는 소외된 대상에 대한 경멸과 적대에 가깝다.

인지주의 감정론을 주장하는 누스바움이 도덕적 혐오에 대해서 회의적인 태도를 취한 이유는 이러한 사실과 무관하지 않다. 잘 알려져 있듯이 누스바움은 감정이 기본적으로 믿음이면서 판단이라는 스토아학파의 입장을 수용한다. 그에게 '감정'이란 어떤 것에 '관한' 감정으로, 대상에 대한 믿음을 체현하는데, 이것들은 어떤 가치와 관련된다는 특성을 가진다. 이를 근거로, '감정이 이성적 추론과 무관한 맹목적 힘이라거나 감정을 구성하는 믿음과 판단이 우연적이고 덧없는 성격들을 반영하기 때문에 신뢰할 수 없거나 잘못되었으며, 개인적인 유대나 애착 관계에 좌우되기 때문에 도덕적 판단이나 공적인 숙고에 부적합하다'는 등과 같은 감정에 대한 기존 비판을 검토하고 반박했다.

하지만 누스바움은 혐오가 도덕적으로 정당하기 어려운 인지적 내용을 갖고 있어서 공적 판단의 기초가 되기는 어렵다고 주장한다. 왜냐하면 혐오가 분개나 연민과는 달리 "오염"이라는 미신적인 믿음에 기인하는 것이고, 자신의 취약성을 은폐하거나 외면하려는 목적으로 외부로 투사되기 때문이다. 그리고 혐오의 인지적 내용이 반사회적이며, 혐오 대상이 열등하다는 믿음에서 벗어날 수 없다는 점까지 고려하면, "개인적인" 혐오를 "보편적인" 도덕적 판단과 행위의 기준으로 삼기에는 부적절하다.[16] 누스바움의 이러한 주장에는 보편적인 인간 존엄성이 전제되어 있는데, 이것은 도덕성의 중요한 가치인 동시에 나 자신과 인류가 공유하는 취약성을 인정하는 것을 골자로 한다.

콜나이와 하이트, 그리고 누스바움의 주장에 따르면, 예멘 난민 문제로 촉발된 우리 사회의 혐오 양상은 개인적 수준의 혐오감이 문화적이고 권력적 혐오로 확산하는 과정으로 볼 수 있다. 감각적 혐오에서 출발한 생물학적 혐오는 개인적 감정에 기초한 혐오로서 "두려움"으로 표현될 수 있다. 이러한 두려움이 문화적이고 사회적인 혐오로 확산하는 데는 "역겨움"이 큰 힘을 발휘한다. 역겨움은 도덕적 판단에 대한 이성주의적 접근과는 다른 감정직관주의적 접근을 가능하게 하기 때문이다. 하지만 그렇게 해서 확산된 문화적 혐오로서 "증오"가 도덕적 혐오로 인정될 수는 없다. 이 문제는 인지주의 감정론과 맹자 심설의 공통지대에서 본격적으로 검토될 수 있을 것이다.

Ⅲ. 인지주의 감정론과 맹자 심설

근대 이전 서양철학에서는 감정이 개인의 감각적이고 생리적인 느낌이기 때문에 도덕성의 근거가 되기 어렵다는 주장이 주류를 이루었다. 개인의 감각기관에서 비롯된 감성이나 감정은 배우지 않아도 자연스럽게 주어져 있는 것이고, '주관적이고 사적(私的)'이라는 점에서 객관적이고 공적인 도덕과는 거리가 있을 수밖에 없다고 생각했기 때문이다. 이에 비해 이성이나 사유는 개인의 감각기관, 곧 몸을 넘어서 있기 때문에 객관적이고 공적일 수 있으며, 이 점에서 도덕성과 규범성의 근거가 된다. 따라서 감정은 원천적으로 억제되거나 최소한 절제되어야 하고, 그렇게 할 수 있는 능력으로서 이성이나 사유가 요청된다. 감성과 이성, 또는 감정과 사유가 대립되는 구조로 서술되는 이유는 바로 여기에 있다.

그런데 오늘날에는 앞서 살펴본 바와 같이 인지주의자라고 불리는 일군의 학자들이 감정에 대한 새로운 견해를 제시하면서 감정은 이성이나 사유로부터 제어 받는 처지에서 벗어나게 되었다. 이들의 주장에 따르면, 감정은 인지적인 것으로서, 이성의 합리성과 지향성에 입각하고 있다. 이러한 주장은 플라톤 이후 굳건하게 지켜진 이성과 감정의 구분을 허물면서, 다른 한편으로는 감정을 인간의 윤리적 삶에 장애가 되는 반이성적이고 제어하기 곤란한 것으로 폄훼했던 체제에서 벗어나려는 취지를 가지고 있다는 점에서 긍정적으로 평가된다. 이러한 평가는 이들이 이성과 감정을 지금까지의 대립관계가 아닌 의존관계로 파악하고 있으면서, 특히 '감성의 이성 의존성'을 여전히 인정한다는 데 기초한 것이다.

인지주의자들은 감정이 개인의 '생리적이고 감각적인 느낌'만이 아니라, 객관 세계의 인지를 바탕으로 발생하는 '복합적인 느낌'이라고 이해한다. 철학에서는 세계의 인지가 이성적 인식 능력에서 비롯된다고 보기 때문에, 이것은 엄청난 사고의 전환으로 볼 수 있다. 그런데 감정의 '인지적 기반'이 무엇인지에 대해서는 각각의 입장이 다를 수 있어서, 이에 따라 인지주의도 다양하게 분화 전개된다. 대표적으로는 '명제적 판단'으로 본 누스바움이나 초기의 솔로몬(Robert Solomon), 그리고 '믿음'으로 본 케니(Anthony Kenny)나 월튼(Kendall Walton)은 강한 인지주의, '비명제적 지각'으로 본 드 수자(Ronald de Sousa)나 후기의 솔로몬, 그리고 '세계에 대한 해석'으로 본 로버츠(Robert Roberts) 등은 수정된 인지주의 등으로 분화하였다.[17]

누스바움을 언급하면서 밝혔듯이 강한 인지주의의 기원은 스토아학파에서 찾을 수 있다. 스토아학파는 "마음의 평정"이 인간 행복에 필요충분 조건이라고 생각하기 때문에, 감정으로부터 자유로워져야 한다고 주장한다. 이 점에서 스토아학파는 서양철학의 전통적 입장과 큰 차이를 보이지 않는다. 그런데 여기서 한 걸음 더 나아가 모든 감정은 판단과 관련되어 있기 때문에 비록 "어떤 이성적 토대를 결여한 거짓된 믿음(false belief)"라고 할지라도 이성에 의존적일 뿐, 대립항에 놓일 수 있는 것은 아니라고 주장한다.[18] 이렇게 감정에도 사고나 인지적인 요소가 본질적이거나 부분적으로 구성된다고 보기 때문에 스토아학파는 서양철학 전통에서 빗겨나게 된다.

이를 계승한 강한 인지주의는 감정이 '명제적 대상을 갖는 인지적 활동'이라고 정의한다. "나는 위험하다."라는 명제에 대한 "믿음"이 공포라는 감정이고, "어머니가 돌아가셨다."라는 명제에 대한 "판단"이 슬픔이라는 감정이기 때문이다. 그런데 강한 인지주의는 감정과 판단이 일치하지 않는 경우, 곧 행위자가 현재 느끼는 감정과 다른 판단이나 믿음을 가지게 되는 이유를 해명하지 못한다. 안전이 확보되어 있음에도 불구하고 느끼는 공포 등과 같은 "저항적 감정(recalcitrant emotion)"은 그것이 사실이 아니라는 판단이나 믿음에도 불구하고 발생하고 지속한다. 물론 누스바움은 믿음이나 판단의 명제적 내용과 일치하지 않는 감정은 발생하더라도 즉각적으로 사라진다고 했지만, 실제로는 그렇지 않은 경우가 많다.

이러한 한계를 극복하기 위해 '수정된 인지주의'에서는 감정을 비명제적인 지각(perception)으로 정의하면서, 감각적 저항은 착시와 같은 일종의 '지각적 저항'과 유사한 것이라고 설명한다. 뮐러-라이어 착시(Müller-Lyer illusion)처럼 실제로 두 선의 길이가 같다는 것을 알고 믿어서 판단하고 있는데도 불구하고 두 선의 길이는 다르게 '지각'되는 것처럼, 감정이 사실 인식과 판단, 그리고 믿음과 일치되지 않을 수도 있다는 것이다. 물론, 그렇다 하더라도 이러한 예시는 감정이 지각과 유비될 수 있음을 시사하는 것일 뿐이지, 지각과 완전히 동일하다는 것을 증명하지는 않는다. 마찬가지로 이러한 설명에 동의한다고 해서 감정을 긍정하는 인지주의 전체가 실패한 것은 아니다.[19]

인지주의자들은 인지 개념을 이론적으로 확장하면서, 이것을 뒷받침하는 경험적 증거를 제시함으로써 강한 인지주의의 한계를 넘어서려고 하였다. 예컨대 누스바움과 함께 감정의 인지적 기반을 '명제적 판단'이라고 주장했던 솔로몬은 2004년을 기점으로 수정 인지주의로 선회했다. 그는 이전에 주장했던 "감정은 판단이다."라는 유명한 말이 "감정은 필연적으로 의식적, 반성적, 숙고적, 언어적이다."를 뜻하는 것은 아니라고 강조했다. 이로써 "후기 솔로몬"으로 불리게 된 그에게 '인지'란 지금까지 논의해온 "명제적, 언어적, 반성적 활동(예: 믿음과 판단)뿐만 아니라 비명제적, 비언어적, 반성 이전의 활동(예: 지각)까지 포함"[20]하는 용어가 되었다.

후기 솔로몬에게 '판단'이란 "세계에 '관여(engagement)'함"인데, 나와 우리를 둘러싼 세계에 '관여하는' 데 꼭 의식적, 반성적, 숙고적, 언어적일 필요는 없다. 이로써 자동적으로 이루어지는 신체적, 비자발적 판단까지도 세계에 관여하기 위한 핵심적 특징을 가질 수 있게 되고, 인지의 영역은 확장된다. 실제로 "어떻게 하는지를 아는 것(knowing how)"은 언어적인 형태로 표현하기는 어렵지만, 비언어적인 방식으로는 분명히 존재한다. 이렇게 "어떻게 하는지를 아는 것"은 명제적 지식으로 완전히 환원될 수 없고 되지도 않지만, 알고 판단하는 것으로서 세계에 관여하는 것이다. 그러므로 "어떻게 하는지를 아는 것"은 "무엇이라는 것을 아는 것(knowing that)"인 판단이 된다.[21]

이렇게 신체적인 지각까지도 인지의 일부로 수용하면서 수정된 인지주의는 감정과 지각의 다양한 속성을 포괄하면서 인지의 영역을 확장한다. 이러한 시도로 감정이 긍정적으로 평가되고 확장되면서, 우리나라에서는 유학의 심론(心論)을 인지주의적 관점에서 해석하는 경향도 생겨났다. 이들에 따르면, 공자의 입장은 인간의 정서적 반응과 가치판단 사이에 밀접한 연관 관계가 존재하는 것으로 분석할 수 있고, 주희의 "성즉리(性卽理)"와 "성발위정(性發爲情)"은 감정을 이성의 발현으로 간주한 것으로 분석할 수 있다. 이렇게 하면 신유학이 그 시원이 되는 선진유학에서부터 이미 이

성주의적이고 합리적인 철학으로 평가되고 주목받게 될 수 있다는 점에서 흥미를 끌기에 충분하다.[22]

썩 달가운 주목은 아니지만 인지주의 감정론과의 유사성으로 말할 것 같으면, 공자보다는 맹자에게서 더 분명하게 발견된다. 공자가 인간다움과 가치에 기초한 예제(禮制)의 몰락을 춘추시대의 문제점으로 분석하고, 개인의 욕구와 욕망을 극복함으로써 인간다움과 가치에 기초한 문화를 회복할 것을 선언했다면, 맹자는 그것이 왜 요구되며, 어떻게 실현 가능한가에 주목했기 때문이다. 맹자는 그것을 특히 "감정[心]"에 기대어 증명하고자 했다.[23] 잘 알고 있듯이 맹자는 "젖먹이가 우물로 기어들어 가려고 할 때[孺子入井]" 드는 측은한 마음[惻隱之心]을 비롯한 네 가지 마음을 각각 인의예지(仁義禮智)로 대표되는 도덕과는 구분되지만, 그것들의 단서로 제시하였기 때문에 사단(四端)이라고 부른다.

맹자의 설명을 인지주의 방식으로 재구성하면, 사단심은 인간이라면 자연스럽게 일어날 수밖에 없는 "도덕 감정"으로서, 개인의 생리적이고 감각적인 감정이 아닌 공적(公的) 감정이다. 물론 이 감정은 인간이 도덕적인 존재라는 사실을 증명하기 위해 "아직 실현되지 않았지만" 그 이유와 가능성으로 제시된 것이다. 그런데 이렇게 본다면 "인간의 도덕성은 공적 도덕적 감정을 통해 드러나지 이성적 사유를 통해 비로소 찾아지는 것이 아니라는 것, 따라서 도덕성 확립을 위해 필요한 것은 감정의 억압이나 배제가 아니라, 오히려 도덕적 감정의 배양이라는 것을 강조"[24]했다는 분석은 도덕 감정을 긍정하였다는 점을 강조하기 위해 맹자의 의도를 지나치게 앞서 나간 감이 없지 않다.

사실 이 문제는 "주희에서 공적 도덕적 감정의 근원인 리성은 서양의 이성보다 더 심층마음의 영성에 해당한다는 것, 나아가 주희의 인간관은 오늘날 우리가 갖고 있는 인간관, 즉 감성과 이성의 결합체로서의 인간 이해와는 본질적으로 다르다는 것"[25]이라는 주장에서 보이는 의미맥락을 전제로 해야 한다. 그동안 헤아릴 수도 없이 말하고 들어왔듯이 동아시아 철학 개념은 서양의 그것과는 일대일로 대응될 수 없다는 점이 전제되어야 한다는 말이다. 물론 이 점을 전제로 맹자가 제시한 네 가지 단서를 "도덕적 감정"이라고 할 수 있다 하더라도, 도덕이 "이성적 사유를 통해 비로소 찾아지는 것이 아니라는 점"을 강조하려는 의도를 가진 것으로 보기는 쉽지 않다.

맹자는 당시 문화 질서 회복, 곧 도덕성의 존재와 실현 가능성을 되묻는 이들을 향해서 아직 완전히 실현하지는 못하였지만 그러한 가능성을 가지고 있다는 점을 도덕적 판단과 실천이 필요한 네 가지 대표적인 상황에 드는 감정으로 예시했다. 맹자의 논리를 재구성하면 이렇다. "인간은 누구나 인의예지를 비롯한 도덕성을 가지고 있다. 인의예지가 있다는 단서는 각각 가엾고 불쌍해하고, 부끄러워하고 미워하고, 겸손하고 양보하고, 잘잘못을 따지게 되는 감정이 들기 때문이다. 이러한 감정이 없는 사람은 없으니, 인간은 도덕적인 존재이다." 여기에는 도덕 감정이 이성적 사유를 앞선다거나, 생리적이고 감각적인 감정과 공적 감정이 분기한다는 주장은 드러나 있지 않다.

물론, 성선설에서 확인되듯이 맹자는 인간 존재의 본질적 특성을 도덕성으로 규정하고 있다. 같은 맥락에서 도덕적으로 완성된 인간인 대인(大人)을 "갓난아이의 마음을 잃지 않은 사람[不失其赤子之心者]"[26]으로 설명하였다. 여기서 '갓난아이의 마음'이라고 한 것은 누구나가 보편적으로 가지고 있는 마음이므로 공적(公的)이라고 할 수 있고, 도덕적 존재인 인간이 본래부터 가지고 있는 마음이므로 생리적이고 감각적인 것이 아니라 도덕적이라고 할 수 있다. 이렇게 본다면 맹자는 도덕 감정을 통해서 인간이 도덕적 존재라는 것을 증명하면서 동시에 도덕 실천의 당위를 강조한 것으로 볼 수 있다.

맹자 심론은 이렇게 감정의 억압이나 배제가 아니라 도덕 감정을 배양하고 확충할 것을 강조한다는 점에서 인지주의를 비롯한 오늘날 도덕 심리학이나 도덕철학과 많은 부분에서 유사하다. 맹자의 적자지심(赤子之心), 곧 '갓난아이의 마음'을 "주관적 동기나 감정, 그리고 정서와 같은 심리 일반을 포괄하는 도덕 심리 상태"[27]로 보고, 그것이 발한 것을 사단이라고 한다면 더 그렇다. 하지만 이 적자지심이나 그 발현으로서 사단은 그 자체로 도덕률이나 도덕 심성을 가리키지는 않는다. 맹자 이후에 존재론적, 인식론적 해명이 덧붙기는 하였지만, 도덕적 주체로서 호연지기(浩然之氣)를 배양하는 등의 공부는 물론, 사단의 확충을 통해서 실현되는 것이 도덕이기 때문이다.

Ⅳ. 사칠논쟁과 감정의 공적 전환

맹자가 제시한 사단을 "도덕 감정"으로 볼 수 있다면, 『예기』 칠정(七情)은 인간이 타고나는 생리적이고 감각적인 감정으로 볼 수 있다. 맹자 이후 주희 성즉리 체계를 기반으로 사단과 칠정이 도덕 감정 기원과 양상에 대한 도덕 철학 주제로 묶이면서, 사단칠정은 유가 윤리의 이론적 토대와 함께 논쟁점을 제공하게 되었다. 특히, 신유학 이론체계에 대한 심층 연구가 이루어진 조선 성리학에서 사단칠정은 우주론적 보편질서와 도덕형이상학 근거를 모색하는 광범위한 철학적 주제로 확장되었는데, 사단칠정과 관련되지 않은 철학적 의제가 없다고 할 정도였다. 이 점에서 "사단칠정론은 조선 성리학의 도덕철학 전체를 압축적으로 보여주는 핵심적 주제"[28]라고 말할 수 있다.

이황(李滉)과 기대승(奇大升)의 사칠논변에서 확인되듯이, 조선 성리학에서 사단칠정 논쟁은 '사단이 그 자체로 도덕은 아닌 데 비해, 칠정도 사단처럼 도덕적일 수 있다'는 두 가지 논점에서 출발한다. 주자 성리학 체계를 온전히 이해하는 것이 학문적 권위와 직결된다는 것을 잘 알고 있었던 젊은 조선 성리학자 기대승에게는 주자가 "중절하지 못한[不中節] 사단"을 언급한 것이 선배 대학자가 사단을 도덕 위치에 놓고 있는 문제점을 공격할 수 있는 좋은 빌미가 되었다. 『중용』의 중절(中節)은 칠정의 도덕적 가능성을 증명하는 근거였다. 하지만 신유학의 개념틀에서 사단은 순선한 리(理)에서 나온 도덕 감정이고, 칠정은 선악이 뒤섞인 기(氣)에서 나온 자연 감정이기 때문에 이황이나 이이(李珥)의 관점에서는 분명히 구분되어야 하는 것이었다.

기대승은 맹자와 중용을 근거로 이황을 공격했지만, 이황은 사단이란 사덕이 순수하게 드러난 도덕 감정이라는 점을 들어 반박했다. 그리고 사덕이 순수하게 드러났음에도 부중절하게 되는 이유를 혼탁한 기질에서 찾았다. 같은 맥락에서 비록 중절하게 되었다고 하더라도 자연 감정은 우연적이고 개별적이며 타율적이기 때문에 도덕 감정이 될 수는 없다고 주장했다. 이 주장에 따르면 항상 선한 도덕 감정이 발현된 선과 선악이 정해지지 않은 자연 감정이 외적 규범과 일치하는 중절을 통해 이르게 된 선으로 나뉘게 된다. 이 문제를 기대승은 중절한 칠정을 사단과 같은 것으로, 이이는 사단과 칠정을 매개하는 지점을 "중절"로 보아 해소하고자 하였다.

조선 성리학에서 사칠논쟁은 이렇게 선험적 윤리의 확충이라는 사단과 개인적 욕망의 중절이라는 칠정의 존재론적, 실천론적 문제가 긴장 관계를 유지하면서 전개되었다. 이것은 서양철학의 전통에서 합리적 이성의 통제와 충동적 감정의 억제가 한 쌍을 이루고 있는 것을 연상하게 한다. 엄밀하게 말하면, 사칠논쟁은 생리적이고 감각적인 감정과 도덕 감정의 기원과 양상, 도덕 실천의 방법론 등에 대한 다양한 논의가 벌어진 것이므로 이성과 감정의 대립구도로 보기는 어렵다. 하지만 오히려 이 지점에서 사칠논쟁이 공희노(公喜怒), 곧 감정의 공적 전환이라는 문제로 귀결되는 것은 당연한 수순이라고 할 수 있다.

초기 사칠논쟁은 도덕 감정을 도덕과 동일시하는 데 대한 문제제기로 시작해서 어떤 감정이라도 도덕적으로 승화될 수 있다는 주장을 두고 치열하게 대립하였다. 이를 절충하고자 한 김창협(金昌協)은 생리적이고 감각적인 감정과 도덕 감정이 존재론적, 발생론적으로 같은 것이지만, 상황과 맥락에 의존적인 자연 감정, 곧 '생리적이고 감각적인 감정'과 순수한 도덕 감정은 구분된다고 주장한다. 이에 대해 한원진(韓元震)은 도덕 본성이 하나이듯이, 생리적이고 감각적인 감정과 도덕 감정의 차이는 감정의 중절(中節) 여부에 달린 것일 뿐이라고 비판한다. 도덕 감정을 절대화하는 것이 오히려 도덕의 상대화로 이어질 수도 있다고 생각했기 때문이다.

사칠논쟁에서 사단과 칠정의 차별과 통합, 선의 일원화와 이원화가 논쟁점이 된 이유는 자연 감정과 다른 도덕 감정이 존재하며, 그것이 실현된 것이 도덕이라는 성리학의 기본구도가 형성되어 있었기 때문이다. 이황과 김창협은 도덕 감정이 그 자체로 이미 도덕적이기 때문에 생리적이고 감각적인 감정과는 구분되어야 한다는 주장을 저버릴 수 없었다. 하지만 한원진은 도덕 감정도 감정이라는 점에서 생리적이고 감각적인 감정과 동일하며, 상황에 맞는 적절한 감정의 표출과 유지, 곧 중절(中節) 여부에 따라 선악을 구분함으로써 도덕의 상대화 우려를 해소해야 한다고 주장했다.[29] 이렇게 해서 해체된 사단과 칠정의 구도는 조선 후기 성호학파의 공희노설에서 새롭게 심화 전개된다.

성호학파는 근기 퇴계학파에 속하면서 이후 실학파로 분류되는 남인 소장학자들을 가르친 이익(李瀷)에게서 출발한다. 이익은 사단과 칠정이 모두 리발기수(理發氣隨)라고 주장함으로써 이황의 호발설을 이어받은 것으로 평가되지만, 사칠논변에 인심도심(人心道心)과 공사(公私)의 개념을 도입함으로써 새로운 논의의 가능성을 제시하였다. 이익은 도덕적 인간의 전형인 성현(聖賢)의 감정은 동체의식(同體意識)이라는 이상적 내면의 상태를 통해서, 그것이 비록 사적인 자연 감정이라 하더라도 공적인 도덕 감정으로 확충될 수 있다고 주장했다. 이렇게 자연감정의 확충을 인정한 까닭은 도덕 주체의 실천에 주안점을 두었기 때문인데, 향후 공희노의 리발기발을 두고 논란이 제기된다.

공(公) 개념이 성현과 관련하여 언급되기 시작한 것은 송대에 이르러 성리학 체계가 갖추어지면서부터이다. 주희는 성인의 감정을 "크게 공변되어 순응한 것이어서 천리가 지극한 것"이라고 주장함으로써 일반인의 사사롭고 계산적인 감정과 구분하였다.[30] 그리고 일반인의 자연감정인 칠정도 "사사로운 자기를 극복하여 버리고 크게 공변됨을 넓힐 수 있으면[克去私己 擴然大公]" 성인의 감정처럼 공변된 감정이 될 수 있다고 가르쳤다.[31] 이는 정호(程顥)가 "성인의 항상됨은 그 감정으로 모든 일을 따르면서도 무정하다. 그러므로 군자의 학문은 "탁 트이고 크게 공변되어 사물이 오면 순응하는 것만한 것이 없다."[32]고 한 것과 같은 맥락이다.

정호는 일반인의 감정이 도(道)에 나가지 못하는 이유를 "각각 가려진 바가 있기 때문[各有所蔽]"이라고 하였고, "사사롭고 계산적인 데[自私而用智]"서 문제가 생긴다고 보았다. 왜냐하면 사사로우면 할 일을 마땅히 해야 할 일로 여길 수 없고, 계산적이면 분명히 깨닫게 되는 것을 자연스러운 것으로 여길 수 없기 때문이다.[33] 정호와 주희의 설명에 따르면, 성인의 감정이 이치에 순응할 수 있는 까닭은 일반인과는 달리 사사롭고 계산적인 감정을 버리고 대응하기 때문이다. 이렇게 공사(公私) 여부에 따라 성현과 일반인의 감정을 구분한 것은 통제해야 하는 감정[자연 감정]과 그렇지 않은 감정[도덕 감정]으로 구분하는 것보다는 훨씬 구체적이다.

하지만 사사롭고 계산적인 감정을 버린 것이 곧바로 도덕적인 상태는 아니다. 여기에서 동체의식의 필요성이 대두된다. 주자는 사욕을 없앤 후에 인간답게[仁] 된다고는 할 수 있지만, 사사로움을 없앤 것을 인간다움[仁]이라고 할 수는 없다고 하면서, 사욕을 없앤 뒤에야 인간다움이 보이기 시작하는 것이 마치 막힌 곳을 없앤 후에 물이 흐르게 되는 것과 같다고 설명했다.[34] 그리고 사사로움을 없애는 것은 인간다움에 선행하는 일이고, 천지만물과 하나가 되는 것은 인간답게 된 뒤의 일이라고 설명했다.[35] 사사로운 감정을 버리면 인간다움이 보이고, 그것에 순응하면 천지만물과 하나 되는 공변됨을 성취해낼 수 있다는 것이다.

송대 성리학 체계를 구상한 정호와 주자의 이런 설명은 이익을 비롯한 성호학파의 공희노론에 계승된다. 당시 사회 문제의 핵심을 "공(公)과 사(私)의 문란"에서 찾았던 이익은 이러한 문제의식의 연장선상에서 인심도심설의 내용과 구조를 적용하여 사단칠정을 이해했다.[36] 이익은 칠정을 "배우지 않고도 능한 것[不學而能]", 곧 자연 감정으로 정의하면서도 그 점 때문에 악한 것이 아니라, 형기의 사사로움에서 나왔기 때문에 악에 이르기가 쉽다고 주장했다.[37] 이 주장에서 형기의 사사로움[形氣之私]이라고 굳이 강조한 것은 칠정에 대한 유가의 전통적 설명을 따르면서도 칠정이 공(公)으로 전환될 수 있는 여지를 둔 것으로 볼 수 있다.

물론 이익은 이렇게 공적으로 전환된 칠정이 "천리가 칠정을 관섭한 공"으로 칠정의 본래 모습은 아니라는 점을 강조한다.[38] 여기서 한 걸음 더 나아가 평범한 사람과 성인은 공적으로 전환되기 전의 상태, 곧 사사로움에도 차이가 있다고 말한다. 그 차이는 사사롭게 생각하는 범위의 "가깝고 먼 데서 비롯"되는데, 성인의 경우 멀리 미치는 까닭은 "리(理)가 주재하기 때문"이라고 한다.[39] 이러한 논리는 사단과 칠정을 구분하는 전통적인 설명을 따르면서 칠정의 공적인 전환 가능성을 열어두기 위한 것으로 볼 수 있다. 따라서 이러한 공희노를 본래 사사로운 것이지만 리(理)가 주재하여 공적으로 전환된 것으로 규정한다.

이익의 공희노론은 감정의 공적 전환 가능성을 열어두었다는 점에서 사칠논쟁을 새로운 국면으로 전개한 것이다. 물론 신유학체계에서 도덕 감정과 자연 감정의 구분은 엄연하게 존재할 뿐 아니라, 도덕적으로 완성된 성인군자와 평범한 사람 사이에는 자연 감정에서도 공감하는 범위의 차이가 있다. 이 점을 자각한 이익은 『사칠신편』에 「중발(重跋)」을 붙여넣은 61세에 이르러 공희노를 기발(氣發)이 아닌 이발(理發)로 수정하였고[40], 삼단설(三段說)을 거쳐 다시 초기의 입장으로 돌아가기도 하였다. 이를 두고 성호학파에서는 공희노의 정론에 대한 논의가 중발을 서술한 1742년부터 1773년까지 지속되었다.

공희노론의 핵심은 자연 감정이라고 하더라도 자신과 타자를 동일시하는 마음인 "동체의식"을 통해서 도덕 감정으로 전환될 가능성을 열어 두었다는 데 있다. 공희노의 공적 측면은 그것이 형기나 공리 어느 것에서 발했건 타인과 자신을 동일하게 여기는 마음으로부터 획득될 수 있기 때문이다. 그 결과로 공희노는 천리(天理)에 부합하는 감정으로 여겨진다. 이 지점에서 인간의 자연 감정이 형기에 영향을 받는다는 것은 오히려 장점으로 작동한다. 타자와 형기적인 면을 공유하고 있기 때문에 타인도 나와 같은 존재라는 것을 미루어 알 수 있고, 그것을 통해 동체의식이 더욱 굳건히 발현될 수 있기 때문이다.

V. 맺음말: 혐오에 대한 유가적 해결 방안

구약성서의 하느님이 이스라엘 민족의 정의롭고 복수하는 신이었던 데 비해, 신약성서의 예수가 전 인류의 용서하고 화해하는 신이라는 것은 기독교 신학에서 큰 의미를 가진다. 그런데 신약성서에는 이와는 달리 예수의 의분(義憤)과 관련한 기사가 등장한다. 여기에 대해서는 성전 지도자들과 그곳에서 장사하는 상인들의 물질적 탐욕이 의분의 원인이라는 점에 초점을 맞춘 반론이 제기되어왔다. 예수의 분노가 '고통받다, 괴롭힘을 당하다'는 의미를 함축한 동사 "ἀγανακτέω"로 표현되었다거나, 그 분노의 목적은 기도하는 집인 성전이 얼마나 더럽혀졌는지와 그것을 정화할 의무가 바로 자신에게 있음을 드러내는 데 있었다는 등의 설명은 이를 뒷받침하는 것이다.[41] 이런 반론이 제기되는 까닭은 미성숙한 감정으로 여겨지는 '분노'를 창조주이자 구세주인 예수와 연결시키기가 쉽지 않기 때문이다. 실제로 신약성서를 확정하는 과정에서 어린 예수가 분노를 표시한 기사는 삭제되기도 했다.

동양에도 성현에게도 일반인과 같은 본능적 욕구와 감정이 있는가 등과 같은 오래된 질문이 있었다. 우리는 더 나은 사람이 되기를 바라면서, 대개는 '우리와는 본질적으로 다른 사람'을 상상한다. 이러한 상상에 주목하면, 인간적인 것으로 여겨지는 눈물을 제외한 분비물에 대한 "역겨움"이 우리보다 못한 동물적인 것을 공유(共有)한다는 데 대한 수치심에서 비롯되었다는 세간의 설명은 꽤 설득력이 있다. 우리는 최소한 우리보다는 더 나은 존재가 되기를 상상하고, 그것이 좌절된다면 그런 존재와 관계 맺기를 바란다. 하지만 민주주의의 위기에서 확인되듯이 이러한 상상과 희망이 강할수록 "역겨움"의 대상은 확장되고 그 정당성은 더욱 손쉽게 확보된다.

우리는 모두 제각각 다르지만, 우리와 본질적으로 다른 사람은 존재할수도 없고, 존재하지도 않는다. 우리가 본질적으로 달라질 수 없는 한, 우리와 본질적으로 다른 사람이 있다고 하더라도 우리에게 어떤 긍정적인 영향도 끼칠 수 없기 때문이다. 그런데도 우리와 본질적으로 다른 사람을 상상하고, 그 상상 속에서 도덕 기준을 설정하면서 우리는 그것에 도달하지 못할 것을 이미 직감한다. 그와 동시에 그렇게 해서 상상된 도덕 기준은 우리와는 본질적으로 다른 것이므로, 현실적으로는 거기에 도달하려고 하거나 도달했다고 평가받는 타자를 평가하고 비난하는 데 이용되거나, 우리가 거기에 도달하려는 엄두를 내지 못하는 이유를 설명하는 데 이용된다.

맹자가 인간 존재의 본질적 특성을 도덕성으로 규정하고, 그 근거로 네가지 도덕 감정을 제시한 이유는 '인간다움'을 온전히 실현한다는 것이 어려운 일이기는 해도, 도달할 수 있다는 확신을 심어주기 위해서였다. 그것을 도덕적인 판단과 실천을 가능하게 하는 이른바 도덕 감정으로 규정할 수는 있지만, 인간이라면 누구나 타고 났다는 점에서는 자연 감정이다. 이러한 감정을 지속적으로 잘 확충해나가면 누구나 인간다움, 곧 도덕성을 온전히 실현해낼 수 있다는 장밋빛 미래를 약속한 것이다. 동아시아에 비해 이성과 감정의 대립 구도가 강한 전통을 가진 서양에서 감정을 이성의 제재를 받은 대상이 아니라 도덕 감정으로서 긍정하는 움직임이 시작된 것도 같은 취지로 볼 수 있다.

이 글에서는 난민혐오를 비롯한 오늘날 다양한 양상으로 심화되고 있는 혐오의 원인과 해결방안을 모색하기 위해 인지주의 도덕 감정론을 검토해보았다. 인지주의 도덕 감정론에 따르면, 개인적 수준의 자연 감정이 사회문화적 수준의 도덕 감정으로 확대될 수 있는 이유로는 윤리나 문화화를 통한 확산 가능성과 도덕적 판단의 직관적 접근 가능성 등을 들 수 있다. 이러한 논의를 좀 더 분명하게 이해하기 위해 유가적 전통에 입각하여 윤리나 문화화를 통한 확산 가능성의 명암에 초점을 맞추었다. 인지주의와 유가의 도덕감정론이 공(公)과 사(私)를 주제어로 할 때 그 명암이 좀 더 분명하게 드러날 수 있다고 판단하였기 때문이다.

배우지 않아도 자연스럽게 느끼는 생리적이고 감각적인 자연 감정에 비해, 도덕 감정은 윤리나 문화화하여 확산된 감정으로서 나 자신과 인류가 공유하고 있는 취약성을 인정하는 데서 출발해야 한다. 사칠논쟁이 귀결된 공희노론에서 동체의식을 통한 감정의 공적 전환 가능성을 인정한 것도 같은 취지로 볼 수 있다. 하지만 청와대 국민청원 게시판의 사례에서 확인되듯이 공적(公的) 전환이 집단과 진영에 기반을 둔 공적(共的) 전환으로서 정당화되면 혐오의 양상은 극단화, 극심화될 수밖에 없다. 이 문제를 해결하려면 기본으로 돌아가야 한다.

개인의 권리가 강조되고 확장될수록, 권리의 주체인 개인은 더욱더 개체화, 단독화, 분열화되고 있다. 이러한 악순환을 겪으면서 개인은 근대 국민국가 권력은 물론, 그와 맞서 싸울 수 있는 시민사회의 연대로부터도 고립되고 있다. 그 결과 공(公)개념이 도덕성이 아니라 다수[共]라는 이름으로 권력화됨으로써 공적 영역이 무너지게 된 것이다. 생리적이고 감각적인 안전을 보장받아야 할 조건이 제거된 문명사회를 살면서 타자를 향한 공격인 개인적 수준의 혐오가 빈발하는 이유는 바로 여기에 있다. 이 문제를 해결하기 위해서는 이성에 근거한 도덕적 판단을 강화하는 계몽주의적 접근보다는 오히려 동체의식을 가능하게 하는 현실의 공감과 그것을 실현하는 능동적 참여라는 유가적 접근이 요구된다. 지금의 나와 다른 이상적인 목표를 정하고, 그것에 도달하지 못한 변명을 하기 위해 그 기준을 타자에게 적용하여 혐오의 감정을 증폭시키지 않아야 한다. 그것이 곧 서(恕)이고, 결과적으로는 인간다움의 회복이다.

(김치완)

주 석

김진선, 「다원화된 개인들의 이질적 공존」

1 선진유가에서 맹자가 '성선'(性善)을 주장했고 이것은 이후 유가의 인간 본질에 대한 이해의 근간이 된다. 그래서 유학에서는 본질적 선함을 확장하는 수양과 규범을 중시했다. '성악'(性惡)이라는 반대의 주장을 한 순자 역시 결과적으로 인간은 선한 존재가 돼야 한다고 보았기 때문에 예법에 의한 교화를 중요하게 다루었다.

2 경계는 공간을 구분 짓고 차이를 만든다. 이 때문에 공간사이에서 다양한 갈등과 충돌이 생겨난다. 하지만 우리는 공간의 경계에 놓일 수밖에 없기에 경계를 없앨 수 없다. 그런데 이러한 경계는 우리가 차이를 인식하고 이질적 타자를 대면하는 지점이기도 하다. 타자와 경계에서 마주하는 경험을 통해서 자기 주체로서 정체성을 확인하는 동시에 새로운 자아를 생성해나간다. 그래서 경계는 다양한 이질적 존재를 만나고 함께 나아갈 수 있는 공존의 공간을 생성하는 지점이 될 수 있다(이문철, 「민족정체성에 대한 학문적 인지와 타자의 시선」, 『한국학연구』 38, 2015, 528쪽).

3 박경태, 「한국사회와 난민: 난민과 환대의 책임」, 『문화과학』 88, 2016, 54쪽.

4 김옥선, 「타자와의 공존, 그 가능성으로서 로컬리티」, 『로컬리티 인문학』 17, 2017, 294쪽.

5 오경석 외, 『한국에서의 다문화주의』, 한울아카데미, 2007, 22-25.

6 패트릭 사비단, 『다문화주의: 국가정체성과 문화정체성의 갈등과 인정의 방식』, 이산호·김휘택 옮김, 도서출판 경진, 2012, 29쪽.

7 질 들뢰즈, 『의미의 논리』, 이정우 옮김, 한길사, 1999, 220쪽.

8 박구용, 『우리 안의 타자』, 철학과현실사, 2003, 121쪽.

9 Taylor, Ch., Muliticulturalisme. Difference et democratie, Paris, Flammarion, 1994, 42쪽.

10 이졸데 카림, 『나와 타자들』, 이승희 옮김, 민음사, 2019, 159-160쪽.

11 북한을 탈출해서 남한에 정착한 사람들의 법률적 용어이다. 관련 연구자나 일반인들은 '새터민', '탈북자', '북한 이주민', '탈북 이주민' 등의 용어를 사용한다. 엄태완은 이들을 '탈북난민'으로 지칭하고 관련 연구를 하고 있다. 대다수 난민들이 경험하는 외상적 경험과 탈북난민들이 남한 이주과정에서 겪게 되는 심리

적 충격을 비교하고 구체화하여 보다 폭넓게 이해를 도출하고자, 이를 강조하기 위해 '탈북난민'으로 지칭한다(엄태완, 『탈북난민의 위기적 경험과 외상』, 경남대학교 출판부, 2010, 20-24쪽).

12 김연희·정유리, 「현장&현장 사람들 4: 대구대학교 다문화정책연구소 김연희 소장. 한민족 다문화 동질적인 토대 위에서 극복해야 할 차이」, 『현대사회와다문화』 4(2), 2014, 12쪽.

13 카림은 무슬림 혐오에 '비합리성'이 놓여있음을 지적한다. 과거 유대인은 온전하지 않은 주체로 사회를 분열시킨다고 비난받았던 것처럼, 무슬림들은 이슬람 혐오자들과 인종주의자들이 스스로 상상하는 그 정체성을 가지고 있다는 이유로 비난받고 있다(이졸데 카림, 앞의 책, 246-247쪽).

14 에스포지토에 따르면, 과거 에이즈가 등장하면서 바이러스는 우리 내부에 침투해 우리를 부조리한 세계로 끌고 가는 진정한 악마처럼 여겨졌다. 이때부터 면역화 요구는 우리 삶에 부여한 형식 자체가 될 때까지 막대하게 자라났다(로베르토 에스포지토, 「면역화와 폭력」, 김상운 옮김, 『진보평론』 65, 2015b, 315쪽).

15 로베르토 에스포지토, 「면역적 민주주의」, 김상운 옮김, 『문화과학』 83, 2015a, 398-399쪽.

16 로베르토 에스포지토, 2015a, 408쪽.

17 로베르토 에스포지토, 2015a, 402쪽.

18 에티엔 발리바르, 『마르크스의 철학』, 배세진 옮김, 오월의봄, 2018, 110-112쪽.

19 에스포지토는 지금 시대에 두 개의 면역적 강박에서 현실의 갈등이 일어난다고 보았다. 한편에는 남아도는 풍요를 공유하기 거부하는 서구가 있고, 다른 한편에는 서구적 세속화로 인한 오염으로부터 순수성을 지키려는 이슬람 근본주의가 있다. 대립된 두 세력이 타협 없이 충돌할 때, 세계 전체는 자기면역 질병의 발작을 일으킬 것이라고 예견했다. 이러한 우려는 이미 현재 진행 중이며, 면역적 논리의 전제에 따라 예방을 위한 전쟁 또는 자기 보호를 위한 테러가 자행되고 있다(로베르토 에스포지토, 2015b, 317쪽).

20 김치완, 「난민의 출현과 대응에 대한 철학의 문제들」, 『탐라문화』 65, 68-69쪽.

21 김진선, 「한국 사회에서의 난민 인식의 문제」, 『탐라문화』 65, 16-18쪽.

22 "다원화는 타인과의 관계를 바꾸고 우리 자신과의 관계, 즉 우리가 자기 자신과 관계 맺는 방식도 변화시킨다"(이졸데 카림, 앞의 책, 37쪽).

23 이졸데 카림, 앞의 책, 42-43쪽.

24 '주도 문화'(Leitkultur)는 "독일에서 나온 사회 정치 개념으로 다양한 이민자들이

들어와도 기존 사회의 중심 되는 가치, 문화가 통합의 원리가 돼야 한다는 주장을 담고 있다. 관용, 자유, 남녀평등 등의 가치를 내세우지만, 좌파나 녹색당에서는 인종주의적이라고 비판한다"(이졸데 카림, 앞의 책, 40쪽).

25 이졸데 카림, 앞의 책, 45쪽.

26 Falk, R., "The rights of peoples", in J. Grawford, *The rights of peoples*, Oxford, Oxford UP, 1998, 23.

27 패트릭 사비단, 앞의 책, 42쪽.

28 김은주, 「정의와 차이의 정치-아이리스 마리 온 영의 정의론의 의미에 대하여」, 『시대와 철학』 29(4), 2018, 20-25쪽.

29 이졸데 카림, 앞의 책, 11쪽.

30 신용하 외, 『공동체 이론』, 문학과지성사, 1985, 64쪽.

31 이선미, 「능동적 시민과 차이의 정치」, 『한국여성학』 22(1), 2006, 152-153쪽.

32 이졸데 카림, 앞의 책, 11-23쪽.

33 이졸데 카림, 앞의 책, 45-55쪽.

34 로베르토 에스포지토, 2015a, 400쪽.

35 이상봉, 「오사카 조선시장의 공간정치」, 『이주와 로컬리티 재구성』, 로컬리티 연구총서 12, 2013, 219쪽. 김현숙의 경우는 결혼이주민에 주목하여, 이들이 정주를 목적으로 하고 사이에 낀 존재이자 지역과 지역을 연결하는 초국적 연결자이며, 이들은 한국 가족 문화에 일방적으로 동화되지 않는다는 점에서 향후 지역의 가족구조와 문화를 변화시키는 지점이 될 것으로 보았다. 또한, 다문화가정 공간이 선주민 가정 공간과 차이가 일어나는 지점이 될 수 있다고 했다(김현숙 외, 「다문화(공간)과 로컬리티」, 『로컬리티 인문학』 10, 2013, 39쪽).

36 이상봉, 앞의 글, 221쪽.

37 행정구역상으로 붙여진 명칭이 아니라 상징적으로 재일코리안의 공간이었던 미유키도오리 상점가가 1993년 '코리아타운'이라는 문을 설치하면서 일명 '코리아타운'으로 불리게 되었다(이상봉, 앞의 글, 222쪽).

38 이상봉, 앞의 글, 236-243쪽.

39 만남 구역(Begegnungszone, 베게그눙스존)은 오스트리아 등에 도입된 교통 구역으로 차와 사람, 자전거 등이 모두 다니는 도로이며, 최고 시속이 20km/h이고 보행자의 권리가 우선 된다. 독일에는 '교통완화지역(Verkehrsberuhigter Berdich)'이 있는데, 인도와 차도의 구분이 없고 자동차가 보행자의 걷는 속도와 맞춰 주행해야 한다. 이곳은 아이들도 노는 공간이기도 하다(스케치북다이어리, https://humandrama.tistory.com/1612, 2017).

40 이졸데 카림, 앞의 책, 228쪽.

41 이졸데 카림, 앞의 책, 229쪽.

42 박기준·송기욱, 「스쿨존 내 운전자의 교통규범 의식에 관한 연구」, 『한국방재학회논문집』 21, 2021쪽 참조.

43 이졸데 카림, 앞의 책, 231쪽.

44 한승혜는 『다정한 무관심』에서 외국 여행을 간 사람의 이야기를 들려준다. 외국 여행을 간 한국 사람이 타인의 일거수일투족에 관심 두는 한국과 달리 그곳 사람들이 서로에게 굉장히 무관심한 것을 보고 매우 놀랐다. 그런데 어느 날 걷다가 다리를 헛디뎌 넘어지자 평소에 무관심했던 주변의 행인들의 사방에서 다가와 안부를 물었다(한승혜, 『다정한 무관심』, 도서출판 사우, 2021, 17쪽).

45 이명수, 「존재의 공간과 로컬리티」, 『공간이 사유와 공간이론의 사회적 전유』, 로컬리티 연구총서 09, 2013, 116-118쪽.

46 최진석, 『노자의 목소리로 듣는 도덕경』, 소나무, 2005, 64쪽.

47 무(無)개념이 우리가 사용하는 아무것도 '없다'라는 의미로 사용된 것은 위진(魏晉) 때다. 곽상(郭象)은 『장자주(莊子注)』에서 '무'(無)는 없음을 지칭하는 이름일 뿐이라고 정의하면서 기존에 '무'가 가지고 있던 형이상학적 의미를 모두 없애 버렸다(김진선, 「郭象 철학의 無爲-自然 논리구조 연구－'自爲', '自用', '自治'를 중심으로－」, 『동양철학연구』 92, 2017, 295쪽).

김준표, 「동질성의 신화와 이질성의 현실에서 함께 산다는 것은」

1 뉴시스(2021), 미얀마, 국경없는의사회에 활동 중단 명령, https://www.donga.com /news/Inter/article/all/20210610/107362819/1 (검색일: 2021년 8월 1일).

2 국경없는 의사회(2021), 국경없는 의사회가 달려온 50년, https://msf.or.kr/issue-report/reporters-without-borders-50th-year-of-MSF (검색일: 2021년 8월 1일).

3 여기에서 '전통'은 확립되어 계승된 어떠한 것을 의미하는 것이 아니라, 전승되며 변화되기도 하는 그런 것을 의미한다. the tradition과 비교되는 a tradition 혹은 traditions처럼 정관사를 제거한 의미이다.

4 근대 국민국가의 경계는 베스트팔렌 조약(Peace of Westphalia, 1648년 5월 15일, 10월 24일)에 근거한다. 베스트팔렌 조약의 국가주권은 제국으로부터의 독립과 해방을 의미하지만, 오늘날 민주주의 보편 인권을 가로막는 장벽이 되기도 한다.

5 채현정, 「경계/국경과 국가 인식의 문제」, 2019, 331-333쪽.

6 통차이 위니짜꾼, 2019; 채현정, 2019에서 재인용.

7 박지배, 「수용과 혼종을 통한 공존의 모색: 네르친스크 회담」, 2020, 66쪽.

8 윗글, 31~32쪽.

9 마르크스·엥겔스, 『The German Ideology』, 1988; 김석준·김준표, 『도박사회학』, 26쪽.

10 베버, 『사회경제사』, 1990, 52쪽.

11 위의 책, 53쪽.

12 위의 책, 62쪽.

13 김석준·김준표, 앞의 책, 28쪽.

14 마르쿠스 슈뢰르 Markus Schroer, 『공간, 장소, 경계』, 2010, 212-213쪽.

15 이용균, 『글로벌 이주: 이동 관계 주변화』, 2017, 44쪽.

16 전영준, 「신라사회에 유입된 서역 문물과 다문화적 요소의 검토」, 2009, 120쪽.

17 윗글, 122쪽.

18 유재민, 「'화학적 결합'(mixis)의 조건과 현대적 해석의 가능성: 아리스토텔레스의 『생성소멸론』 1권 10장을 중심으로」, 2019, 38-47쪽.

19 아리스토텔레스, 『생성소멸론』 1권 10장, 328a 23-33. 유재민, 2019, 47쪽에서 재인용. 여기에서 대립자는 단순한 의미에서 대등하게 서 있는 동등함을 의미한다. 그럼에도 대립자는 동질에 대한 이질로, 이질적 요소들의 동등한 정도로 해석할 수도 있을 것이다. 번역을 시도해본다면, 대립자는 화학적 결합을 일으키는 대상들의 이질적 속성이 대등하게 마주하고 있는 상태라고 이해될 수 있다.

20 유재민, 윗글, 48쪽.

21 윗글, 48-49쪽.

22 보부아르, 『제2의 성』, 2009.

23 버틀러, 『젠더 허물기』, 2015, 189쪽.

24 버틀러, 『젠더 트러블』, 2008, 114쪽.

25 김용규, 『신-인문학으로 읽는 하나님과 서양문명 이야기』, 2018, 735-736쪽.

26 위의 책, 792쪽.

27 위의 책, 756쪽.

28 위의 책, 783쪽.

29 위의 책, 792쪽.

30 전영준, 「고려시대 동아시아의 해양과 국제교류 양상」, 2019, 82쪽.

31 전영준, 앞의 글, 2009, 162-163쪽.

32 윗글, 168쪽.

33 김희정, 2007; 전영준, 윗글, 115쪽.

34 전영준, 윗글: 123쪽.

35 강진구, 「다문화주의 관점에서 본 아시아연대론」, 2014, 25-31쪽.

36 윗글, 33쪽.

37 장성연·권영걸, 「공간의 동질과 이질, 미와 추의 복합적 변별 메커니즘」, 2013.

38 김준표, 「다문화사회의 정체성 트러블과 제주의 쿰다 문화」, 2020, 216쪽.

39 창세기 2:4-3:24.

40 창세기 7:1-8:22.

41 창세기 11:1-9.

42 이집트에서의 아브람, 창세기 12:10-20; 그랄에서의 아브라함, 창 20:1-18; 그랄에서의 이삭, 창세기 26:1-11.

43 살렘 왕 멜기세덱과 아브라함, 창세기 14:17-24.

44 이집트와 아브람, 창세기 12:16; 그랄과 아브라함, 창세기 21:22-34; 그랄과 이삭, 창세기 26:26-33; 밧단아람과 야곱, 창세기 32:22-34.

45 이스마엘의 어머니 하갈이 이스마엘을 잉태하고 도망 중에 발견했던 바로 그 우물.

46 창세기 21:8-21; 25:7-11.

47 창세기 32:1-33:17.

48 세겜 사건, 창세기 34:1-35:5.

49 싯딤 사건, 민수기 25:1-18.

50 노암 촘스키 Noam Chomsky, 『해적과 제왕』, 2004, 264-265쪽.

51 위의 책, 95쪽.

52 에드워드 사이드, 『프로이트와 비유럽인』, 2005; 버틀러, 『지상에서 함께 산다는 것』, 2016, 63-67쪽에서 재인용.

53 버틀러, 위의 책, 67쪽.

54 버틀러, 앞의 책, 2008, 114쪽; 212쪽; 360쪽.

55 정재식, 『한국의 종교, 사회, 윤리의 전통』, 2020, 18쪽.

56 리꾀르, 『해석학과 인문사회과학』, 2003, 117쪽.

57 위의 책, 118쪽.

58 위의 책, 132쪽.

59 위의 책, 166쪽.

60 위의 책, 168쪽.

61 위의 책, 180쪽.

62 위의 책, 255쪽.

63 최고원, 『해석과 비판－진리와 논리 사이에서』, 2012, 61쪽.

64 위의 책, 58쪽.

65 위의 책, 88쪽.

66 정재식, 앞의 책, 33쪽.

67 위의 책, 30쪽.

68 위의 책, 34쪽.

69 근대(modern)의 라틴어 modus는 틀을 의미하고, 종종 근대화는 규격과된 아파트나 바둑판처럼 정돈된 포장 도로로 표상된다.

70 윤철호, 『인간－인간의 본성과 운명에 관한 학제간 대화』, 2017, 264쪽.

71 위의 책, 263-264쪽.

72 정재식, 앞의 책, 13쪽.

73 위의 책, 18쪽.

74 위의 책, 38쪽.

75 장창은, 「삼국시대 난민의 발생 배경과 동향」, 2020, 32쪽.

76 정재식, 앞의 책, 49쪽.

77 위의 책, 62쪽.

78 위의 책, 63쪽.

79 위의 책, 72쪽.

80 위의 책, 77쪽.

81 위의 책, 80쪽.

82 위의 책, 95쪽.

83 위의 책, 96쪽.

84 위의 책, 97쪽.

85 위의 책, 99쪽.

86 위의 책, 49-50쪽.

87 위의 책, 105쪽.

88 위의 책, 106쪽.

89 위의 책, 107쪽.

90 위의 책, 174쪽.

91 위의 책, 204쪽.

92 위의 책, 206쪽.

93 위의 책, 208쪽.

94 위의 책, 233-234쪽.

95 위의 책, 332쪽.

96 위의 책, 332쪽.

97 위의 책, 336쪽.

98 위의 책, 337쪽.

99 위의 책, 338쪽.

100 위의 책, 338쪽.

101 위의 책, 340쪽.

102 위의 책, 345쪽.

103 위의 책, 320쪽.

104 위의 책, 166-177쪽.

105 위의 책, 246쪽.

106 위의 책, 341쪽.

107 김준표, 앞의 글.

108 윗글, 208-209쪽.

109 버틀러, 『지상에서 함께 산다는 것』, 2016; 버틀러·스피박, 『누가 민족국가를 노래하는가』, 2008; 버틀러·아타나시오우, 『박탈: 정치적인 것에 있어서의 수행성에 관한 대화』, 2016.

임형모, 「장소와 공간을 따라 읽는 고려인의 삶과 문학」

1 임지현·사카이 나오키, 『오만과 편견』, 휴머니스트, 2003, 223쪽.

2 데이비드 앳킨스·피터 잭슨·데이비드 시블리·닐 워시본 편저, 『현대 문화지리학』 (이영민·진종헌·박경환·이무용·박배균 옮김), 논형, 2011, 336쪽.

3 임지현·사카이 나오키, 앞의 책, 224쪽.

4 이-푸 투안, 『토포필리아』, 이옥진 옮김, 에코리브르, 2011, 21쪽.

5 이채문에 따르면, 소련정부는 국경 간의 민족관계를 이용하여 국경과 인접한 국외의 지역에 자국의 영향력을 높이려는 '피드몬드 원칙'을 1920년대 본격적으로 고려했다고 한다. 그러나 민족자결적 성향을 지지했던 피드몬드 원칙은 1930년대 들어와서 인종청소(этническая чистка)정책으로 선회하게 된다. 이유는 대규모의 외국인이 러시아로 이주함으로써 외국인 혐오 경향이 생겨났기 때문이었다. 마찬가지로 일본과 소련의 영향력이 미묘하게 교차하였던 한국·만주·소련 간의 국경지역의 상황을 놓고 볼 때, 만주와 한국에서의 일본의 지배적 영향력이 한인

들을 통해 소련 극동지역까지 미칠 것을 염려했던 소련 측의 우려가 한인 이주 문제의 배경이 되었다고 한다(이채문, 『동토(凍土)의 디아스포라』, 경북대학교 출판부, 2007, 309-313쪽 참조).

6 '문학'과 '글쓰기'를 함께 명기한 이유는 고려인문학이 지니고 있는 특징을 나타내기 위한 것이다. 고려인문학은 초기에는 문학이라고 부르기가 저어되는 수준의 아마추어적인 글쓰기가 다수였다. 그러한 아마추어리즘이 시간이 흐르면서 문예미학적인 성격을 띠게 되는 바, 고려인문학에서 본격적으로 문학적 글쓰기의 시대가 열린 것은 1960년대부터라고 할 수가 있다.

7 데이비드 앳킨슨·피터 잭슨·데이비드 시블리·닐 워시본 편저, 앞의 책, 334쪽.

8 동일한 내용을 담은 러시아어로 된 비문에는 "ЗДЕСЬ В ЗЕМЛЯНКАН ЖИЛИ КОРЕЙЦЫ ДЕПОРТИРОВАННЫЕ С ДАЛЬНЕГО ВОСТОКА С 9.Х.1937 г. ПО 10.IV.1938 г."라고 되어 있는데, 여기에는 '초기'라는 말은 누락되어 있다.

9 알라이다 아스만, 『기억의 공간: 문화적 기억의 형식과 변천』, 변학수·채연숙 옮김, 그린비, 2017, 447쪽.

10 이-푸 투안, 『공간과 장소』, 구동회·심승희 옮김, 대윤, 2011, 316쪽.

11 송라브렌찌, 〈삼각형의 면적〉, 『레닌기치』, 1989.7.11, 4쪽.

12 리 블라지미르 표도로비치(우효)·김 예브게니 예브게니예비치(영웅) 편, 「소비뜨 사회주의 연방공화국 인민위원회와 전 소연방 공산당(볼셰비키) 중앙위원회의 결의안 No. 1428-326cc」, 『스딸린체제의 한인 강제이주: 구소련 국립중앙문서보관소 공개 극비문서』(김명호 옮김), 건국대학교 출판부, 1994, 97쪽.

13 위의 책, 같은 곳. / 그러나 실상은 "국경부근에 위치하지 않았던 구역들— 라조, 빠르찌잔스끄, 우수리, 끼로프스끼 등에서도 강제이주 대상자로 지목되었다(「10월혁명 국립 중앙 문서보관국 공개 / Фонд 5446, оп. 57.」, 위의 책, 99쪽)"고 한다.

14 아감벤은 생명정치를 논하며 죽어도 처벌받지 않지만 희생물로 바칠 수는 없는 생명을 대표한다는 의미에서 유대인을 호모 사케르의 명백한 사례라고 말하고 있는데(조르조 아감벤, 『호모 사케르: 주권 권력과 벌거벗은 생명』(박진우 옮김), 새물결, 2008, 230-231쪽 참조), 사실 어디에도 속하지 않고 경계 영역에 남아 있던 고려인들 또한 스탈린이 행했던 인종청소의 대상이 되었다는 점에서 히틀러가 유대인에게 자행했던 바와 같은 호모 사케르와 다르지 않았다.

15 「암호전문: 신속히 전달할 것. 누설방지」, 리 블라지미르 표도로비치(우효)·김 예브게니 예브게니예비치(영웅) 편, 앞의 책, 106쪽.

16 한진, 〈공포〉, 『레닌기치』, 1988.5.25, 4쪽.

17 「소비뜨 사회주의 연방공화국 인민위원회와 전 소연방 공산당(볼셰비키) 중앙위원회의 결의안 No. 1428-326cc」, 리 블라지미르 표도로비치(우효)·김 예브게니 예브게니예비치(영웅) 편, 앞의 책, 97쪽.

18 「10월혁명 국립 중앙 문서보관국 공개 / Фонд 5446, оп. 57, д. 52」, 위의 책, 117쪽.

19 김기철, 〈이주초해: 두만강-씨르다리야강〉, 『레닌기치』, 1990.4.13, 4쪽.

20 이정희, 〈희망은 마지막에 떠난다〉, 『고려일보』, 2002.4.12, 16쪽.

21 이-푸 투안, 『공간과 장소』, 앞의 책, 225쪽.

22 김기철, 〈이주초해: 두만강-씨르다리야강〉, 『레닌기치』, 1990.4.11, 4쪽.

23 실제로, "정착 초기단계에 수많은 이산가족이 발생했다. 수많은 한인들이 몇 개월씩 자신들의 가족을 찾(보리스 박·니콜라이 부가이, 오성환 감수, 『러시아에서의 140년간: 재러한인 이주사』(김광환·이백용 옮김), 시대정신, 2004, 321쪽)"아 다녔다고 한다. 이러한 점을 볼 때 원치 않는 이산이 장소공포를 극대화하는 또 다른 요소로 작용했을 가능성이 있다.

24 김기철, 〈이주초해: 두만강-씨르다리야강〉, 『레닌기치』, 1990.4.20, 3쪽.

25 리 블라지미르 표도로비치(우효)·김 예브게니 예브게니예비치(영웅) 편, 앞의 책, 108쪽.

26 이-푸 투안, 『공간과 장소』, 앞의 책, 113쪽.

27 보리스 박·니콜라이 부가이, 앞의 책, 317쪽.

28 얼마나 많은 수의 조선인들이 원치 않는 집단이주를 당해야만 했으며 그 와중에 또 얼마나 많은 희생이 뒤따랐는지 아직까지 정확히 밝혀진 내용은 없다고 해도 과언은 아니다.

29 당시에 흐루쇼브의 연설은 『레닌기치』 신문에는 공개되지 않았다. 다만, '제ⅩⅩ 차 당 대회에 제출한 쏘련 공산당 중앙 위원회 결산 보고: 쏘련 공산당 중앙 위원회 제일 비서 엔. 에쓰. 흐루쇼브 동무의 보고'에는 "당은 경제적, 국가적 및 당적 활동의 각 분야에 있는 결점들을 활발히 발로하엿으며 우리의 전진 운동을 장애하는 모든 낡아빠진 것을 결단적으로 쓸어버리면서 낡아진 관념들을 깨트렷습니다(『레닌기치』, 1956.2.17, 1쪽)"라는 구절을 볼 수 있을 뿐이다.

30 1957년 이전에도 이동의 제한을 받지 않는 신분증을 수령한 경우도 있기는 했다. 최초 이주 시에는 이주된 장소에서만 5년 기한으로 거주하는 신분증이 발급되었다가 이후 5년이 만기되면 거주에 제한이 없는 신분증을 받을 수 있었으나 그것은 1946년 8월부터 1947년 3월까지로 한시적이었다. 이때는 잠시 조선인이

'특별 이주민'의 범주에서 벗어난 듯했으나 어디까지나 조선인은 '특별 이주민'으로서 행정-경찰의 통제하에 있어야만 했다(「극동지방에서 조선인을 이주시킨 문제에 따른 소베뜨 사회주의 연방공화국 내무부 조사서에서」, 리 블라지미르 표도로비치(우효)・김 예브게니 예브게니예비치(영웅) 편, 앞의 책, 257-258쪽).

31 〈삼각형의 면적〉(송라브렌찌)에서는 "1949년까지는 원동에서 카사흐쓰딴에 이주 당해온 사람들에게 공민증이 없었습니다. 거주증 비슷한것이 있었을따름(『레닌 기치』, 1989.7.8, 4쪽)"이라고 기술되어 있다. 앞서 주석 30)의 역사적 기록과는 차이를 보이는데, 1989년에 발표된 작품으로 과거의 기억을 복원하는 과정에서 발생한 오류일 수도 있으며 실제 그러했을 수도 있다. 확인이 필요한 부분이다.

32 이상근에 따르면, 고려인들을 먼저 정착시켰던 우슈토베는 반 사막지대로서 제정러시아 시대부터 원주민 이외에 유럽인의 유배지로 유명한 곳이었다고 한다(이상근, 『러시아・중앙아시아 이주한인의 역사: 고난을 극복하여 희망을 성취하기 위한 역사』, 국학자료원, 2010, 318쪽).

33 이-푸 투안, 『공간과 장소』, 앞의 책, 219쪽.

34 위의 책, 222쪽.

35 고송무, 『쏘련 중앙아시아의 한인들』, 한국국제문화협회, 1984, 50쪽.

36 이-푸 투안, 『토포필리아』, 앞의 책, 181쪽.

37 한진, 〈공포〉, 『레닌기치』, 1989.5.25, 4쪽.

38 최양석, 〈행복의 물줄기〉, 『레닌의긔치』, 1940.4.28, 3쪽.

39 연성룡, 〈씨르-다리야〉, 『레닌의긔치』, 1940.4.28, 3쪽.

40 신현옥, 〈봄맞웅〉, 『레닌의긔치』, 1941.3.21, 3쪽.

41 실제 현실은 많은 한인들의 방랑으로 이어졌다. 무단이주의 비율이 높았는데, "한인들의 방랑원인은 '대다수 한인들이 생산에 참여하지 못하고 경제적으로 만족하지 못했다'는 데(보리스 박・니콜라이 부가이, 앞의 책, 332쪽)" 있었다고 한다. 시적 형상화와는 달리 고려인들이 처했던 현실은 정반대였다고 보여진다.

42 리은영, 〈어머니〉, 『레닌의긔치』, 1941.3.21, 3쪽.

43 리은영, 〈나의 뜻〉, 『레닌의긔치』, 1941.4.16, 3쪽.

44 고려인문학에 나타난 공공성은 소비에트 체제를 공고히 한다는 전제에서, 노동의 신성성 강조, 공공을 위한 개인 희생의 정당화, 사적 소유 관념의 경계, 양성 평등, 조국애호전 사업에의 헌신, 전인적 사랑의 강조 등으로 압축할 수가 있으며, 이러한 공공성이 고려인문학에 전반적으로 나타나는 주제의식이다.

45 나리타 류이치, 『'고향'이라는 이야기』(한일비교문화세미나 옮김), 동국대학교 출판부, 2007, 143쪽.

46 그래서인지, 고려인문학에서 '천산'과 '씨르다리야강'은 운문과 산문을 가리지 않고 다 헤아릴 수도 없을 만큼 자주 언급되는 장소이자 지명들이다.

47 김기철, 〈이주초해: 두만강-씨르다리야강〉, 『레닌기치』, 1990.4.20, 4쪽.

48 김기철, 〈이주초해: 두만강-씨르다리야강〉, 『레닌기치』, 1990.6.6, 4쪽.

49 전쟁을 매개로 한 작품의 형상화는 러시아식 교육이나 러시아인과의 결혼 등을 묘사한 작품보다 월등하게 큰 비중을 차지했다. 동화의 양상과 관련한 내용은 앞서 『조선사람·소비에트 고려인·고려사람 그리고 "고향"』에서 구체적인 확인이 가능하다.

50 홍범도는 러시아혁명에 투신했던 고려인 영웅으로서 고려인문학을 대표하는 거대서가의 주제가 되며, 소독전쟁의 경우는 1940년대 주가이 알렉쎄이의 〈영웅〉(1944)에서부터 80년대 연성용의 〈어머니〉(1988)에 이르기까지 고려인문학에서 끊임없이 회자되는 주제이다.

51 이-푸 투안, 『토포필리아』, 앞의 책, 155쪽.

52 나리타 류이치, 앞의 책, 같은 곳.

53 연성용, 〈영원히 남아 있는 마음〉, 『레닌기치』, 1977.3.31.-4.5, 4쪽.

54 이-푸 투안, 『공간과 장소』, 앞의 책, 255쪽.

55 나리타 류이치, 앞의 책, 28쪽.

56 박현, 〈천산 너머 내 고향은〉, 『고려일보』, 1996.9.28, 5쪽.

57 데이비드 앳킨슨·피터 잭슨·데이비드 시블리·닐 워시본 편저, 앞의 책, 335쪽.

58 강알렉싼드르, 〈놀음의 법〉, 『고려일보』, 1991.8.30, 4쪽.

59 한진, 〈그 고장 이름은?…〉, 『고려일보』, 1991.8.1, 4쪽.

60 강알렉싼드르, 〈집으로 돌아가다〉, 『고려일보』, 1992.3.3, 4쪽.

61 김기철, 〈이주초해: 두만강-씨르다리야강〉, 『레닌기치』, 1990.4.13., 4쪽.

62 나리타 류이치, 앞의 책, 301~302쪽.

63 고려인 신문인 『레닌기치』는 원동에서 발간된 『선봉』(1923.3.1.) 신문의 후신으로 카자흐스탄 크술오르다로 옮겨가 1938년 5월 15일에 발간하게 된다.

64 리용필, 〈아무다리야의 아침〉, 『레닌기치』, 1958.2.28, 3쪽.

65 안일, 〈손님으로 오시요〉, 『레닌기치』, 1962.6.23, 3쪽.

66 성동기에 따르면 김병화는 소독전쟁 이후 사회주의노동영웅이라는 상을 받았는데, "스탈린을 비롯한 소비에트정부는 고려인을 불신하고 있었다. 그러나 그들이 전시에서 보여준 놀라운 업적과 공헌을 '영웅'이라는 칭호로 보상함으로써 고려인이 소비에트 사회에서 차지하는 역할을 깨닫게 되었다"고 언급하고 있다(성동기, 『우즈베키스탄 불멸의 고려인 영웅 김병화』, 재외동포재단, 2006, 217쪽).

67 맹동욱, 〈2중영웅 김병화의 동상앞에서〉, 『레닌기치』, 1977.11.16, 3쪽.

68 성동기, 앞의 책, 224~225쪽.

69 전동혁, 〈권총〉, 『레닌기치』, 1979.11.22, 4쪽.

70 한 세르게이 미하일로비치·한 발레리 쎄르게이비치, 『고려사람 우리는 누구인가』, 김태항 역, 高談社, 1999, 380쪽.

71 이청준, 〈그곳을 다시 잊어야 했다〉, 『그곳을 다시 잊어야 했다』, 열림원, 2007, 65쪽.

72 위의 책, 66~67쪽.

73 위의 책, 80~81쪽.

박재영, 「독일 다문화 사회의 터키인 이주와 커뮤니티의 형성」

1 이용일, 「이민과 다문화사회로의 도전 - 독일의 이민자 사회통합과 한국적 함의」, 『서양사론』 92, 2007, 219-254쪽; 곽준혁, 「다문화 공존과 사회적 통합」, 『대한정치학회보』 15(2), 2007, 30-32; 김욱동, 「다문화주의의 도전과 응전」, 『미국학논집』 30(1), 29-49쪽; David Northrup, "Globalization and the Great Convergence: Rethinking World History in the Long Term", *Journal of World History*, vol. 16, no. 3, 2005, 251-253.

2 ≪조선일보≫, 2005년 10월 18일자.

3 한형서, 「독일에서 외국인 증가에 따른 딜레마와 사회통합정책」, 『국제지역연구』 11(4), 2008, 451-452쪽.

4 메르켈 총리는 이날 연설에서 "1960년대 초부터 우리는 외국인 근로자들을 불러들였고 지금 그들이 우리나라에서 살고 있다. (…) 우리는 '그들이 계속 머무르지 않고 언젠가는 떠날 것'이라고 했지만 그것은 우리 스스로를 속인 것이었다. 현실은 그렇게 되지 않았다"고 하면서 이어 "다문화 사회를 건설해 함께 어울려 공존하자는 그 접근법은 실패했다. 완전히 실패했다"고 말했다. ≪연합뉴스≫, 2010년 10월 17일자.

5 유럽에서 다문화 정책의 실패는 단지 독일만이 당면한 문제가 아니라 영국, 프랑스 등 유럽연합을 주도하고 있는 국가들에도 해당된다. 데이비드 캐머런 영국 총리는 2011년 2월 5일 "영국이 오랫동안 지속해온 다문화주의(multiculturalism) 정책은 실패했다"고 말했다. 영국은 지난 30년간 이주노동자를 많이 받아들이고,

그들의 문화를 인정해온 다문화주의 정책을 펴왔다. 캐머런 총리는 이날 독일 '뮌헨 안보 회의'에서 앙겔라 메르켈 독일 총리가 참석한 패널 토론에 참석해 "영국은 그동안 서구적 가치를 거부하는 민족적 혹은 종교적 소수 집단에 대해 '불접촉 관용(hands-off tolerance)' 정책을 써왔지만 이런 정책은 실패했다"며 대대적 정책 전환을 시사했다(≪조선일보≫, 2011년 2월 6일자). 니콜라 사르코지 프랑스 대통령 역시 '다문화주의 실패'를 공식 선언했다. 2010년 부르카 금지법안을 성사시키고, 불법 이민자를 추방하며 사실상 프랑스의 오랜 다문화 정책에 등을 돌린 사르코지 대통령이 '다문화주의 실패'를 선언하며 공식화한 것이다. 사르코지 대통령은 10일 프랑스 최대 민영 방송 TFI와의 인터뷰에서 "만약 당신이 프랑스로 왔다면 (프랑스라는) 한 사회에 녹아드는 것을 받아들여야 한다. 만약 그것을 받아들일 수 없다면 프랑스에서 환영받을 수 없다"고 분명히 하고, "우리들은 이민자들이 어느 곳에서 왔는가라는 그들의 정체성에 대해 너무 많은 관심을 쓰는 바람에 정작 그들을 받아준 프랑스의 정체성에 대해서는 충분히 고려하지 않았다"고 설명했다. 사르코지 대통령의 이번 다문화주의 실패 공식 선언은 사르코지가 지난해 실행한 일련의 반 이민자 정책과 연결돼 논란을 일으킬 것으로 예상된다. 사르코지는 지난해 경제난과 실업문제로 인해 외국인 노동자에 대한 배척 분위기가 높아지는 가운데 안팎의 비판에도 불구하고 8월에 로마 불법 체류자 수백 명을 비행기에 태워 강제 출국시켰고, 9월에는 부르카 금지 법안 통과를 이끌어냈다. 특히 2012년 대선을 앞둔 사르코지는 지난해 11월 개각에서는 아예 보수 일색의 내각을 꾸려 차기 대선에 대한 승부수를 띄웠다(≪문화일보≫, 2011년 2월 11일자).

6 박재영, 「유럽 다문화 사회의 문화충돌: 영국·프랑스·독일을 중심으로」, 『다문화연구』 창간호, 2008, 120-125쪽.

7 이용일, 「노동시장 중심의 독일 외국인 정책의 지속성, 1873-현재」, 『독일연구』 6, 2003, 68-76쪽.

8 ≪연합뉴스≫, 2010년 10월 17일자.

9 독일은 이미 19세기 후반 산업화와 농촌 인구의 도시 이동 및 미국으로의 이민 등으로 노동력 부족 형상을 겪게 되었고 농업부문에서는 이탈리아와 폴란드로부터 계절노동자를 불러 들였다. 제1차 세계대전과 나치시대에는 외국인 노동자를 강제하여 군수산업에 투입하기도 하였으며, 제2차 세계대전이 막바지에 이르던 1944년에는 약 7백 6십만 명의 외국인 노동자들이 독일제국 내에서 강제 노역에 시달리기도 하였다(유정희, 「영원한 이방인: 독일의 터키 공동체」, 『독일연구』 18,

2009, 148쪽).

10 Ulrich Herbert & Karin Hunn, "Guest Workers and Policy on Guest Workers in the Federal Republic: From the Beginning of Recruitment in 1955 until Its Halt in 1973", Hanna Schissler ed., *The Miracle Years: A Cultural History of West Germany, 1949-1968*, Princeton University Press, 2001, 190.

11 독일과 이탈리아의 고용협약은 당시 이탈리아의 대독일 무역수지 불균형을 해소하고 국내의 만성적인 실업문제를 해결하고자 이탈리아 정부가 독일 정부에 제안하면서 시작되었다. 독일 정부 역시 외국인 노동자들의 노동시장에서의 높은 유동성, 고용의 탄력성, 낮은 소비성향, 한시적인 고용이라는 이점이 있었기 때문에 이탈리아와의 노동협약이 체결될 수 있었다. Jürgen Fijalkowski, "Gastarbeiter als industrielle Reservearmee?", *Archiv für Sozialgeschichte* 24, 1984, 399-450.

12 독일의 외국인 이민사와 관련해서는, Meier-Braun, Karl-Heinz, *Deutschland, Einwanderungsland*, Frankfurt a. M., Suhrkamp, 2002; Ulrich Herbett, *Geschichte der Ausländerpolitik in Deutschland. Saisonarbeiter, Zwangsarbeiter, Gastarbeiter, Flüchtlinge*, München, C. H. Beck, 2001 참조.

13 Ulrich Herbert & Karin Hunn, *op. cit.*, 193.

14 독일 정부는 1964년 터키와의 협약 개정에서 터키 노동자의 가족 재결합 권리를 부여하지 않는다는 조건하에 체류기한을 철회하겠다는 입장을 밝혔지만, 터키 정부는 그와 같은 차별적 조치는 받아들일 수 없다고 반대하였다. 독일 내에서도 그와 같은 차별 초치는 독일의 대외적인 이미지에 부정적인 영향을 줄 것이라는 우려가 있었고, 지난 나치독일의 침략전쟁과 홀로코스트를 반성하고 유럽사회의 일원으로 거듭나고자 했던 독일 정부는 인권과 법치를 추구하는 자유민주주의 국가를 지향하는 정책에 부합하지 않는다는 이유로 터키 노동자들에 대한 강제순환원칙과 체류기한 제한을 실행해 옮기지 않았다. T. Triadafilopoulos & K. Schönwälder, "How the Federal Republic became an Immigration Country: Norms, Politics and Failure of West Germany's Guest Worker System", *German Politics and Society* 80, 2006, 8.

15 U. Herbert, *Geschichte der Ausländerbeschäftigung in Deutschland 1880 bis 1980*, Bonn, 1986, 232-234.

16 Ulrich Herbert & Karin Hunn, *op. cit.*, 204-205.

17 독일은 1955년 최초로 부족한 인력을 충원하기 위해서 인접 유럽국가와 고용송

출협약을 체결하였으며 1973년 11월 30일에 만료하게 되었다. 자세한 내용은 이용일, 앞의 논문, 84-85 참조.

18 독일의 외국인 노동자의 정착과 가족재결합에 대한 입장은 외국인 고용주들의 경제적 이해관계와 다른 노동력 수입 국가들과의 경쟁관계 속에서 유연성을 보이기도 했지만, 인권을 중시하는 독일기본법과 연방과 주(Land)로 분리된 이주정책의 집행구조에서도 찾아 볼 수 있다. 김용찬, 「영국과 독일의 상이한 이주유형 비교연구」, 『현상과 인식』 30(3), 2006, 169-170쪽.

19 이용일, 앞의 논문, 77-78쪽.

20 이 법에 따라 두 가지 종류의 귀환지원금이 지급되었다. 하나는 실직이나 작업단축을 당한 외국인 노동자의 경우 '귀환도움(Rückkehrhilfe)'을 신청할 경우 5백마르크의 지원금과 배우자와 자녀들을 위해 각각 1,500마르크를 받게 하였다. 다른 하나는 '귀환촉진(Rückkehrförderung)'으로 귀환을 원하는 외국인 노동자들에게 지금까지 적립한 연금을 미리 받을 수 있게 한 조치였다. 이용일, 「이민과 다문화 사회로의 도전 — 독일의 이민자 사회통합과 한국적 함의 — 」, 『서양사론』 92, 2007, 219-253쪽.

21 "이민자들 사이에도 차이가 있다. 그리스, 이탈리아, 스페인 등지에서 온 이들은 모두 독일 사회에 잘 적응하면서 살아가고 있다. 그런데 오직 터키인들만이 동화의 의지가 전혀 없다. 그들이 진짜 문제인 것이다." Ruth Ellen Mandel, *Cosmopolitan Anxieties: Turkish Challenges to Citizenship and Belonging in Germany*, Duke University Press, 2008, 221.

22 독일학교에서의 국민학급(national class), 준비학급(preparatory cllass)과 모국어학급(mother-tongue class) 구분과 독일학생과 외국인 학생의 분리교육은 결국 외국인 학생들이 성공적인 교육성과를 달성하지 못하는 결과를 초래하였다. 또한 사회복지 차원의 기본적인 이주민에 대한 지원정책도 정부가 직접 개입하기 보다는 종교단체와 사회복지단체에 기금을 제공하는 것으로 역할을 제한했으며, 기본적인 사회적 서비스 및 주거관련 문제들은 개별 고용주들이 제공하는 경우가 많았다. Stephen Castles & Mark J. Miller, *op. cit.*, 213.

23 외국인노동자의 정착과 가족재결합으로 독일의 이주민 수가 급격하게 증가하면서 나타난 현상은 이주민공동체의 형성이다. 체류가 장기화되면서 영구 정착으로 연결되자 이주민들의 조직화가 이루어졌는데 가장 대표적인 예는 터키인 조직들의 형성이다. 초기 이슬람공동체로서의 특징을 가졌던 이들 조직들은 점차 사회적, 정치적 권리의 획득을 목표로 설정하고 활동하고 있다. *Ibid.*, 79-80.

24 독일의 실업률은 오일쇼크 이전에는 1% 미만이었으나, 독일통일을 전후한 시기에는 연평균 8%를 유지하였으며, 2001년에서 2007년까지는 거의 10% 이상을 유지하고 있다. 특히 1990년 독일통일 이후 거의 10년 동안 마이너스 경제성장의 결과 실업이 급속하게 증가하였고 외국인에 대한 비판적인 시각이 확산되었다. 독일통일 이후 사회전반의 고실업 문제는 자국민에 대한 노동력 잠식을 가져온다는 이유로 독일인들의 외국인 적대감정이 상승하기 시작했다. 외국인 노동자들 때문에 독일인의 고용이 불안해지며 독일인들의 임금이 하락한다는 것이다. 민경국, 「독일경제의 침체원인과 한국경제에 주는 시사점」, 『임금연구』 가을호, 2003, 108쪽.

25 Dietrich Weiss, *Ausländische Mitbürger in Hildesheim - Intergrationsprobleme und Intergrationshilfe*, Hildesheim, 2005, 15.

26 Rainer Dollase & Kai-Christian Koch, "Die Intergration der Muslime", *Polik und Zeitgeschichte*, 40-41, 2006, 23.

27 Mandel, Ruth Ellen, *op. cit.*, 218.

28 이와 함께, 1989년부터 시작된 동구권 사회주의 국가의 붕괴와 정치·사회적 불안으로 독일로 물밀듯이 들어오는 동구권 난민들을 제한하기 위해 독일 난민법이 수정되었다. 새 난민법에 따라 제네바협약과 유럽 인권협약을 보장하는 국가에서 온 자는 난민신청을 할 수 없게 되었으며, 전쟁지역에서 온 난민들도 전쟁이 끝날 때까지 한시적으로 독일에 머물 수 있도록 하였다. 이에 따라 전체 난민 수도 계속 감소하여 1993년 1백 90만 명이었던 난민 규모가 1998년에는 1백 10만 여명으로 대폭 감소하였다. Dietrich Thränhardt, "Germany: an Undeclared Immigration Country", *New Community* 21, 1995, 21.

29 그들은 선동가를 앞세워 선거에서 대중들의 지지를 확보하려고 하였으며, 기존의 사회민주적 좌파와 보수적인 우파 정당들은 극우파 정치집단의 도전에 직면하여 대중 영합주의(national-populism)를 견제하기 보다는 외국 이민자들과 난민들에게 엄격한 입장을 취합으로써 오히려 사회적 소수자에 대한 반감을 부추기는 결과를 초래하였다. Neil MacMaster, *Racism in Europe, 1870-2000*, Palgrave, 2001, 169-190.

30 1982년 80건에 불과했던 독일 내 외국인에 대한 폭력 행위는 1990년 309건, 2000년에는 998건으로 급증하였고 묄린(1992년)과 졸링겐(1993년)에서 터키인 주거지에 대한 폭탄 네로공격으로 극에 달하였다. 유정희, 앞의 논문, 67쪽.

31 이것은 160만 명의 독일내 터키인들과 제3세계, 동유럽 및 구소련으로부터 들어

온 대규모의 난민으로 경제난이 가중되자 이에 대한 반발로 나타난 것으로 이해
된다. 독일의 대테러입법에 대해서는 W. Klughardt, *Die Gesetzgebung zur
Bekampfung des Terrorismus aus strafrechtlich-soziologischer Sicht*, 1984,
101; 103-106 참조.

32 Gökce Yurdakul, *Mobilizing Kreuzberg: Political Representation, Immigrant
Incorporation and Turkish Associations in Berlin(Diss.)*, University of Toronto,
2006, Chapter 6.

33 이민 가정의 평균 연령은 35세로 일반 가정의 평균 연령보다 11세 적었다. 또
이들의 15%는 공인된 학교 졸업장을 갖고 있지 않아 일자리를 구하는데 어려움
을 겪고 있으며 실업률이 일반인의 두 배에 달했다. 이민 가정 출신자의 4분의
1은 빈곤층에 속해 독일 전체 빈곤층 비율(12%)을 크게 웃돌았다.≪조선일보≫,
2011년 9월 27일자.

34 터키인 1세대의 경우 사회적 교류는 압도적으로 터키인들 사이에 이루어졌는데,
이는 이민 2,3세의 경우에도 크게 다르지 않다. 베를린 거주 터키 젊은이들 가운
데 34%는 독일인과 전혀 교류가 없다고 답하였고, 30%는 가끔 교류가 있다고 답
하였다. 그리고 36%만이 빈번한 교류가 있다고 답하였다. David Harrocks &
Eva Kolinsky ed., *Turkish Culture in German Society Today*, Oxford, 1996,
116.

35 이렇게 낮은 학업성취도의 배경에는 터키인 자녀들이 독일 유치원에서 유아교육
을 제대로 받지 못해 독일어 구사능력이 현저하게 떨어진다든가, 학교 숙제를 하
는데 있어서 부모로부터 아무런 도움을 받아 못한다든가, 열악한 주거환경 때문
에 공부할 수 있는 공간조차 확보할 수 없다든가, 학교에서 친구들로부터 놀림과
따돌림을 받아 학교생활에 흥미를 잃어버린다든가, 교사의 무관심과 냉대 및 학
습평가에 있어서 시험이 주류문화를 기준으로 출제된다든가 하는 의도하지 않은
구조적 차별과 의도적인 차별 등이 복합적으로 작용한 때문으로 파악된다.

36 터키인들의 열악한 주거환경과 격리현상은 비단 터키인들의 책임만은 아니다.
주택시장에서의 불이익, 독일사회의 인종차별 역시 독일사회에서 터키인들의 고
립을 야기하고 있는데, 그에 대해서는 Ayse Simsek-Caglar, *German Turks in
Berlin*, 124-125 참조.

37 기민당(CDU) 대표 앙겔라 메르켈은 2004년 기민당 전당대회에서 이주자들은 독
일사회로 적극적으로 통합되어야 함을 주장하였고, 자매정당인 기사당(CSU) 대
표 슈토이버 역시 기독교를 바탕으로 한 독일문화의 사수를 역설하였다. 기사당

전당대회에서는 독일사회에 통합되고자 하는 의지가 없는 외국인에 대한 사회보장을 축소해야 한다는 주장이 큰 호응을 얻기도 했다. *Ibid.*, 206.

38 2006년 현재, 독일에서 무슬림을 믿고 있는 외국인은 약 3,200,000명으로 추정되고 있으며, 그 중 2,500,000명이 터키계이고, 약 164,000명이 보스니아, 그 밖에 약 89,000명이 이란과 소수민족으로 파악된다. Frank Jessen & Wilamowitz-Moellendorff, "Das Kopftuch – Entschleierung eines Symbols?", Konrad-Adenauer Stiftung, e. V.(ed.), *Zukunftsforum Politik*, Nr. 77, Sankt Ausgustt, Berlin, 2006, 5-6.

39 독일 헌법재판소의 판결은 독일 지방정부가 관련법을 마련할 법적 준거를 마련해 주었지만, 법해석상 상당한 논쟁의 여지를 남기면서 사회적 담론을 형성하였다. 무슬림 여성의 히잡 착용에 대한 독일사회의 논의에 대해서는, Heide Oestreich, *Der Kopftuchstreit: Das Abendland und ein Quadratmeter Islam*, Frankfurt a. M., Brandes & Apsel, 2005 참조.

40 루딘은 이 사건을 연방헌법재판소에 항소하였으며, 2003년 9월 헌법재판소는 히잡은 종교적 상징물로 볼 수 없으며, 개인의 신앙의 자유가 보장되어야 하지만, 히잡 착용 처벌에 대한 법적 근거가 있다면 히잡 착용교사의 해고는 가능하다고 판결하였다. 무슬림 여성의 히잡 논쟁에 대해서는 Heide Oestreich, Der *Kopftuchstreit: Das Abendland und ein Quadratmeter Islam*, Frankfurt a. M., 2005 참조.

41 반면, 바이에른과 같이 보수적인 주에서는 교사의 히잡 착용을 금지시키면서도 기독교의 상징물은 허용하고 있다. 기독교는 독일의 국가이념과 헌법정신에 부합하기 때문이라는 이유에서다. 이와 같이 히잡 착용과 같이 이슬람의 종교적인 전통과 관습을 이해하지 못하거나 정치적인 이유를 들어 사회가 이를 용인하지 않을 경우 문화적 충돌에서 오는 종교적 갈등은 불가피하게 사회통합의 장애요소로 작용한다. 따라서 독일 사회에서의 종교적 가치관이나 세계관에 대한 갈등 극복은 독일의 사회적 안정과 통합에 있어서 필수적인 요소로 간주된다. 한형서, 앞의 논문, 451-452쪽.

42 이철용, 앞의 논문, 321-322.

43 유럽이 이슬람의 영향권에 들어가는 것을 염려하여 '유럽'과 '아라비아'를 합한 '유라비아'(Eurabia)라는 정치적 신조어가 생겼다. 런던에서 급진적 이슬람의 증가를 빗대어 '런더니스탄'(Londonistan)이라는 말도 생겼다. 특히 1995~2010년 무슬림은 유럽전역에서 3배 가까이 늘어났다. 이런 추세라면 2030년 전체 인구의 8%를 무슬림이 차지하며, 2050년에는 20%에 이를 것으로 전망된다. 아울러

유럽의 이슬람화를 의미하는 '유라비아(Eurabia)', 유럽인의 이슬람혐오증을 뜻하는 '이슬라모포비아(Isla-mophobia)' 등 최근 등장한 신조어들은 무슬림의 증가에 따른 유럽인들의 경계 심리를 그대로 반영하고 있다. ≪국민일보≫, 2008년 11월 24일자.

김동석, 「아프리카의 정치적 위기와 강제이주민」

1 The Convention Relating to the Status of Refugees defines refugee as "someone who is unable or unwilling to return to their country of origin owing to a well-founded fear of being persecuted for reasons of race, religion, nationality, membership of a particular social group, or political opinion."

2 The Kampala Convention defines displaced persons as "persons or groups of persons who have been forced or obliged to flee or to leave their homes or places of habitual residence, in particular as a result or in order to avoid the effects of armed conflict, situations of generalized violence, violations of human rights or natural or human-made disasters, and who have not crossed an internationally recognized stae border."

3 United Nations High Commissioner for Refugees(UNHCR). 2021. "Global Trends: Forced Displacement in 2020." Statistics and Demographics Section: Copenhagen, Denmark.

4 unhcr.org/nigeria-emergency.html

5 unhcr.org/sahel-emergency.html

6 unhcr.org/burundi-situation.html

7 법무부 출입국통계 〈https://www.moj.go.kr/moj/2417/subview.do〉

8 법무부 출입국통계 〈https://www.moj.go.kr/moj/2417/subview.do〉

서영표, 「'우리'를 돌아보게 하는 타자의 이름, '난민'」

1 포스트모더니즘과 포스트구조주의의 철학적 캠페인에 대해서는 David Howarth,

Poststructuralism and After: Structure, Subjectivity and Power, Palgrave, 2013을 보라.

2 이주와 이동을 다루는 인류학적 연구는 많다. 그 가운데 최근 주요 관심사로 떠오르고 있는 '인류세'(anthropocene)와 관련하여 이주와 이동의 양상을 볼 수 있는 사이먼 L. 루이스, 마크 A. 매슬린, 『사피엔스가 장악한 행성 — 인류세가 빚어낸 인간의 역사 그리고 남은 선택』, 세종서적, 2018을 참고할 수 있다.

3 권력의 타깃이 어떻게 표상되는지는 미셸 푸코의 관심사였다. 가장 대표적으로 『감시와 처벌 — 감옥의 탄생』, 나남, 2020과 『성의 역사1 — 앎에의 의지』, 나남, 2020을 보라.

4 Yasemin Soysal, *Limits of Citizenship: Migrants and Postnational Membership in Europe*, University of Chicago Press, 1995, 14-17.

5 Frédéric Docquier, "Brain Drain in Developing Countries," *The World Bank Economic Review*, 21(2), 2007을 보라.

6 Lydia Morris, *Managing Migration-Civic Stratification and Migrants Rights*, Routledge, 2002, 10-11.

7 에릭 홉스봄은 이 시대를 '폭력의 시대'로 이름 붙였다. 그의 책, 『폭력의 시대』, 민음사, 2007을 보라.

8 United Nations High Commissioner for Refugees (UNHCR), *The Global Report* 2017, 58-59.

9 우크라이나 전쟁의 배경에 대한 자세한 설명은 Tony Wood, "Matrix of War", *New Left Review* 133/134, 2022를 참고할 수 있다.

10 티머시 미첼, 『탄소민주주의-화석연료시대의 정치권력』, 생각비행, 2017은 석유를 둘러싼 중동정치의 양상을 잘 보여주고 있다.

11 마이크 데이비스, 『슬럼, 지구를 뒤덮다』, 돌베개, 2006.

12 체계통합과 사회통합에 대해서는 Margaret Archer, "Social Integration and System Integration: Developing the Distinction," *Sociology* 30(4), 1996을 보라.

13 David Harvey, *Seventeen Contradictions and the End of Capitalism*, Oxford University Press, 2014, 158-159.

14 환상에 의해 적의 구성에 대해서는 Ernesto Lacalu, *On the Populist Reason*, Verso, 2005, 86-87.

15 데이비드 하비, 『자본주의와 경제적 이성의 광기』, 창비, 2019를 보라.

16 Mary Mellor, *Debt or Democracy: Money for Sustainability and Social Justice*, Pluto Press, 2016, pp.2-3, p. 43.

17 긴축에 대해서는 마크 블라이스, 『긴축-그 위험한 생각의 역사』, 부키, 2016을 보라.

18 사회적 위기에 따른 불만이 혐오, 특히 이주자 혐오로 나타나는 현상에 대해서는 Paolo Gerbaudo, *The Great Recoil: Politics after Populism and Pandemic*, Verso, 2021, 7장을 보라.

19 세일라 벤하비브, 『타자의 권리－외국인, 거류민, 그리고 시민』 철학과 현실사, 2008, 61쪽.

20 앞의 책, 205쪽.

21 앞의 책, 164쪽.

22 앞의 책, 208쪽.

23 앞의 책, 119쪽.

24 앞의 책, 199쪽.

25 앞의 책, 169-170쪽.

26 칼 맑스·프리드리히 엥겔스, 『칼 맑스 프리드리히 엥겔스 저작선집 1』, 박종철 출판사, 1990, 80쪽.

27 앞의 책, 77-78쪽.

28 앞의 책, 78쪽.

29 앞의 책, 76쪽.

30 에티엔 발리바르는 보편적 권리로서의 인권과 시민권 사이의 긴장을 논의하면서 민주주의를 민주화하는 길을 모색하고 있다. Etienne Balibar, *Citizenship*, Polity, 2012.

31 이런 이유에서 마이클 프리먼은 인권에 대한 사회적 해석이 중요하다고 주장한다. 그의 책 『인권: 이론과 실천』, 아르케, 2005를 보라.

32 이런 양상에 대해서는 서영표, 「현대사회의 공포와 불안, 그리고 혐오 : '난민'이 문제가 되는 사회」, 『탐라문화』 65, 2020을 보라.

33 협소한 합리성과 경제주학주의 비판은 서영표, 「존재론적 깊이의 인식과 인식론적 상대주의의 실천: 포스트-혼종성 시대 지식생산과 교육 패러다임의 전환」, 『탐라문화』 69, 2022를 보라.

34 탈구와 실대에 대한 체험의 중요성은 서영표, 「라클라우가 '말한 것'과 '말할 수 없는 것': 포스트마르크스주의의 유물론적 재해석」, 『마르크스주의 연구』 13(1), 2016에서 논의되었다.

김치완, 「혐오를 중심으로 본 유가 도덕 감정론」

1 홍성일 외, 「언론학 혐오 연구의 메타분석: 2010년대 국내 신문방송학 등재지 게재 논문을 중심으로」, 『미디어, 젠더 & 문화』 35(1), 한국여성커뮤니케이션학회, 2020, 46-47쪽. 이 연구에 따르면, 다큐멘터리에 대한 이용자 평점은 최저인 1점에서 최고인 10점까지 "널뛴다." 좌파 편향적, 백인 차별적이라는 부정적 의견과 인간성의 어두운 이면인 혐오의 문제점을 잘 지적했다는 긍정적 의견이 엇갈리기 때문이다.

2 홍성일 외, 위의 글, 47쪽.

3 서양 근대 철학의 혐오에 대한 접근은 미학 분야의 혐오 논쟁에서 비롯된 것으로 알려져 있다. 그 계보는 슐레겔로부터 멘델스존과 레싱, 헤르더로 이어지는 것으로 분석된다. 칸트 철학에서도 같은 접근이 이루어진 것으로 평가된다. 곧, 혐오가 전적으로 신뢰할 수 있는 감정으로 간주되지는 않지만, 도덕적 갈등 상황에서 도덕적 행위의 동기를 제공하는 등의 일정한 역할을 담당한다고 한다. 관련 내용은 〈고현범, 「칸트 철학에서 혐오 감정」, 『범한철학』 82, 범한철학회, 2016, 165-190쪽〉을 참조할 것.

4 이러한 논의에 대해서는 이미 시론 수준을 넘어선 선행연구와 그것에 대한 비판이 이루어지고 있다. 맹자의 심설을 포함한 유가 윤리론이 서양과는 달리 수양론을 중심으로 하기 때문에 오늘날 인지주의의 도덕 감정론적 관점과는 별개로 보아야 한다는 것이 비판의 핵심이라는 점은 재론할 필요가 없다. 그런데도 이 글에서 맹자의 심설과 인지주의 도덕감정론의 공통지대 형성 가능성을 검토하는 까닭은 혐오 문제를 단독으로 다루지는 않았지만, 유가에서는 감정의 공적 전환을 통한 정당성 확보가 가능한 지점이 있다고 판단했기 때문이다. 이 지점은 개인적인 혐오가 공적인 분노로 정당화될 여지를 제공하면서도, 이와는 반대로 공적인 분노를 가장한 개인적인 혐오를 해결할 가능성을 제공하기도 한다.

5 안성호는 「청와대정치의 실패, 여의도정치의 과제 그리고 광화문정치 승리의 담론」에서 박근혜대통령과 행정부를 청와대정치, 입법부인 국회를 여의도정치, 그리고 촛불시민혁명을 일구어낸 시민사회의 광장정치를 광화문정치로 각각 명명했다. 여기서 "기대와 혐오의 교차"를 인용한 까닭은 개인적 감정이 진영으로 확대되어가면서 정당성을 확보해가는 양상이 극명하게 드러나기 때문이다.

6 이와 관련된 논의는 〈김치완, 「난민의 출현과 대응에 대한 철학의 문제들」, 『탐라문화』 65호, 제주대학교 탐라문화연구원, 2020, 37-72쪽〉을 참조할 것.

7 최현철, 「혐오, 그 분석과 철학적 소고」, 『철학탐구』 46, 중앙대학교 중앙철학연구소, 2017, 183쪽.

8 최현철, 위의 글, 179-181쪽.

9 최현철, 위의 글, 185-188쪽. 윤리적 결정과 평가에는 이성적 판단이 우선된다는 것이 서양철학의 기조이고, 동양철학에서도 인욕이나 칠정은 천도와 사단의 제어를 받아야 한다는 것이 통념이다. 최현철에 따르면, 콜나이와 하이트는 "역겨움"이라는 개인적 감정과 그것이 이성적 추론을 거치지 않고 판단으로 직접 이어진다는 직관주의적 접근이 가능하다는 점을 주장했다. 하이트의 '사회적 직관주의 모형'에서는 의사결정 또는 도덕적 판단은 감정 또는 정서가 진화된 '직관(intuition)'에 따라 결정된다는 점이 강조되었다.

10 관련된 내용은 〈최현철, 위의 글, 188-190쪽〉을 참조할 것.

11 서영표, 「현대사회의 공포와 불안, 그리고 혐오: '난민'이 문제가 되는 사회」, 『탐라문화』 65, 제주대학교 탐라문화연구원, 2020, 137-139쪽.

12 송준모, 박영득, 「청와대 국민청원에서는 무엇이 일어나는가? : 자연어 처리를 활용한 청와대 국민청원 분석」, 『한국정치학회보』 53(5), 한국정치학회, 54-57쪽.

13 최현철, 앞의 글, 192쪽.

14 송준모, 박영득, 위의 글, 58쪽. 여기에서는 청와대 국민청원에 다양한 정책적 의제들이 표출되고 있지만, 분노와 슬픔 같은 부정적 감정이 표출된 사례도 많다고 분석했다. 그리고 특히 분노가 생활밀착적인 의제들과 결합할 때 효과가 크다고 분석했다.

15 김치완, 앞의 글, 60쪽.

16 고현범, 「누스바움의 혐오 회의론」, 『철학탐구』 43, 중앙대학교 중앙철학연구소, 2016, 139-142쪽. 여기서 누스바움은 사회심리학자 로진(Paul Rozin)의 연구를 기초로 하는데, 혐오는 우리의 취약성과 연결된 감정으로서 문화에 따라 다양한 형식을 갖고 있으며, 확장된다는 특징을 가진다. 그는 확장된 혐오를 "투사적 혐오"라고 부르는데, "전염"과 "유사성"이라는 두 가지 미신적인 "교감적 마법의 법칙"을 따른다고 주장한다. 전염은 사회적 경계 긋기를 통해 이루어지기 때문에 이 경계를 위반하는 것이 혐오를 불러일으키며, '어떤 속성을 공유하는 대상은 근본적으로 유사하거나 동일하다'는 믿음 때문에 혐오가 확장된다고 한다.

17 관련 논의는 〈오성, 「감정에 대한 인지주의 이론의 경계짓기」, 『철학사상』 27, 서울대학교 철학사상연구소, 2008, 297-315쪽〉을 참조할 것.

18 양선이, 「윌리엄 제임스의 감정이론과 지향성의 문제」, 『철학연구』 79, 철학연구

회, 2007, 109쪽.

19 공유진, 「감정에 대한 인지주의의 수정과 확장」, 『철학연구』 48, 고려대학교 철학연구소, 2013, 199-201쪽.

20 공유진, 위의 글, 202쪽.

21 공유진, 위의 글, 203-205쪽.

22 한자경, 「주희의 감정론-이성-감성의 이원성을 넘어선 마음의 허령성(영성)에 관한 논의: 주희의 감정론에 대한 인지주의적 해석에 대한 비판을 겸함」, 『철학논집』 39, 서강대학교 철학연구소, 2014, 13-14쪽. 본문의 주장에 "또다시"를 첨언한 까닭은 이성 중심의 서양 근대주의 철학과 유사성을 근거로 유가철학이 주목받은 때가 있었기 때문이다.

23 신유학의 이기론을 토대로 하면, 심(心)은 성(性)과 정(情)으로 나눌 수 있기 때문에 '감정[心]'이라고 표기하는 것은 지나친 면이 없지 않다. 이렇게 표기한 이유는 사덕의 출발점으로서 사덕과는 구분되는 맹자의 사단심이 인지주의의 도덕감정과 유사하다는 점을 전제로 한 것이다.

24 한자경, 위의 글, 10쪽.

25 한자경, 위의 글, 31쪽.

26 『孟子』「離婁」 下.

27 박길수, 「도덕 심리학과 도덕 철학의 이중적 변주 – 맹자 심성론 및 수양론의 본질과 특징」, 『철학연구』 48, 고려대학교 철학연구소, 2013, 40쪽.

28 홍성민, 「四七論辨에서 中節의 의미와 善의 근거」, 『儒敎思想文化硏究』 65, 한국유교학회, 2016, 41쪽.

29 이와 관련된 논의는 〈홍성민, 위의 글, 66-68쪽〉을 참조할 것.

30 ≪性理大全≫ 卷33: "聖人之喜怒大公而順應 天理之極也 衆人之喜怒自私而用智 人欲之盛也"

31 『朱子語類』 卷117: "朱子訓門人曰 今人喜也是私喜 怒也是私怒 哀也是私哀 懼也是私懼 愛也是私愛 惡也是 私惡 欲也是私欲 苟能克去私己 擴然大公 則喜是公喜 怒是公怒 哀懼愛惡欲 莫非公矣"

32 『二程文集』 卷3 「答橫渠先生定性書」: "夫天地之常 以其心普萬物而無心 聖人之常 以其情順萬事而無情 故君子之學 莫若廓然而大公 物來而順應"

33 『二程文集』 卷3 「答橫渠先生定性書」: "人之情 各有所蔽 故不能適道 大率患在於自私而用智 自私則不能以有爲爲應迹 用智則不能以明覺爲自然"

34 『朱子語類』 卷6: "余正叔謂 無私欲是仁 曰謂之無私欲然後仁則可 謂無私便是仁則不可 蓋惟無私欲而後仁始見 如無所壅底而後水方行"

35 『朱子語類』卷6: "方叔日與天地萬物爲一體是仁 日無私 是仁之前事 與天地萬物爲 一體 是仁之後事 惟無私 然後仁 惟仁 然後與天地萬物爲一體 要在二者之間識得畢 竟仁是甚模樣"

36 김종석, 「近畿 退溪學派 연구를 위한 예비적 고찰 – 星湖 李瀷의 學問淵源과 退溪 學 수용 양상」, 『퇴계학보』 111, 퇴계학연구원, 2002, 213-215쪽.

37 『四七新編』 「聖賢之七情」: "夫七情 不學而能 不學而能者 未必皆惡 但出於形氣之 私 故易至於惡也"

38 『四七新編』 「聖賢之七情」: "治之云者 卽從本有之情 以天理管攝他 使不得流於惡 也 其未治之前 只是私有底情 已治之後 便却有不涉於私者 此則天理管攝之功也 非 七情之本然也"

39 『四七新編』 「聖賢之七情」: "衆人之私 及近 聖人之私 及遠 所以遠者 理爲之主也 理何嘗私 然則謂之私 可也 謂之公 亦可也 私以本情言 公以理言"

40 『四七新編』 「重跋」: "蓋惻隱羞惡 仁義之發也 見其失所而危死 則必爲之惻隱 見其違 道而妄作 則必爲之羞惡 此逆境也 非君子之所願而緣境便發者也 苟見其得所 見其合 道 則必爲之喜樂 此實天理之順境 … 古人特不言耳 始知聖賢之爲人喜 固亦順境之仁 發 而其爲人怒 卽不過逆境之羞惡 怒與惡 字雖別 義實相近 屬之理發 亦宜也"

41 김태수, 「교회개혁을 위한 예수의 의로운 분노와 분노 상담에 대한 기독교 상담 학적 고찰」, 『성경과 신학』 51, 한국복음주의신학회, 2009, 205-229쪽.

초출일람

김진선, 「다원화된 개인들의 이질적 공존」
이 글은 2021년 제주대학교 탐라문화연구원 국내학술대회 〈제주 섬, 타자 인식과
혐오 양상〉에서 발표한 것을 보완하여 대구대학교 다문화사회정책연구소 학술지
『현대사회와 다문화』 12권 1호(2022.2)에 게재된 논문을 쿰다난민연구총서 편집기
준에 맞춰 수정한 것이다.

김준표, 「동질성의 신화와 이질성의 현실에서 함께 산다는 것은」
이 글은 2021년 제주대학교 탐라문화연구원 국내학술대회 〈제주 섬, 타자 인식과
혐오 양상〉에서 발표한 것을 보완하여 대구대학교 다문화사회정책연구소 학술지
『현대사회와 다문화』 12권 1호(2022.2)에 게재된 논문을 쿰다난민연구총서 편집기
준에 맞춰 수정한 것이다.

박재영, 「독일 다문화 사회의 터키인 이주와 커뮤니티의 형성」
이 글은 『다문화콘텐츠연구』 제12집(2012.04)에 발표한 논문(「독일 다문화사회의
터키인 공동체－쟁점과 전망－」)을 수정 및 보완한 것이다.

임형모, 「장소와 공간을 따라 읽는 고려인의 삶과 문학」
이 글은 『韓民族語文學』 第84輯(2019.6)에 발표한 논문(「'관심의 장(field of care)'
의 전이로 읽는 고려인의 문학(글쓰기)과 고향 공간」)을 수정한 것임을 밝혀 둔다.

서영표, 「'우리'를 돌아보게 하는 타자의 이름, '난민'」
이 글은 기존에 발표되었던 「난민을 관리하는 정치 또는 난민에 의한 '난민정치'」, 『문
화과학』 88호, 2016 겨울호, 「갑작스러운 타자의 출현, 우리를 돌아볼 수 있는 계
기」, 『진보평론』 77호, 2018년 가을호, 두 개의 글을 바탕으로, 참고문헌을 보충해
서 다시 쓴 것이다.

김치완, 「혐오를 중심으로 본 유가 도덕 감정론」
이 글은 원광대학교 인문학연구소 「열린정신 인문학연구」 22집 3호에 게재된 원고
를 보태고 기운 것이다.

참고문헌

김진선, 「다원화된 개인들의 이질적 공존」

1. 저서

박구용, 『우리 안의 타자』, 철학과현실사, 2003.

신용하 외, 『공동체 이론』, 문학과지성사, 1985.

엄태완, 『탈북난민의 위기적 경험과 외상』, 경남대학교 출판부, 2010.

에티엔 발리바르, 『마르크스의 철학』, 배세진 옮김, 오월의봄, 2018.

오경석 외, 『한국에서의 다문화주의』, 한울아카데미, 2007.

질 들뢰즈, 『의미의 논리』, 이정우 옮김, 한길사, 1999.

최진석, 『노자의 목소리로 듣는 도덕경』, 소나무, 2005.

패트릭 사비단, 『다문화주의: 국가정체성과 문화정체성의 갈등과 인정의 방식』, 이산호·김휘택 옮김, 도서출판 경진, 2012.

한승혜, 『다정한 무관심』, 도서출판 사우, 2021.

Taylor, Ch., Muliticulturalisme. Difference et democratie, Paris, Flammarion, 1994.

2. 논문

김연희·정유리, 「[현장&현장 사람들 4: 대구대학교 다문화정책연구소 김연희 소장] 한민족 다문화 동질적인 토대 위에서 극복해야 할 차이」, 『현대사회와다문화』 4(2), 2014, 178-190.

김옥선, 「타자와의 공존, 그 가능성으로서 로컬리티」, 『로컬리티 인문학』 17, 2017, 277-306.

김은주, 「정의와 차이의 정치 – 아이리스 마리 온 영의 정의론의 의미에 대하여」, 『시대와 철학』 29(4), 2018, 7-40.

김진선, 「郭象 철학의 無爲-自然 논리구조 연구 – '自爲', '自用', '自治'를 중심으로 –」, 『동양철학연구』 92, 2017, 290-324.

_____, 「한국 사회에서의 난민 인식의 문제」, 『탐라문화』 65, 7-37.

김치완, 「난민의 출현과 대응에 대한 철학의 문제들」, 『탐라문화』 65, 39-74

김현숙 외, 「다문화(공간)과 로컬리티」, 『로컬리티 인문학』 10, 2013, 5-43.

로베르토 에스포지토, 「면역적 민주주의」, 김상운 옮김, 『문화과학』 83, 2015a, 390-415.

_____, 「면역화와 폭력」, 김상운 옮김, 『진보평론』 65, 2015b, 309-323.

박경태, 「한국사회와 난민: 난민과 환대의 책임」, 『문화과학』 88, 2016, 47-65.

박기준·송기욱, 「스쿨존 내 운전자의 교통규범 의식에 관한 연구」, 『한국방재학회논문집』 21, 33-38.

이명수, 「존재의 공간과 로컬리티」, 『공간이 사유와 공간이론의 사회적 전유』, 로컬리티 연구총서 09, 2013, 111-133.

이문철, 「민족정체성에 대한 학문적 인지와 타자의 시선」, 『한국학연구』 38, 2015, 513-535.

이상봉, 「오사카 조선시장의 공간정치」, 『이주와 로컬리티 재구성』, 로컬리티 연구총서 12, 2013, 214-249.

이선미, 「능동적 시민과 차이의 정치」, 『한국여성학』 22(1), 2006, 147-183.

이졸데 카림, 『나와 타자들』, 이승희 옮김, 민음사, 2019.

Falk, R., "The rights of peoples", in J. Grawford, The rights of peoples, Oxford, Oxford UP, 1998.

3. 기타

스케치북다이어리, 2017, https://humandrama.tistory.com/1612.

김준표, 「동질성의 신화와 이질성의 현실에서 함께 산다는 것은」

1. 자료

민수기, 대한성서공회 개역개정판.

창세기, 대한성서공회 개역개정판.

2. 논저

강진구, 「다문화주의 관점에서 본 아시아연대론」, 『다문화콘텐츠연구』 15집, 2013.
_____, 「한국사회의 반다문화담론에 대한 비판적 고찰」, 『다문화콘텐츠연구』 17집, 2014.
김석준·김준표, 『도박사회학 - 제주 지역 도박 산업화 과정과 성격』, 제주대학교 탐라문화연구원, 2016.
김용규, 『신 - 인문학으로 읽는 하나님과 서양문명 이야기』, IVP 한국기독학생회출판부, 2018.
김준표, 「다문화사회의 정체성 트러블과 제주의 쿰다 문화」, 『현상과인식』 44(4), 한국인문사회과학회, 2020.
김희정, 「한국의 관주도형 다문화주의」, 오경석 외, 『한국에서의 다문화주의 : 현실과 쟁점』, 한울, 2007.
리쾨르, 폴, 『해석학과 인문사회과학』, 존 톰슨 편집·번역, 윤 철호 옮김, 서광사, 2003. 원제는 Hermeneutics and the Human Science: Essays on languge, action and interpretation(Cambridge: Cambridge University Press, 1981).
박지배, 「수용과 혼종을 통한 공존의 모색: 네르친스크 회담」, 『역사학보』 246, 역사학회, 2020.
버틀러, 주디스, 『지상에서 함께 산다는 것』, 양 효실 옮김, 시대의창, 2016. 원제는 Parting Ways: Jewishness and the Crtique of Zionism(New York: Columbia University Press, 2012).
버틀러, 주디스·가야트리 스피박, 『누가 민족국가를 노래하는가』, 주해연 옮김, 웅진싱크빅, 2008. 원제는 Who Sings the Nation-state?: language, politics, belonging(Kolkata: Seagull Books, 2007).
버틀러, 주디스·아테나 아타나시오우, 『박탈 : 정치적인 것에 있어서의 수행성에 관한 대화』, 김응산 옮김, 자음과모음, 2016. 원제는 Dispossession: The performative in the Political(Cambridge: Polity Press, 2013).
유재민, 「'화학적 결합'(mixis)의 조건과 현대적 해석의 가능성: 아리스토텔레스의 『생성소멸론』 1권 10장을 중심으로」, 『철학연구』 126, 철학연구회, 2019.
윤철호, 『인간 - 인간의 본성과 운명에 관한 학제간 대화』, 새물결플러스, 2017.
이용균, 『글로벌 이주: 이동 관계 주변화』, 전남대학교출판부, 2017.
장성연·권영걸, 「공간의 동질과 이질, 미와 추의 복합적 변별 메커니즘」, 『기초조형학연구』14(2), 한국기초조형학회, 2013.

장창은, 「삼국시대 난민의 발생 배경과 동향」, 『한국고대사탐구』 36집, 2020.

전영준, 「신라사회에 유입된 서역 문물과 다문화적 요소의 검토」, 『신라사학보』 15, 신라사학회, 2009.

_____, 「한국의 다문화연구 현황」, 『다문화콘텐츠연구』 1, 중앙대학교 문화콘텐츠 기술연구원, 2009.

_____, 「고려시대 동아시아의 해양과 국제교류 양상」, 제주대학교 탐라문화연구원, 『중세 동아시아의 해양과 교류』, 경인문화사, 2019.

_____, 「10~12세기 고려의 발해유민 수용과 주변국 동화정책」, 『제주도연구』 55집, 2021.

정재식, 『한국의 종교, 사회, 윤리의 전통』, 송 재룡·임 영빈 옮김, 다산출판사, 2020. 원제는 The Korean Tradition of Religion, Society, and Ethics(New York: Routledge, a member of the Taylor & Francis Group, 2017).

채현정, 「경계/국경과 국가 인식의 문제」, 『역사연구』 36, 역사학연구소, 2019.

최고원, 『해석과 비판－진리와 논리 사이에서』, 인간사랑, 2012.

Beauvoir, Simone de(2009), Le deuxieme sexe(H. Y. Lee, Trans.), Seoul: Dongseo Munhwasa(Original work published 1949).

Butler, Judith(2008) Gender Trouble(H. J. Cho, Trans.), Seoul: Munhakdongne (Original work published 1990).

Butler, Judith(2015) Undoing Gender(H. J. Cho, Trans.), Seoul: Munhakkwajiseong (Original work published 2004).

Butler, Judith(2016), Parting Ways: Jewishness and the Critique fo Times of Zionism(H. S. Yang), Seoul: Sidaeeuhchang (Original work published 2012).

Chomsky, Noam(2004), Pirates and Emperors: International Terrorism and the Palestinians(S. C. Ji, Trans.), Seoul: Hwangsogureum(Original work published 1986).

Durkheim, Emil(2012), The Division of Labour in Society(M. H. Mun Trans.), Seoul: Archanet(Original work published 1997, De al division du travail social 1893).

Marx, Karl @ Friedrich Engels(1988), The German Ideology(J. H. Park, Trans.), Gyeonggi: Cheongnyeonsa(Original work published 1846).

Said, Edward(2005), Freud and the Non-European(E. W. Joo Trans.), Seoul: Changbi(Original work published 2003).

Schroer, Markus(2010), Räume, Orte, Grenzen(I. M. Cheong & J. H. Bae), Seoul: ECO-LIVRES(Original work published 2006).

Weber, Max(1990), Wirtschaftsgeschichte(K. J. Cho, Trans.), Seoul: Samsung (Original work published 1924).

Winichakul, Thongchai(2019), Siam Mapped: A History of the Geo-Body of a Nation(S. K. Lee Trans.), Gyeonggi: Jininjin(Original work published 1997).

3. 기타

국경없는 의사회(2021), 국경없는 의사회가 달려온 50년, https://msf.or.kr/issue-report/reporters-without-borders-50th-year-of-MSF, 2021년 8월 1일자.

뉴시스(2021), 미얀마, 국경없는의사회에 활동 중단 명령, https://www.donga.com/news/Inter/article/all/20210610/107362819/1, 2021년 8월 1일자.

임형모, 「장소와 공간을 따라 읽는 고려인의 삶과 문학」

1. 자료

고려인 신문, 『레닌기치』, 1938.05.15.~1990.12.29.
고려인 신문, 『고려일보』, 1991.01.03.~2002.12.27.
이청준, ≪그곳을 다시 잊어야 했다≫, 열림원, 2007.

2. 논저

강회진, 『아무다리야의 아리랑』, 문학들, 2010.
고송무, 『쏘련 중앙아시아의 한인들』, 한국국제문화협회, 1984.
김낙현, 「디아스포라 고려인 시에 나타난 조국과 고향의 변화양상」, 『語文硏究』 제

43권 제4호, 한국어문교육연구회, 2015.

성동기, 『우즈베키스탄 불멸의 고려인 영웅 김병화』, 재외동포재단, 2006.

이상근, 『러시아·중앙아시아 이주한인의 역사: 고난을 극복하여 희망을 성취하기 위한 역사』, 국학자료원, 2010.

이채문, 『동토(凍土)의 디아스포라』, 경북대학교 출판부, 2007.

임지현·사카이 나오키, 『오만과 편견』, 휴머니스트, 2003.

임형모, 『조선사람·소비에트 고려인·고려사람 그리고 "고향": 아마추어리즘에서 문예미학적 글쓰기까지』, 신아출판사, 2016.

임형모, 「고려인문학에 나타난 낯선 장소와 공간 연구: 문화지리학으로 읽는 고려인 문학」, 『한국문학과 예술』 제25집, 숭실대학교 한국문학과예술연구소, 2018.

최강민, 『탈식민과 디아스포라 문학』, 제이앤씨, 2009.

김 게르만, 『한인 이주의 역사』, 박영사, 2005.

보리스 박·니콜라이 부가이, 오성환 감수, 『러시아에서의 140년간: 재러한인 이주사』(김광환·이백용 옮김), 시대정신, 2004.

리 블라지미르 표도로비치(우효)·김 예브게니 예브게니예비치(영웅) 편, 『스딸린체제의 한인강제이주: 구소련 국립중앙문서보관소 공개 극비문서』, 김명호 옮김, 건국대학교 출판부, 1994.

한 세르게이 미하일로비치·한 발레리 쎄르게이비치, 『고려사람 우리는 누구인가』, 김태항 역, 高談社, 1999.

나리타 류이치, 『'고향'이라는 이야기』(한일비교문화세미나 옮김), 동국대학교 출판부, 2007.

이-푸 투안, 『공간과 장소』, 구동회·심승희 옮김, 대윤, 2011.

이-푸 투안, 『토포필리아』, 이옥진 옮김, 에코리브르, 2011.

데이비드 앳킨슨·피터 잭슨·데이비드 시블리·닐 워시본 편저, 『현대 문화지리학』, 이영민·진종헌·박경환·이무용·박배균 옮김, 논형, 2011.

알라이다 아스만, 『기억의 공간: 문화적 기억의 형식과 변천』, 변학수·채연숙 옮김, 그린비, 2017.

조르조 아감벤, 『호모 사케르: 주권 권력과 벌거벗은 생명』, 박진우 옮김, 새물결, 2008.

Володина Л. Библиография Кореи. 1917~1970. М., 1981.

박재영, 「독일 다문화 사회의 터키인 이주와 커뮤니티의 형성」

1. 논저

곽준혁, 「다문화 공존과 사회적 통합」, 『대한정치학회보』 15(2), 2007.

김욱동, 「다문화주의의 도전과 응전」, 『미국학논집』 30(1), 1998.

김용찬, 「영국과 독일의 상이한 이주유형 비교연구」, 『현상과 인식』 30(3), 2006.

민경국, 「독일경제의 침체원인과 한국경제에 주는 시사점」, 『임금연구』 가을호, 2003.

박재영, 「유럽 다문화 사회의 문화충돌: 영국·프랑스·독일을 중심으로」, 『다문화연구』 창간호, 2008.

유정희, 「영원한 이방인: 독일의 터키 공동체」, 『독일연구』 18, 2009.

이용승, 「독일의 다문화 가족정책」, 『민족연구』 31, 2007.

이용일, 「노동시장 중심의 독일 외국인 정책의 지속성, 1873-현재」, 『독일연구』 6, 2003.

_____, 「이민과 다문화사회로의 도전 ─ 독일의 이민자 사회통합과 한국적 함의」, 『서양사론』 92, 2007.

한형서, 「독일에서 외국인 증가에 따른 딜레마와 사회통합정책」, 『국제지역연구』 11(4), 2008.

Dollase, Rainer & Koch, Kai-Christian, "Die Intergration der Muslime", *Polik und Zeitgeschichte*, 40-41, 2006.

Fijalkowski, Jürgen, "Gastarbeiter als industrielle Reservearmee?", *Archiv für Sozialgeschichte* 24, 1984.

Herbert, U., *Geschichte der Ausländerbeschäftigung in Deutschland 1880 bis 1980*, Bonn, 1986.

Herbett, Ulrich, *Geschichte der Ausländerpolitik in Deutschland. Saisonarbeiter, Zwangsarbeiter, Gastarbeiter, Flüchtlinge*, München, C. H. Beck, 2001.

Herbert, Ulrich & Hunn, Karin , "Guest Workers and Policy on Guest Workers in the Federal Republic: From the Beginning of Recruitment in 1955 until Its Halt in 1973", Hanna Schissler ed., *The Miracle Years: A Cultural History of West Germany, 1949-1968*(Princeton University Press) 2001.

Harrocks, David & Kolinsky, Eva ed., *Turkish Culture in German Society Today*, Oxford, 1996.

Jessen, Frank & Moellendorff, Wilamowitz, "Das Kopftuch - Entschleierung eines Symbols?" Konrad -Adenauer Stiftung, e. V.(ed.), *Zukunftsforum Politik*, Nr. 77, Sankt Ausgustt, Berlin, 2006.

Klughardt, W., *Die Gesetzgebung zur Bekampfung des Terrorismus aus strafrechtlich-soziologischer Sicht*, 1984.

MacMaster, Neil, *Racism in Europe, 1870-2000*, Palgrave, 2001.

Mandel, Ruth Ellen, *Cosmopolitan Anxieties: Turkish Challenges to Citizenship and Belonging in Germany*, Duke University Press, 2008.

Meier-Braun, Karl-Heinz, *Deutschland, Einwanderungsland*(Frankfurt a. M., Suhrkamp, 2002.

Northrup, David, "Globalization and the Great Convergence: Rethinking World History in the Long Term", *Journal of World History*, vol. 16, no. 3, 2005.

Oestreich, Heide, *Der Kopftuchstreit: Das Abendland und ein Quadratmeter Islam*, Frankfurt a. M., Brandes & Apsel, 2005.

Thränhardt, Dietrich, "Germany: an Undeclared Immigration Country", *New Community* 21, 1995.

Triadafilopoulos, T. & Schönwälder, K., "How the Federal Republic became an Immigration Country: Norms, Politics and Failure of West Germany's Guest Worker System", *German Politics and Society* 80, 2006.

Weiss, Dietrich, *Ausländische Mitbürger in Hildesheim - Intergrationsprobleme und Intergrationshilfe*, Hildesheim, 2005.

Yurdakul, Gökce, *Mobilizing Kreuzberg: Political Representation, Immigrant Incorporation and Turkish Associations in Berlin(Diss.)*, University of Toronto, 2006.

2. 기타

조선일보, 2005년 10월 18일자; 2011년 2월 6일자; 2011년 9월 27일자.
연합뉴스, 2010년 10월 17일자.

문화일보, 2011년 2월 11일자.
국민일보, 2008년 11월 24일자.

김동석, 「아프리카의 정치적 위기와 강제이주민」

1. 논저

Davenport, Christian, Will Moore, and Steven Poe. 2003. "Sometimes You Just Have to Leave: Domestic Threats and Forced Migration, 1964-1989." *International Interactions* 29 (1): 27-55.

Fiddan-Qasmiyeh, Elena, Gil Loescher, Katy Long, and Nando Sigona (eds). 2014. *The Oxford Handbook of Refugee and Forced Migration Studies*. Oxford, UK: Oxford University Press.

Hong, Jeong Hwa and Eun Hye Kim. 2019. "A Review of Refugee Policy in South Korea." *Crisisonomy* 15 (4): 47-62.

Iqbal, Zaryab. 2007. "The Geo-Politics of Forced Migration in Africa, 1992-2001." *Conflict Management and Peace Science* 24 (2): 105-119.

Loescher, Gil and James Milner. 2005. "The Long Road Home: Protracted Refugee Situations in Africa." *Survival* 47 (2): 153-174.

Moore, Will H. and Stephen M. Shellman. 2006. "Refugee or Internally Displaced Person?: To Where Should One Flee?" *Comparative Political Studies* 39 (5): 599-622.

Moore, Will H. and Stephen M. Shellman. 2007. "Whither Will They Go? A Global Study of Refugees' Destinations, 1965-1995." *International Studies Quarterly* 51 (4): 811-834.

Mukhtar, Sadiq, Rosniza Aznie Che Rose, Lam Kuok Choy, and Amina Ummulkhair Ibrahim Bibi-Farouk. 2018. "Boko Haram and the Geopolitics of Forced Migration in Nigeria." *Journal of International Studies* 14: 51-63.

Otunnu, Ogenga. 2014. "Root Causes of Forced Migration in Africa." In *Religious and Ethical Perspectives on Global Migration*, Elizabeth W. Collier and

Charles R. Strain (eds). New York: Lexington Books, 53-86.

Song, Young Hoon. 2012. "Conflict, International Response, and Forced Migration in Sub-Saharan Africa, 1980-2007." *The Korean Journal of International Studies* 10(1): 1-36.

Tom, Ogwang. 2014. "Armed Conflicts and Forced Migration in the Great Lakes Region of Africa: Causes and Consequences." *International Journal of Research in Social Sciences* 4(2): 147-161.

Weiner, Myron. 1996. "Bad Neighbors, Bad Neighborhoods: An Inquiry into the Causes of Refugee Flows." *International Security* 21 (1): 5-42.

서영표, 「'우리'를 돌아보게 하는 타자의 이름, '난민'」

1. 저서

난민인권센터, 『2018년 난민인권센터 통계자료집』, 난민인권센터, 2018.

데이비스, 마이크, 『슬럼, 지구를 뒤덮다』, 김정아 옮김, 돌베개, 2006.

루이스, 사이먼 L., 마크 A. 매슬린, 『사피엔스가 장악한 행성 ─ 인류세가 빚어낸 인간의 역사 그리고 남은 선택』, 김아림 옮김, 세종서적, 2018.

맑스, 칼, 프리드리히 엥겔스, 『칼 맑스 프리드리히 엥겔스 저작선집 1』, 박종철출판사 편집부 옮김, 박종철 출판사, 1990.

미첼, 티모시, 『탄소 민주주의 ─ 화석연료시대의 정치권력』, 에너지기후정책연구소 옮김, 생각비행, 2017.

벤하비브, 세일라, 『타자의 권리 ─ 외국인, 거류민, 그리고 시민』, 이상훈 옮김, 철학과 현실사, 2008.

블라이스, 마크, 『긴축 ─ 그 위험한 생각의 역사』, 이유영 옮김, 부키, 2016.

푸코, 미셸, 『감시와 처벌 ─ 감옥의 탄생』, 오생근 옮김, 나남, 2020.

푸코, 미셸, 『성의 역사1 ─ 지식의 의지』, 이규현 옮김, 나남, 2020.

프리먼, 마이클, 『인권: 이론과 실천』, 김철효 옮김, 아르케, 2005.

데이비드 하비, 『자본주의와 경제적 이성의 광기』, 김성호 옮김, 창비, 2019.

홉스봄, 에릭, 『폭력의 시대』, 이원기 옮김, 민음사, 2007.

Harvey, David, Seventeen Contradictions and the End of Capitalism, Oxford University Press, 2014.

Howarth, David, *Poststructuralism and After: Structure, Subjectivity and Power*, Palgrave, 2013.

Gerbaudo, Paolo, *The Great Recoil: Politics after Populism and Pandemic*, Verso, 2021.

Lacalu, Ernesto, *On the Populist Reason*, Verso, 2005.

Mellor, Mary, *Debt or Democracy: Money for Sustainability and Social Justice*, Pluto Press, 2016.

Morris, Lydia, *Managing Migration-Civic Stratification and Migrants Rights*, Routledge, 2002.

Soysal, Yasemin, *Limits of Citizenship: Migrants and Postnational Membership in Europe*, University of Chicago Press, 1995.

United Nations High Commissioner for Refugees (UNHCR), *The Global Report 2017*.

2. 논문

서영표, 「라클라우가 '말한 것'과 '말할 수 없는 것': 포스트마르크스주의의 유물론적 재해석」, 『마르크스주의 연구』 13(1), 경상대학교 사회과학연구원, 2016.

_____, 「현대사회의 공포와 불안, 그리고 혐오 : '난민'이 문제가 되는 사회」, 『탐라문화』 65, 제주대학교 탐라문화연구원, 2020.

_____, 「존재론적 깊이의 인식과 인식론적 상대주의의 실천: 포스트-혼종성 시대 지식생산과 교육 패러다임의 전환」, 『탐라문화』 69, 제주대학교 탐라문화연구원, 2022.

Archer, Margaret, "Social Integration and System Integration: Developing the Distinction", *Sociology* 30(4), 1996.

Balibar, Etienne, *Citizenship*, Polity, 2012.

Docquier, Frédéric, "Brain Drain in Developing Countries", *The World Bank Economic Review*, 21(2), 2007.

Wood, Tony, "Matrix of War", *New Left Review* 133/134, 2022.

김치완, 「혐오를 중심으로 본 유가 도덕 감정론」

1. 논문

고현범, 「누스바움의 혐오 회의론」, 『철학탐구』 43, 중앙대학교 중앙철학연구소, 2016, 131-160.

_____, 「칸트 철학에서 혐오 감정」, 『범한철학』 82, 범한철학회, 2016, 165-190.

공유진, 「감정에 대한 인지주의의 수정과 확장」, 『철학연구』 48, 고려대학교 철학연구소, 2013, 197-224.

김세서리아, 「디지털 노마드(Digital Nomad)시대, '포용(inclusion)의 정치학'을 위한 유교적 시론(試論)」, 『유교연구』 46, 충남대학교 유학연구소, 2019, 451-474.

김종석, 「近畿 退溪學派 연구를 위한 예비적 고찰－星湖 李瀷의 學問淵源과 退溪學 수용 양상」, 『퇴계학보』 111, 퇴계학연구원, 2002, 195-240.

김치완, 「난민의 출현과 대응에 대한 철학의 문제들」, 『탐라문화』 65, 제주대학교 탐라문화연구원, 2020, 37-72.

김태수, 「교회개혁을 위한 예수의 의로운 분노와 분노 상담에 대한 기독교 상담학적 고찰」, 『성경과 신학』 51, 한국복음주의신학회, 2009, 205-229.

박길수, 「도덕 심리학과 도덕 철학의 이중적 변주－맹자 심성론 및 수양론의 본질과 특징」, 『철학연구』 제48집, 고려대학교 철학연구소, 2013, 35-90.

서영표, 「현대사회의 공포와 불안, 그리고 혐오: '난민'이 문제가 되는 사회」, 『탐라문화』 65, 제주대학교 탐라문화연구원, 2020, 137-174.

송준모, 박영득, 「청와대 국민청원에서는 무엇이 일어나는가? : 자연어 처리를 활용한 청와대 국민청원 분석」, 『한국정치학회보』 53(5), 한국정치학회, 53-78.

안성호, 「청와대정치의 실패, 여의도정치의 과제 그리고 광화문정치 승리의 담론」, 『사회과학연구』 34(1), 충북대학교 국제개발연구소, 2017, 55-106.

양선이, 「윌리엄 제임스의 감정이론과 지향성의 문제」, 『철학연구』 79, 철학연구회, 2007, 107-128.

오성, 「감정에 대한 인지주의 이론의 경계짓기」, 『철학사상』 27, 서울대학교 철학사상연구소, 2008, 297-315.

최현철, 「혐오, 그 분석과 철학적 소고」, 『철학탐구』 46, 중앙대학교 중앙철학연구소, 2017, 175-199.

한자경, 「주희의 감정론－이성-감성의 이원성을 넘어선 마음의 허령성(영성)에 관한 논의: 주희의 감정론에 대한 인지주의적 해석에 대한 비판을 겸함」, 『철학논집』 39, 서강대학교 철학연구소, 2014, 9-35.

홍성민, 「四七論辨에서 中節의 의미와 善의 근거」, 『儒敎思想文化硏究』 제65집, 한국유교학회, 2016, 39-70.

홍성일 외, 「언론학 혐오 연구의 메타분석: 2010년대 국내 신문방송학 등재지 게재 논문을 중심으로」, 『미디어, 젠더 & 문화』 35(1), 한국여성커뮤니케이션학회, 2020, 45-102.

황정희, 「원초적 수치심과 도덕 감정으로서의 부끄러움－누스바움과 유가의 수치심 비교」, 『국제한국학저널』 4, 강원한국학연구원, 2018, 65-88.

찾아보기

가

가다머   54
가족재결합   98
갈라치기   18
감각적 혐오   153, 154, 157
감정의 공적 전환   151, 163, 164,
　　167, 170
강제이주민   111
게릴라(guerrilla)   117
경계   38
고려일보   68
공공선   19, 28
공공체   101
공동체   18, 138
공포   70
공희노   164, 166, 167, 168, 170
관심의 장(field of care)   65
국가   91
국경선   39
국내실향민   112
국내전쟁(공민전쟁)   79
국민국가   143
국민주권   139
국적   93
국적법   101
권력적 혐오   153, 157

권리   138
그 고장 이름은?   …   82
그곳을 다시 잊어야 했다   88
극동   70
극우주의   100
근대성   109
금융위기   134
기민당   92
기본법   108
긴축   135
김병화   85
김세일   77

나

나의뜻   77
나이지리아   115
난민   111, 127
난민 수용국   126
난민신청자   136
난민 지원   126
난민혐오   151, 154, 155, 170
남수단   113
남아공   123
내부적 난민   127
내전   111, 116
노동   91

녹색당 101
놀음의 법 82
니제르 119

다

다르푸르 117
다문화 91
다문화사회 19, 33
다문화주의 19, 91
다양성 99
다에쉬/IS 122
다원적 통합 109
대량학살 124
대아프리카 외교 126
도덕 감정 150, 151
도덕 감정론 149
도덕적 감정 161, 162
도덕적 혐오 156, 157
동질 46
동질사회 19
동질성 38, 99
동질화 18, 28
동체의식 165, 166, 168, 170, 171
동화 105, 109
두뇌 유출 128
두려움 152, 153, 154, 155, 157
디아스포라적 공간 30

라

라인강의 기적 94

레닌기치 65, 68
루딘 108
류바 79
르완다 115, 124
르완다애국전선(RPF: Rwandan
        Patriotic Front) 124
리꿰르 54
리비아 120
리용필 84
리은영 76

마

마이크 데이비스 131
만남 구역 31
말리 119
맹동욱 85
면역체계 23
면역화 22
모잠비크 122
무누스 23
무슬림 테스트 108
무슬림 98
무제한 징병제 123
문화권 109
문화적 인종주의 100
문화적 혐오 153, 157
문화지리학 66
문화충돌 91
민족 91, 127
민족주의 137
민주주의 122, 138

민주주의의 위기   149, 155, 169

바

박해   111
박현   81
배제   109
버틀러   64
베를린   105
변용   57
보코 하람   116
보편성   139
보편적 인권   139
봄맞웅   76
부룬디   123
부르키나파소   119
북극성 꼴호즈   85
북한이탈주민   22
분쟁 해결   126
불로소득   145
불안의식   66
붉은 별들이 보이던 때   79
빈부격차   134

사

사단과 칠정   163, 164, 165, 167
사랑   79
사칠논변   163, 165
사칠논쟁   163, 164, 167, 170
사하라 이남 아프리카   113
사헬(Sahel)   119

사회 통합   131
사회민주당   92
사회적 차별   101
사회주의노동영웅   85
사회통합   91, 92
생존적 혐오   152, 153
서아프리카경제공동체   126
선봉   65
선택적 동화주의   109
세계인권선언   143
세계화   91
세일라 벤하비브   138
셀레카(Seleka)   118
소독전쟁   78
소말리아   113
소수자   17
소외   142
속지주의   101
손님으로 오시요   84
수단   113, 114
스탈린   74
시민권   101
식민지배   115
신자유주의   133
신한촌   86
실존적 공동체   29
씨르다리야강   70
아무다리야강   83
아무다리야의 아침   84
아프리카   111
아프리카연합   126
안사르 디네(Ansar Dine)   120

안일   84
안티 발라카(anti-Balaka)   118
알-샤바브   118
알제리   120
알카에다 마그레브 지부(AQIM:Al-
    Qaeda in Islamic Maghreb)   120
암하라 족   119
어머니   76
어정쩡한 정체성   52
억압   111
에리트레아   113
에스엔게   65
에티오피아   114
역겨움   149, 153, 154, 157, 169
연대   140
연합민주군   122
연해주   66
영원히 남아 있는 마음   80
예멘 난민   21, 63, 135
오로모 족   119
외국인   92
외국인 귀환촉진법   98
외국인 혐오   92
외국인 혐오증   100
외부 세력의 개입   119
외부적 난민   145
우간다   114
우리   25
우즈베키스탄   83
원동   67
유대   140
유럽   91, 113

유엔난민고등판무관실(UNHCR)   112
유엔난민기구   130
유엔평화유지활동   126
유적 존재   142
의무   138
이동   40, 127
이동성   127
이동인   48
이무니타스   23
이민법   103
이민자   91
이민청   107
이방인   93, 137
이사이아스 아프웨르키(Isaias Afwerki)
    123
이슬람   91
이슬람국가서아프리카지부(ISWAP)
    116
이주   91, 127
이주노동자   128
이주자   128
이주초해   72, 77
2중영웅 김병화의 동상앞에서   85
이질   45
이질사회   19
이질성   38
이질적 공존   17, 32
이청준   88
인간다움   161, 166, 167, 169, 170,
    171
인권   109, 138, 141
인권유린   111

인정 21
인종 92
인종주의 133
인지주의 150, 151

자

자본 91
자연 감정 164, 165, 166, 167, 168, 170
자연 34
자원의 저주 119
잔자위드(Janjaweed) 125
장기집권 122
장소공포 66
장소애 66
전쟁 111
정의 141
정재식 55
정체성 25, 104
정체성 공유 115
정치적 억압 116
정치적 위기 111
종교 92
종교 정체성 115
종족 간 분열정책 118
종족 학살(genocide) 116
주도 문화 26
중동 113
중앙아프리카공화국 113
지평 융합 54

차

차드 125
차별 21
천산 너머 내 고향은 81
체계 통합 131
초국적 자본 129
초기 165
초청노동자 93
취약국가 121

카

카부 델가두(Cabo Delgado) 122
카자흐스탄 69
커뮤니티 91
코리아타운 31
코무니타스 23
콩고민주공화국 113

타

타자 20, 135
탈고유화 33
탈규제화 33
터키인 91
투아레그 족 121
투치 족 124
트러블 63
특수성 139
틈 62
티그레이인민해방전선 118

파

편견   101
포퓰리즘   133
폭력적 극단주의 무장활동   116
피에르 은크룬지자(Pierre Nkrunziza)
    123

하

한인   24
헬무트 콜   98
혐오   138
혼종   38

혼합   57
홍범도   79
후기정착민   107
후투 족   124
흐루쇼부   74
희망은 마지막에 떠난다   72
히잡   104

기타

ISGS(Islamic State in Greater Sahara)
    120
JNIM(Jama'at Nasr al-Islam wal
    Muslimin)   20

필자소개(집필순)

김진선(金秦仙, Kim, Jin-sun)/제주대학교 탐라문화연구원 학술연구교수
제주대학교 철학과와 동 대학원을 졸업하여 중국 베이징대학교 철학과에서 郭象의 『莊子注』에 관한 연구로 박사학위를 받았다. 제주대학교 철학과에서 중국철학을 강의하고 있으며, 제주대학교 탐라문화연구원 학술연구교수로 재직 중이다. 논저로는 『중국의 재발견』(공저, 2012), 「원시유가의 심론의 형성과 특징」(2015), 「한국 사회에서의 난민 인식의 문제」(2020) 등이 있다.

김준표(金埈杓, Kim, Jun-pyo)/제주대학교 탐라문화연구원 학술연구교수
1966년생으로 제주대학교에서 영문학을 공부하고 장로회신학대학교에서 신학(M.Div. 와 Th.M.)을 전공한 후, 제주대학교 사회학과에서 문학박사 학위를 받았다. 2005년 이후 제주대학교 사회학과 강사로 후학들을 만나고 있으며, 2019년 이후 제주대학교 탐라문화연구원 학술연구교수로 재직 중이다. 주요 연구주제는 도박, 종교, 여성, 소수자, 난민, 다문화, 쿰다인문학이다. 저서로 『도박사회학』(김석준 김준표 공저, 제주대학교 탐라문화연구원, 2016), 논문으로 「제주지역 여성노동의 유형별 비교 연구」(2019), 「제주지역 여성노동의 유형별 비교 연구」(2019), 「Can a religion promise a future without anxiety?」(2019), 「다문화사회의 정체성트러블과 제주의 쿰다 문화」(2020), 「제주도민의 난민 인식」(전영준 김준표, 2021), 「경계를 넘는 이동과 함께 산다는 것」(2021), 「여러 전통들과 초월의 재해석」(2021), 「제주도 지역개발시기 제주여성의 노동과 지위」(강경숙·김준표, 2022) 등이 있다

임형모(任瀅模, Im, Hyeong-mo)/한성대학교 상상력교양대학 조교수
1973년생으로 전북 군산대학교에서 학부를 졸업하고 한성대학교에서 대학원 과정을 밟았다. 한국 근대문학에 나타나는 가출 모티프에 관심을 둔 결과 자발적이거나 비자발적인 유이민(遺移民)의 삶을 분석한 연구로 석사학위를 받았으며, 해당 연구의 연장선에서 「전형기 한국소설의 환멸의식 연구」로 박사학위를 취득했다. 단국대 한국문화기술연구소 전임연구원, 군산대 강의교수 등을 역임했으며, 현재는 한성대 상상력교양대학 소속으로 교양 강좌 및 한국어교육학을 강의하고 있다. 저서로 『조선사람·소비에트 고려인·고려사람 그리고 "고향": 아마추어리즘에서 문예미학적 글쓰기까지』(신

아출판사, 2016)를 비롯하여 「채만식의 〈過渡期〉에 투영된 뚜르게녜브(Тургенев)의 〈전 날밤〉」(2020) 등 다수의 논문이 있다.

박재영(朴宰永, Park, Jae-young)/대구대학교 성산교양대학 자유전공학부 조교수
독일 Oldenburg 대학 사학과에서 박사학위를 취득했다. 중앙대학교 문화콘텐츠기술 연구원 연구전담교수, 한국독일사학회 편집이사, 대구사학회 편집이사를 역임했으며, 역사와교육학회 편집위원장을 맡고 있다. 지은 책으로는『세계의 역사교과서 협의』, 『타자 인식과 상호 소통의 역사』,『서양 사람들은 어떻게 살았을까: 생활문화로 보는 서양사』,『20세기 서양의 일상과 풍경』,『동서양 역사 속의 다문화적 전개양상』,『한 국 역사 속의 문화적 다양성』,『역사교육과 국가이미지』(이상 공저),『역사와 고정관 념』(단독 저서) 등이 있다.

김동석(金東奭, Kim, Dong-suk)/국립외교원 부교수
저자는 현재 국립외교원 아중동연구부 부교수로 재직 중이다. 아프리카 내전, 테러, 평화 유지, 과도기 정의 등의 주제를 연구하고 있다. 고려대학교 역사교육과를 수료하 고 미국 크레이튼(Creighton) 대학교에서 국제학 학사, 어바나–샴페인 소재 일리노이 대학교(University of Illinois at Urbana-Champaign)에서 정치학 석·박사 학위를 취 득하였다. 학술 논문으로 "Coup, Riot, War: How Political Institutions and Ethnic Politics Shape Dominant Forms of Conflict?", "Autocracy, Religious Restriction, and Religious Civil War" "아프리카에서의 진실과 화해 추구 보편화에 관한 고찰" 등이 있다. 또한 아프리카 문제 관련 다수의 정책 보고서를 집필하였다.

서영표(徐榮杓, Seo, Young-pyo)/제주대학교 사회학과 교수
영국 Essex대학에서 런던의 사회주의적 실험에 대한 연구로 박사학위를 받았다. 성 공회대학교 민주주의연구소 연구교수를 거쳐 2021년부터 제주대학교 사회학과에 재 직하고 있다. 환경사회학, 도시사회학, 사회학이론을 가르치고 연구하고 있다. 저서 로는『런던코뮌』(이매진, 2009),『불만의 도시와 쾌락하는 몸』(진인진, 2017) 등이 있 고, 논문은 「라클라우가 말한 것과 말하지 못한 것」,「기후변화 인식을 둘러싼 담론 적 투쟁」, "Reading Korean society through Stuart Hall's Cultural Theory",「포스 트모던 도시에 대한 사회학적 탐색–몸, 공간, 정체성」 등이 있다.

김치완(金治完, Kim, Chi-wan)/제주대학교 철학과 교수
제주대학교 철학과장, 제주대학교 기초교양교육원장, 제주대학교 신문방송사 주간을
거쳐 제주대학교 교육혁신본부장을 역임했다. 제주대학교 총장추천관리위원장, 제주
대학교 탐라문화연구원 편집위원회 위원장, 전국국공립대학 주간협의회 회장, 언론
중재위원회 위원을 역임했다. 『제주의 로컬리티 담론 공간과 철학』(2015, 제주대학
교 탐라문화연구원)을 비롯한 다수의 저서와 「난민 문제로 보는 섬성(Island Identity)
변화에 대한 인문학적 성찰-모던(Modern)과 경계 개념을 중심으로-」(『도서문화연
구』 57, 목포대학교 도서문화연구원, 2021)을 비롯한 다수의 논문을 발표했다.